安全生产
执法实务与案例

ANQUAN SHENGCHAN ZHIFA SHIWU YU ANLI

主　　编：闪淳昌

执行主编：林鸿潮

撰 稿 人：（按姓氏笔画排序）

闪淳昌　刘　强　刘文浩

刘顺章　张　涛　林鸿潮

赵艺绚　姜永伟　高　霞

中国法制出版社

CHINA LEGAL PUBLISHING HOUSE

前 言

现行《中华人民共和国安全生产法》[1] 是在2002年6月29日，由第九届全国人民代表大会常务委员会第二十八次会议通过的。2009年和2014年进行过两次修正。2021年6月10日，第十三届全国人民代表大会常务委员会第二十九次会议通过了《关于修改〈中华人民共和国安全生产法〉的决定》，是《安全生产法》的第三次修正。《安全生产法》的此次修改，是在国家“大应急”体制构架下，在“十四五”规划的开局之年，在建设更高水平的平安中国的起步之年，有着时代特征和重要意义。从修改幅度上看，此次修改是一次“中改”。因为此次修改并没有改变法律的篇章结构，仍然是七章，总的条款数量也只增加了五条，所以称不上是“大改”；但是，此次修改涉及的具体法条比较多，全国人大常委会的修法决定有42条内容，有些条文的修改涉及安全生产治理格局和治理思路的变化，对相关行业的影响不可小觑，因此也不能说是“小改”。《安全生产法》的此次修改，概括起来说，贯穿一条主线，涉及六个方面。

一条主线就是以习近平法治思想为指导，贯彻落实习近平总书记关于安全生产的一系列重要指示批示精神。党的十八大以来，习近平总书记多次强调：“加强党的领导。”“坚持党政同责、一岗双责、齐抓共管、失职追责，严格落实安全生产责任制，完善安全监管体制，强化依法治理，不断提高全社会安全生产水平，更好维护广大人民群众生命财产安全。”[2] “坚持管行业必须管安全，管业务必须管安全。”[3] “要深刻认识安全生产工作的艰巨性、复

---

① 本书引用的冠以“中华人民共和国”的法律与行政法规，简称时省略“中华人民共和国”字样，法律与行政法规简称均循此规律，不再重复标注。

② 《习近平对全国安全生产工作作出重要指示》，载《人民日报》2016年11月1日，第1版。

③ 习近平：《认真吸取教训注重举一反三 全面加强安全生产工作》，载《人民日报》2013年11月25日，第1版。

杂性、紧迫性，坚持以人为本、生命至上，全面抓好安全生产责任制和管理、防范、监督、检查、奖惩措施的落实。”[①] “安全生产是民生大事，一丝一毫不能放松，要以对人民极端负责的精神抓好安全生产工作，站在人民群众的角度想问题，把重大风险隐患当成事故来对待，守土有责，敢于担当，完善体制，严格监管，让人民群众安心放心。”[②] “所有企业都必须认真履行安全生产主体责任，做到安全投入到位、安全培训到位、基础管理到位、应急救援到位，确保安全生产。”[③] “要加强和改进平台经济监管”[④] 等。上述指示精神在这次修法过程中予以充分体现，转化为法律规定。主要涉及以下六个方面。

一、完善安全生产治理和监管体制

第一，在法律中写入了“党的领导”。修正后的《安全生产法》第3条第1款规定：“安全生产工作坚持中国共产党的领导。”安全生产工作直接保障的是人民的生命财产安全，“平安是老百姓解决温饱后的第一需求，是极重要的民生，也是最基本的发展环境”[⑤]。安全生产是高质量发展的基础和前提，也是主要的民生。安全生产工作抓得好不好，直接关系到“人民群众满意不满意、赞成不赞成、答应不答应”，是一个政治性很强的领域，必须坚持中国共产党的领导。

第二，在法律中写入了安全生产工作的“三管三必须”。“三管三必须”，指的是“管行业必须管安全、管业务必须管安全、管生产经营必须管安全”，旨在强化和落实生产经营单位主体责任与政府监管责任，明确安全生产治理和监管的职责分工，形成齐抓共管的治理合力，消除监管盲区和职权冲突区域。为了更好地落实“三管三必须”，此次修法对第5条进行了修改，“生产

---

① 习近平：《牢固树立切实落实安全发展理念 确保广大人民群众生命财产安全》，载《人民日报》2015年5月31日，第1版。

② 习近平：《守土有责敢于担当 完善体制严格监管 以对人民极端负责的精神抓好安全生产工作》，载《人民日报》2016年7月21日，第1版。

③ 习近平：《认真吸取教训注重举一反三 全面加强安全生产工作》，载《人民日报》2013年11月25日，第1版。

④ 《分析研究当前经济形势和经济工作 听取第三次全国国土调查主要情况汇报审议〈中国共产党组织工作条例〉》，载《人民日报》2021年5月1日，第1版。

⑤ 习近平：《让老百姓过上好日子——关于改善民生和创新社会治理》，载《人民日报》2016年5月6日，第9版。

经营单位的主要负责人是本单位安全生产第一责任人，对本单位的安全生产工作全面负责。其他负责人对职责范围内的安全生产工作负责”。还对一些涉及安全生产监管职责分工的内容进行了明确或者补充。比如，在第 10 条第 2 款规定行业、领域主管部门的职责时，专门点出了“交通运输、住房和城乡建设、水利、民航等有关部门”；为了避免平台经济等新兴业态的安全生产监管出现盲区，新增规定“对新兴行业、领域的安全生产监督管理职责不明确的，由县级以上地方各级人民政府按照业务相近的原则确定监督管理部门”；强调对跨部门、跨领域问题的协作监管，要求“负有安全生产监督管理职责的部门应当相互配合、齐抓共管、信息共享、资源共用，依法加强安全生产监督管理工作”。此外，为了使安全生产监管的部门职责分工更加清晰，并在实践中更好把握和操作，将已推行数年的政府权责清单制度写入了法律，新增第 17 条规定“县级以上各级人民政府应当组织负有安全生产监督管理职责的部门依法编制安全生产权力和责任清单，公开并接受社会监督”。

第三，进一步明确了基层的安全生产监管职责。在第 9 条第 2 款进一步明确了乡镇街道和非建制功能区的安全生产监管职责，规定“乡镇人民政府和街道办事处，以及开发区、工业园区、港区、风景区等应当明确负责安全生产监督管理的有关工作机构及其职责，加强安全生产监管力量建设，按照职责对本行政区域或者管理区域内生产经营单位安全生产状况进行监督检查，协助人民政府有关部门或者按照授权依法履行安全生产监督管理职责”。在第 80 条第 2 款中又增加了基层对生产安全事故的应急救援职责，规定“乡镇人民政府和街道办事处，以及开发区、工业园区、港区、风景区等应当制定相应的生产安全事故应急救援预案，协助人民政府有关部门或者按照授权依法履行生产安全事故应急救援工作职责”。

二、构建双重预防机制

风险分级管控、隐患排查治理的双重预防机制，旨在将安全生产治理的“关口”从事故前移到隐患、从隐患前移到风险，进行源头治理。双重预防机制的构建，是在近年来一系列重特大生产安全事故的推动下，吸取惨痛教训的结果，是近年来我国安全生产领域治理改革的重要成果。2016 年 1 月 6 日，习近平总书记针对安全生产领域做出重要指示时指出：“必须坚决遏制重特大事故频发势头，对易发重特大事故的行业领域采取风险分级管控、隐患排查治理双重预防性工作机制，推动安全生产关口前移。”① 2016 年 12 月 9 日，《中共中央国务院关于推进安全生产领域改革发展的意见》再次强调：“构建风险分级管控和隐患排查治理双重预防工作机制，严防风险演变、隐患升级导致生产安全事故发生。”此次修改《安全生产法》，一个十分重要的亮点就是落实党中央和习近平总书记的重要指示精神，其具体做法包括：

第一，在“总则”第 4 条第 1 款关于生产经营单位安全生产义务的原则性规定中，规定“生产经营单位必须……构建安全风险分级管控和隐患排查治理双重预防机制，健全风险防范化解机制，提高安全生产水平，确保安全生产”。

第二，在第 21 条关于生产经营单位主要负责人的职责中，增加第 5 项，要求其“组织建立并落实安全风险分级管控和隐患排查治理双重预防工作机制，督促、检查本单位的安全生产工作，及时消除生产安全事故隐患”。

第三，在第 41 条关于生产经营单位安全生产义务的规定中，增加规定“生产经营单位应当建立安全风险分级管控制度，按照安全风险分级采取相应的管控措施”。对于隐患排查，规定事故隐患排查治理情况应“通过职工大会或者职工代表大会、信息公示栏等方式向从业人员通报。其中，重大事故隐患排查治理情况应当及时向负有安全生产监督管理职责的部门和职工大会或者职工代表大会报告”。并要求负有安全生产监督管理职责的部门将重大事故隐患纳入相关信息系统。

第四，在第 101 条关于生产经营单位的法律责任中，将未建立双重预防机制的两种行为增列为处罚事由，一是“未建立安全风险分级管控制度或者未按照安全风险分级采取相应管控措施的”，二是“未建立事故隐患排查治理制度，或者重大事故隐患排查治理情况未按照规定报告的”。

三、将新兴业态纳入安全生产监管范围

安全生产监管制度是以传统业态特别是以工业生产作为情景假设的，并没有考虑到近年来新兴的网约车、外卖派送、电子商务、网络直播等以平台经济为主要特征的业态。但是，经济社会在发展，改造提升传统产业，培育

---

① 习近平：《坚定不移保障安全发展　坚决遏制重特大事故频发势头》，载《人民日报》2016 年 1 月 7 日，第 1 版。

壮大新兴产业（如智能制造、无人配送、在线消费、医疗健康等新兴产业展现出强大成长潜力），对安全生产工作提出了新任务、新挑战，有的行业安全生产问题是比较突出的，特别是在这些行业的从业人员职业安全保障方面，如外卖派送行业，亟待进行监管。对于这些行业的安全生产监管问题，长期存在三个不明确：一是承担安全生产义务的主体不明确；二是承担安全生产义务的范围不明确；三是安全生产监管部门不明确。此次《安全生产法》的修改，对新兴业态的安全生产问题给予了必要关注，增加了有关规定，部分解决了上述三个不明确的问题。

首先，修改后的《安全生产法》第 4 条第 2 款原则性地规定了平台经济等新兴行业、领域生产经营单位的安全生产义务，要求“根据本行业、领域的特点，建立健全并落实全员安全生产责任制，加强从业人员安全生产教育和培训，履行本法和其他法律、法规规定的有关安全生产义务”。但是，新兴行业中从业人员的就业形态比较多元、复杂，与从业人员在有组织劳动中形成直接“支配—从属”关系的生产经营单位也比较多样，未必是网络平台。同时，生产经营单位对从业人员工作过程、生产资料的掌控程度与传统业态也有很大的不同，要求其一律承担和传统业态生产经营单位相同的安全生产义务未必合理。因此，《安全生产法》一方面从原则上规定了新兴业态的安全生产义务，另一方面也提供了必要的灵活性，强调其对安全生产义务的履行要“根据本行业、领域的特点”，没有搞“一刀切”。这样做既给后续各行业、领域具体监管规则的出台提供了依据，也留下了空间。

其次，在第 10 条中规定了新兴业态安全生产监管部门的确定原则，“对新兴行业、领域的安全生产监督管理职责不明确的，由县级以上地方各级人民政府按照业务相近的原则确定监督管理部门”。例如，对于餐饮外卖来说，如果按照餐饮行业管理，则其主管部门是市场监管部门。但是，餐饮外卖的主要生产安全风险并不在于食品本身，而是在于“骑手”外送的过程当中，这个问题又属于交通运输部门管理。这就可能出现监管职责不明确的问题，需要由有关人民政府确定其安全生产监管部门。

四、引入新型的安全生产规制工具

《安全生产法》的本次修改还引入了一系列新型的规制工具，对于优化安全生产治理格局、形成全社会各种力量齐抓共管，有望发挥促进作用。这些新的规制工具主要包括：

第一，将安全生产责任保险法定化，发挥其第三方规制功能。修改后的《安全生产法》第 51 条第 2 款规定，“属于国家规定的高危行业、领域的生产经营单位，应当投保安全生产责任保险。具体范围和实施办法由国务院应急管理部门会同国务院财政部门、国务院保险监督管理机构和相关行业主管部门制定”，这就将已经推行多年的安全生产责任保险法定化了。相应地，第 109 条对高危行业、领域的生产经营单位未按照国家规定投保安全生产责任保险的情况，规定了处罚条款。目前的安全生产责任保险所发挥的已经主要不是对事故第三方损失的赔付功能，而是利用保险机构承保之后降低事故率从而减少赔付，要求其委托专业机构为投保企业提供生产安全事故预防服务，从而达到规制安全生产风险的目的。从这一意义上看，新型的安全生产责任保险已经发展为安全生产治理中的一种第三方规制工具。

第二，建立安全生产公益诉讼制度。修改后的《安全生产法》第 74 条第 2 款规定：“因安全生产违法行为造成重大事故隐患或者导致重大事故，致使国家利益或者社会公共利益受到侵害的，人民检察院可以根据民事诉讼法、行政诉讼法的相关规定提起公益诉讼。”此前，已经有部分地方检察机关试点提起安全生产领域的民事、行政公益诉讼，取得了一定效果和经验。对于此次修法是否明确写入安全生产公益诉讼，在立法过程中经过了多次反复，但最终仍得以保留。人民检察院提起公益诉讼，对于优化地方的安全生产治理格局能够发挥积极作用。原因在于，某些地方存在着安全生产监管需求和政府监管意愿不相匹配的问题，地方政府出于 GDP、税收、居民就业方面的考虑，对于一些高危行业企业不愿意认真落实监管职责，造成一些地方安全生产风险高发，甚至发生“3・21”江苏响水爆炸这样的重特大事故，教训惨痛。检察机关介入安全生产领域的优势有二：一是检察机关熟悉当地情况，虽然并非安全生产专业监管部门，但对当地高危行业企业和重大安全生产风险的分布也有一定了解；二是检察机关在利益格局上相对独立于地方政府，其绩效目标和地方 GDP、税收、居民就业等因素不直接挂钩，具有较强的履职积极性。

第三，将安全生产信用规制工具法定化。以失信联合惩戒为核心的信用规制工具近年来在各领域发展迅猛，在安全生产领域也取得了显著成效。此次《安全生产法》的修改，在第78条第1款写入了失信联合惩戒机制，赋予了这种新型规制工具更高的法律效力。按照这一规定，“负有安全生产监督管理职责的部门应当建立安全生产违法行为信息库，如实记录生产经营单位及其有关从业人员的安全生产违法行为信息；对违法行为情节严重的生产经营单位及其有关从业人员，应当及时向社会公告，并通报行业主管部门、投资主管部门、自然资源主管部门、生态环境主管部门、证券监督管理机构以及有关金融机构。有关部门和机构应当对存在失信行为的生产经营单位及其有关从业人员采取加大执法检查频次、暂停项目审批、上调有关保险费率、行业或者职业禁入等联合惩戒措施，并向社会公示”。此外，第78条第2款规定的对安全生产违法行为实施行政处罚之后的信息公示制度，也具有信用规制的功能，在行政处罚的惩戒和教育功能之外，将其信用评价功能也充分地发挥了出来。

五、填补了一些安全生产治理漏洞

《安全生产法》2014年修正之后，在法律实施和安全生产治理过程中，发现了一些制度漏洞，此次修法对这些问题也尽可能做出了修补。主要包括：

第一，补充了一些生产经营单位应当承担的安全生产保障具体义务。第36条第3款规定：“生产经营单位不得关闭、破坏直接关系生产安全的监控、报警、防护、救生设备、设施，或者篡改、隐瞒、销毁其相关数据、信息。”第4款规定：“餐饮等行业的生产经营单位使用燃气的，应当安装可燃气体报警装置，并保障其正常使用。”相应地，第99条规定了对违反上述两种安全生产义务的处罚措施。

第二，吸取山东栖霞笏山金矿爆炸事故教训，限制特殊建设项目的转包、分包。修改后的《安全生产法》第49条第3款规定：“矿山、金属冶炼建设项目和用于生产、储存、装卸危险物品的建设项目的施工单位应当加强对施工项目的安全管理，不得倒卖、出租、出借、挂靠或者以其他形式非法转让施工资质，不得将其承包的全部建设工程转包给第三人或者将其承包的全部建设工程支解以后以分包的名义分别转包给第三人，不得将工程分包给不具备相应资质条件的单位。”相应地，第103条第3款针对违反上述规定的行为规定了相应的法律责任。

第三，针对安全评价领域“两虚假”和“两出借”的突出问题，强化了安全生产第三方机构的责任。“两虚假”，指的是安全评价机构弄虚作假，生产经营单位以虚假报告获取相关许可；“两出借”，指的是安全评价机构出租出借资质，评价人员出租出借资格证书。对此，修改后的《安全生产法》第72条规定：“承担安全评价、认证、检测、检验职责的机构应当具备国家规定的资质条件，并对其作出的安全评价、认证、检测、检验结果的合法性、真实性负责。资质条件由国务院应急管理部门会同国务院有关部门制定。承担安全评价、认证、检测、检验职责的机构应当建立并实施服务公开和报告公开制度，不得租借资质、挂靠、出具虚假报告。”相应地，第92条对违反上述规定的行为规定了责令停业整顿、罚款、没收违法所得、吊销相应资质和资格、五年乃至终身行业和职业禁入，直接追究刑事责任等一系列严厉的法律责任条款。

第四，强化了落实生产安全事故整改和防范措施的责任。修改后的《安全生产法》第86条第3款规定：“负责事故调查处理的国务院有关部门和地方人民政府应当在批复事故调查报告后一年内，组织有关部门对事故整改和防范措施落实情况进行评估，并及时向社会公开评估结果；对不履行职责导致事故整改和防范措施没有落实的有关单位和人员，应当按照有关规定追究责任。”

六、加大了对安全生产违法行为的处罚力度

此次《安全生产法》的修改，在“法律责任”一章中普遍加重了对相关违法行为的处罚力度。除了在很多条款中显著增加了罚款的数额之外，还引入了一些新的处罚实施或者计算方式，明显增强了对安全生产违法行为的惩罚和威慑力度。这些做法包括：

第一，引入按日连续处罚机制。此次《安全生产法》的修改借鉴了《环境保护法》第59条的经验，在第112条中引入了按日连续处罚机制，规定“生产经营单位违反本法规定，被责令改正且受到罚款处罚，拒不改正的，负有安全生产监督管理职责的部门可以自作出责令改正之日的次日起，按照原处罚数额按日连续处罚”。这里的“按日连续处罚”每日所增加的罚款不是原处罚数额的一定比例，而是全部。也就是说，如果被处罚者拒不改正，所承受的就将是每日增加一倍罚款的巨大代价。这就迫使违法行为人不得不按照监管部门的要求尽快改正违法行为、纠正违法状态。

第二，引入了累加处罚机制。修改后的《安全生产法》第 113 条规定，生产经营单位存在某些违法情形的，将受到关闭和吊销有关证照的处罚；其主要负责人五年内（情节严重的为终身）不得担任任何生产经营单位的主要负责人，其中第一种情形是“存在重大事故隐患，一百八十日内三次或者一年内四次受到本法规定的行政处罚的”。这种处罚机制被称为“累加处罚”，借鉴自《食品安全法》第 134 条，类似于刑法中针对“累犯”的加重处罚机制而又不尽相同，有助于加大对多次违法、长期违法行为人的惩戒和威慑力度。当然，“累加处罚”机制在实际操作中比较复杂，具体适用时将考验监管部门的执法精准度，需要辅之以比较详细、科学的裁量基准。

第三，引入了加倍处罚机制。修改后的《安全生产法》第 114 条规定，发生生产安全事故之后，对负有责任的生产经营单位处以罚款。除了大幅度提高罚款幅度，还增加了第 2 款，规定“发生生产安全事故，情节特别严重、影响特别恶劣的，应急管理部门可以按照前款罚款数额的二倍以上五倍以下对负有责任的生产经营单位处以罚款”。按照这一规定，对特大事故责任单位的罚款最高可以达到一亿元（两千万元乘以五倍），相对于修法之前最高两千万元的罚款额度，足足提高四倍。当然，加倍处罚机制的引入使监管部门对事故责任单位实施处罚的裁量空间明显加大，为了避免权力滥用和发生执法风险，做到过罚相当、符合比例原则，国务院有关主管部门应当尽快出台针对这种情形的执法裁量基准。

本书正文分为五章，其主体内容分别对应于《安全生产法》第一章到第五章的规定。对于《安全生产法》第六章“法律责任”和第七章“附则”，本书没有单辟章节加以讲解，而是将其中的重要规定与前五章的相关内容加以整合，使其有机结合起来，一并加以阐释。这样做的目的，一是使读者能够更好地按照权利、义务、责任的逻辑链条从整体上把握相关制度；二是尽可能避免孤立地讲解法律责任条款给读者带来的枯燥感。

由于时间仓促和能力有限，本书肯定有不足或不妥之处，真诚希望读者提出宝贵意见和建议，我们将在后续工作中修改完善。

本书的作者和写作分工情况如下：

闪淳昌：国家减灾委专家委员会副主任、教授级高工、中共中央党校（国家行政学院）等兼职教授，原国家安全生产监督管理局副局长、原国务院参事、原国务院应急管理专家组组长，对全书进行了审定、修改。

刘　强：应急管理部原安全生产监察专员，协助对全书进行审定、修改。

林鸿潮：中国政法大学钱端升讲座教授、应急管理法律与政策研究基地主任、博士生导师，对全书的框架和内容进行了整体设计，撰写了前言和第一章初稿，并协助对全书进行审定、修改。

刘顺章：应急管理部政策法规司处长、一级调研员，协助对全书进行审定、修改。

姜永伟：大连海事大学法学院副教授、中国政法大学应急管理法律与政策研究基地访问学者、法学博士，撰写了第三章初稿。

张　涛：清华大学法学院博士后研究人员、中国政法大学法学博士，撰写了第二章初稿。

赵艺绚：中国政法大学宪法学与行政法学专业博士研究生，撰写了第五章初稿。

刘文浩：中国政法大学宪法学与行政法学专业博士研究生，撰写了第四章初稿。

高　霞：中国政法大学宪法学与行政法学专业硕士研究生，参与撰写了第四章初稿，协助完成了全书的文字校对。

需要说明的是，本书的多位作者任职或曾任职于国家安全生产监管部门，本书相关内容体现了其个人研究心得和实务经验，但不代表其所在工作单位的观点。

目　录

Contents

第一章　总　　则 ………………………………………………… 001

第一节　安全生产领域的法律适用 …………………………………… 001

第二节　安全生产中的各方主体 ……………………………………… 013

第三节　安全生产的监管体制 ………………………………………… 029

第二章　生产经营单位的安全生产保障 ………………………………… 046

第一节　生产经营单位的主体责任 …………………………………… 046

第二节　主要负责人和安全生产管理机构（人员） ………………… 078

第三节　安全设施、设备、标志 ……………………………………… 094

第四节　风险管控与隐患治理 ………………………………………… 113

第三章　从业人员的安全生产权利义务 ………………………………… 131

第一节　从业人员的安全生产权利 …………………………………… 131

第二节　从业人员的安全生产义务 …………………………………… 158

第四章　安全生产的监督管理 …………………………………………… 174

第一节　监督检查 ……………………………………………………… 174

第二节　安全生产行政许可 …………………………………………… 189

第三节　举报和信用规制 ……………………………………………… 199

第五章　生产安全事故的应急救援与调查处理 ………………………… 211

第一节　事故应急救援 ………………………………………………… 211

第二节　事故报告和调查处理 ………………………………………… 231

附　录

中华人民共和国安全生产法 …………………………………………………… 252
（2021 年 6 月 10 日）
全国人民代表大会常务委员会关于修改《中华人民共和国
安全生产法》的决定 ……………………………………………………… 280
（2021 年 6 月 10 日）
关于《中华人民共和国安全生产法（修正草案）》的说明 ……………… 294
（2021 年 1 月 20 日）

第一章 总 则

第一节 安全生产领域的法律适用

【本节导读】

安全生产领域的法律适用主要涉及两个方面的问题：一是作为这个领域基本法的《安全生产法》和各种安全生产单行法之间的关系。由于安全生产领域各部门监管职责分工的复杂性，以及这一领域和其他安全领域（如交通安全、环境安全、特种设备安全）存在的交叉关系，使得《安全生产法》和这些领域相关法律之间的关系处理起来比较复杂，在实践中经常产生法律适用上的疑难问题。二是《安全生产法》中法律责任条款的适用，重点是按行为处罚的条款（存在违反安全生产保障义务的行为）和按结果处罚的条款（对生产安全事故负有责任）之间的关系，在实践中也较难把握，常常发生疑难问题。此外，《安全生产法》上有些条款所设定的权利义务是不完整的，需要通过授权方式交给其他下位法去补充规定，比如有关生产安全事故的分级等，这也产生了一些法律适用上的问题。但是，必须看到，正是因为既有《安全生产法》，又有各种安全生产单行法，才进一步体现了综合治理的方针，正是因为有应急管理部门和对有关行业、领域的安全生产工作实施监督管理的部门的共同执法，才进一步体现了齐抓共管的机制和原则。

【主干法条】[①]

第二条 在中华人民共和国领域内从事生产经营活动的单位（以下统称生产经营单位）的安全生产，适用本法；有关法律、行政法规对消防安全和道路交通安全、铁路交通安全、水上交通安全、民用航空安全以及核与辐射安全、特种设备安全另有规定的，适用其规定。

第一百一十四条 发生生产安全事故，对负有责任的生产经营单位除要求其依法承担相应的赔偿等责任外，由应急管理部门依照下列规定处以罚款：

（一）发生一般事故的，处三十万元以上一百万元以下的罚款；

（二）发生较大事故的，处一百万元以上二百万元以下的罚款；

（三）发生重大事故的，处二百万元以上一千万元以下的罚款；

（四）发生特别重大事故的，处一千万元以上二千万元以下的罚款。

发生生产安全事故，情节特别严重、影响特别恶劣的，应急管理部门可以按照前款罚款数额的二倍以上五倍以下对负有责任的生产经营单位处以罚款。

第一百一十八条 本法规定的生产安全一般事故、较大事故、重大事故、特别重大事故的划分标准由国务院规定。

国务院应急管理部门和其他负有安全生产监督管理职责的部门应当根据各自的职责分工，制定相关行业、领域重大危险源的辨识标准和重大事故隐患的判定标准。

【案例导入】

Y 公司诉 Q 县应急管理局撤销行政处罚案[②]

2019 年 7 月 14 日，C 工程建造有限公司在位于云南省 Q 县的某住宅小区

---

① 本部分主干法条指 2021 年 6 月 10 日修正后的《中华人民共和国安全生产法》，全书同。

② 案例来源：云南省文山壮族苗族自治州中级人民法院（2020）云 26 行终 110 号行政判决书。

建筑工地进行板面混凝土浇筑作业时，发生一起布料机钢绳断裂坠落导致物体打击事故，造成 1 人死亡、1 人受伤。当日晚，Q 县应急管理局接到事故情况报案。7 月 15 日，县应急管理局向县人民政府请示成立事故调查组。7 月 19 日，县政府办公室作出关于成立事故调查组的通知。调查组成立后即开展工作，并做出了事故调查报告。8 月 30 日，县应急管理局向县政府作出关于审定事故调查报告的请示。9 月 26 日，县政府批复同意事故调查报告。9 月 30 日，县应急管理局对事故立案查处。12 月 25 日，县应急管理局对现场使用起重机械的 Y 公司作出行政处罚决定书，认定 Y 公司安全管理人员履行职责不到位，无安全生产教育培训记录台账，安全生产检查记录台账不规范、不健全，对派出人员安全教育培训不到位，对事故发生负有责任。依据《安全生产法》第 25 条（现第 28 条）第 1 款、第 109 条（现第 114 条）第 1 款第 1 项的规定，对 Y 公司作出 21 万元的罚款决定。Y 公司不服，将县应急管理局起诉至人民法院。

一审判决认为：本案事故因建筑施工的起重机械在作业过程中所吊起的布料机坠落而发生。根据《特种设备安全法》第 2 条第 1 款、第 2 款，“特种设备的生产（包括设计、制造、安装、改造、修理）、经营、使用、检验、检测和特种设备安全的监督管理，适用本法。本法所称特种设备，是指对人身和财产安全有较大危险性的锅炉、压力容器（含气瓶）、压力管道、电梯、起重机械、客运索道、大型游乐设施、场（厂）内专用机动车辆，以及法律、行政法规规定适用本法的其他特种设备”。本案发生事故的起重机械属于特种设备，特种设备安全的监督管理适用该法。根据《安全生产法》第 2 条，“在中华人民共和国领域内从事生产经营活动的单位（以下统称生产经营单位）的安全生产，适用本法；有关法律、行政法规对消防安全和道路交通安全、铁路交通安全、水上交通安全、民用航空安全以及核与辐射安全、特种设备安全另有规定的，适用其规定”。也就是说，在法律的适用上特别法优于一般法，本案涉及的一般法是《安全生产法》，特别法是《特种设备安全法》。《特种设备安全法》已经对特种设备的安全生产、经营、使用、检验、检测和特种设备安全的监督管理作了明确规定，因此，本案因起重机械发生事故，属于特种设备安全的监督管理范围，应适用《特种设备安全法》相关规定进行处理。综上所述，被告 Q 县应急管理局适用一般法《安全生产法》对 Y 公司因起重机械发生事故作出的行政处罚决定书属于适用法律错误，该处罚决定应予撤销。

二审判决认为：《安全生产法》确定了安全生产领域基本的方针、原则、法律制度，属于一般法。《特种设备安全法》是专门解决特种设备安全生产特殊问题的单行立法，属于特别法。本案事故中的塔式起重机（塔吊）属于《特种设备安全法》中规定的起重机械。涉及特种设备的安全生产问题，应当首先考虑和优先适用特别法规定。现行《特种设备安全法》对该领域的安全生产问题没有规定的，才应依照《安全生产法》的有关规定执行。本案被诉的行政处罚决定书中认定的 Y 公司违反《安全生产法》第 25 条（现第 28 条）第 1 款的违法情形和第 109 条（现第 114 条）的对事故责任单位的处罚依据，对此《特种设备安全法》第 86 条第 3 项“未对特种设备安全管理人员、检测人员和作业人员进行安全教育和技能培训的”和第 90 条第 1 项“发生事故，对负有责任的单位除要求其依法承担相应的赔偿等责任外，依照下列规定处以罚款：（一）发生一般事故，处十万元以上二十万元以下罚款”已经进行了规定。因此，对于 Y 公司的安全违法行为，应当优先适用《特种设备安全法》的有关规定进行行政处罚。本案被诉处罚决定符合《行政诉讼法》第 70 条规定的适用法律、法规错误的情形，一审法院据此判决撤销并无不当。据此，二审法院维持了一审判决。

对于理解安全生产领域的法律适用，上述案件是一个很好的例子。这个案例至少为我们提出了这样几个十分重要的问题：第一，《安全生产法》和《特种设备安全法》等单行性的法律之间是什么关系？这其中还包含着这样的问题，比如生产安全和特种设备安全等是什么关系？在生产经营活动中，因特种设备使用不当所导致的事故应当由哪个部门调查和处理？第二，在《安全生产法》《特种设备安全法》等法律当中，企业违反有关安全义务保障条款的行为（比如本案中的对从业人员安全教育培训不到位）所应当受到的处罚，和对生产安全事故负有责任（比如本案中对一般事故负有责任）所应当受到的处罚之间是什么关系？应当如何选择法律责任条款加以适用？我们带着对这些问题的思考，对安全生产领域的法律适用加以分析。

【制度解析】

一、生产安全和其他安全之间的关系

《安全生产法》第 2 条规定："在中华人民共和国领域内从事生产经营活动的单位（以下统称生产经营单位）的安全生产，适用本法；有关法律、行政法规对消防安全和道路交通安全、铁路交通安全、水上交通安全、民用航空安全以及核与辐射安全、特种设备安全另有规定的，适用其规定。"那么，安全生产与消防安全、道路交通安全、铁路交通安全、水上交通安全、民用航空安全、核与辐射安全、特种设备安全之间是什么关系呢？一种观点认为，两者是平行的、互斥的关系，一个安全问题，要么是安全生产问题，要么是其他某一种安全问题，比如说特种设备安全问题。在事故调查的实际操作中，这种思维占有主导性，因为一个事故只会有一种定性，要么定性为生产安全事故，要么定性为其他安全事故。另一种观点认为，两者是包含的关系，其他几种安全都属于安全生产的一部分，如上述这个案件中二审法院的看法，就认为"《特种设备安全法》是专门解决特种设备安全生产特殊问题的单行立法，属于特别法"。我们认为，上述两种观点都是片面的，安全生产和另外几种安全之间，有的是包含关系，有的则是交叉关系。

对于《安全生产法》第 2 条，我们在理解其后半句话的时候，首先要理解好前半句话。前半句话说的是"在中华人民共和国领域内从事生产经营活动的单位（以下统称生产经营单位）的安全生产，适用本法"。这就意味着，只有"从事生产经营活动"所产生的安全问题，才属于安全生产问题。或者说，我国对安全生产的定义就是以是否"从事生产经营活动"为标准的——我们在这里并不讨论这个标准是否科学、合理，而仅仅是从法律规范本身出发，明确法律上规定的区分标准就是如此。因此，对于判断生产安全和其他几种安全的关系，《安全生产法》第 2 条的这前半句话就是一个基本前提。如果其他几种安全当中，有的全部存在于生产经营活动当中，那就全部属于生产安全的范畴，就被生产安全所全部包含；如果有的安全问题既可能发生在生产经营活动当中，也可能发生在生产经营活动之外——比如发生在个人或

者家庭的日常生活当中，那它和安全生产就是交叉的关系。

例如，铁路交通安全、水上交通安全、民用航空安全、核与辐射安全这几种情况，安全问题基本上都是在生产经营活动中发生的，在个人或者家庭的日常生活当中发生这样的事故几乎是不可能的。那么，这些安全问题实际上就是生产安全问题的一部分，在这些领域发生的事故就是生产安全事故的一种。之所以《安全生产法》规定与这些安全问题有关的单行法在效力上具有优先性，把自己放在一个兜底法的位置，是因为这些领域的安全问题在监督管理上具有某些特殊性，比如监管部门加入了相关的国际公约、需要遵循某些通用的国际规则等，其单行法已经考虑到了这些特殊因素，应当被优先适用。但是，对于其他一些安全领域，比如消防安全、道路交通安全、特种设备安全来说，就未必全部都与“从事生产经营活动”有关。比如，消防安全广泛存在于非生产经营领域，一般居民住宅、非生产经营性的公共场所等消防安全也十分重要；又如，私家车也存在道路交通安全问题，私家车相互之间发生的道路交通事故不能按照生产安全事故来处理。当然，这些领域的安全问题也有很多是和“从事生产经营活动”有关的，属于安全生产的范畴，甚至大部分都属于这个范畴，但并不是全部。因此我们说，这些领域的安全和安全生产是交叉关系。对于这个领域中与“从事生产经营活动”有关的安全问题，被安全生产所包含；对于与“从事生产经营活动”无关的安全问题，和安全生产则是平行的关系，不会在法律适用上发生联系。

二、《安全生产法》和其他安全领域单行法之间的关系

既然铁路交通安全、水上交通安全、民用航空安全、核与辐射安全等属于安全生产问题，消防安全、道路交通安全、特种设备安全中与“从事生产经营活动”有关的部分也属于安全生产问题，那么，调整这些问题相关的单行性法律和《安全生产法》之间，是不是就可以像上述案件的两审法院所说的那样，直接按照“特别法优于一般法”的原则决定其效力次序呢？我们认为并不尽然。

首先，即使按照“特别法优于一般法”的原则，也不能必然得到这些单行性法律在效力上优先于《安全生产法》的结论。因此，同一位阶之间法律的效力关系，还要同时受到“新法优于旧法”原则的约束。如果上述领域的

单行法在施行时间上早于《安全生产法》，即相对于《安全生产法》来说是一部“旧法”的话，就会和《安全生产法》之间形成“新的一般法”和“旧的特别法”之间的关系。这种情况下，两者之间的效力是平行的。如果出现了这样的情况，就会造成法律适用上的难题。正因如此，《安全生产法》第2条才特别规定“有关法律、行政法规对消防安全和道路交通安全、铁路交通安全、水上交通安全、民用航空安全以及核与辐射安全、特种设备安全另有规定的，适用其规定”。也就是对于这些情况下法律之间的效力关系，专门进行了明确。因此，对于这些情况下相关领域安全的单行性法律，其之所以能够优先于《安全生产法》适用，并不是简单地来源于“特别法优于一般法”的原则，而是来源于《安全生产法》第2条的特别规定。

其次，有很多安全生产领域的“特别法”在效力上并不必然优先于《安全生产法》。除了《安全生产法》第2条提到的消防安全、道路交通安全、铁路交通安全、水上交通安全、民用航空安全、核与辐射安全、特种设备安全之外，还有很多领域的安全生产问题是有单行法的，或者在其行业性法律当中是有单行性规定的。比如，《矿山安全法》和正在制定中的《危险化学品安全法》就是安全生产领域的单行法，《建筑法》的第五章“建筑安全生产管理”就是行业性法律中有关安全生产的单行性规定。这些法律规范只适用于某个领域的安全生产管理，相对于《安全生产法》来说，也属于“特别法”的范畴。但是，这些法律规范在效力上就并不必然优先于《安全生产法》，而是必须综合考虑“特别法优于一般法”“新法优于旧法”的原则逐一确定效力次序。之所以如此，是因为这些领域的安全生产管理并不像《安全生产法》第2条提到的那些领域一样具有同等的特殊性，因此没有必要专门规定其相关法律具有效力上的优先性。这一点，进一步说明《安全生产法》第2条规定的这些领域的单行法之所以效力优先，是基于该条的直接规定，而不是基于“特别法优于一般法”的一般原则。

在《安全生产法》和该法第2条所提到的这些领域的单行法之间，还有一个十分特殊的问题，就是有的单行法可能对自身的效力又做了反向排除，导致最后某些问题又不得不适用《安全生产法》中的一般规定。我们在上面提到的“Y公司诉Q县应急管理局撤销行政处罚案”就涉及这样的问题。

这个案件是在建筑施工过程中因特种设备故障发生的安全事故，按照《安全生产法》第 2 条的规定，对于《特种设备安全法》另有规定的问题，应当适用《特种设备安全法》，这一点似乎毫无疑问。但是，《特种设备安全法》第 100 条第 2 款又规定："铁路机车、海上设施和船舶、矿山井下使用的特种设备以及民用机场专用设备安全的监督管理，房屋建筑工地、市政工程工地用起重机械和场（厂）内专用机动车辆的安装、使用的监督管理，由有关部门依照本法和其他有关法律的规定实施。"本案中的特种设备恰恰就属于"房屋建筑工地用起重机械"，根据这一规定，并不是由负责特种设备安全监督管理的部门（目前是市场监管部门）单独依照《特种设备安全法》来管理，而是由有关部门依照该法和其他相关法律管理。那么，这里的"有关部门"是谁呢?《建筑法》第 43 条规定，"建设行政主管部门负责建筑安全生产的管理"；《特种设备安全监察条例》第 3 条第 3 款规定，"房屋建筑工地和市政工程工地用起重机械、场（厂）内专用机动车辆的安装、使用的监督管理，由建设行政主管部门依照有关法律、法规的规定执行"。因此，这里的"有关部门"指的是建设行政主管部门无疑。在上述案件中，Q 县应急管理局对 Y 公司作出了行政处罚决定，确实超越了职权。但是，有的观点认为此案中有权的行政处罚主体是市场监管局，那也是错误的。

接下来，"依照本法和其他有关法律的规定实施"指的又是什么呢? "本法"自然是《特种设备安全法》，至于"其他有关法律"，按照一般理解应该指建筑领域的法律，比如《建筑法》；如果做广义一点的理解，还可以包括为了实施《建筑法》而制定的建筑施工安全方面的行政法规，如《建设工程安全生产管理条例》。那么，对于本案中的"一般事故"应当如何进行处罚呢?由于《建筑法》和《建设工程安全生产管理条例》都没有做出规定，就仍应适用《特种设备安全法》第 90 条第 1 项的规定，"发生事故，对负有责任的单位除要求其依法承担相应的赔偿等责任外，依照下列规定处以罚款：（一）发生一般事故，处十万元以上二十万元以下罚款"。有的观点认为，既然这里的处罚主体不是市场监管部门而是建设行政主管部门，在建设领域的法律、行政法规没有专门规定的情况下，应该适用安全生产领域的一般法《安全生产法》第 114 条（原第 109 条）进行处罚。这一理解是不准确的，因为作为一个特种设备安全事故，《特种设备安全法》仍应优先于《安全生产法》适用，而除了市场监管部门之外的其他有关部门也可以成为《特种设备安全法》第 90 条的执法主体。我们注意到，2009 年修订的《特种设备安全监察条例》第 88 条规定“对事故发生负有责任的单位，由特种设备安全监督管理部门依照下列规定处以罚款”，将针对事故责任单位的执法主体限定为特种设备安全监督管理部门（当年是质监部门，现在是市场监管部门）；而 2014 年施行的《特种设备安全法》第 90 条对于这种情况，则删去了有关执法主体的限制。这就意味着，除了特种设备安全监督管理部门，其他有关部门——比如本案中的建设行政主管部门——对于其主管范围内的特种设备安全事故，也是对事故单位进行处罚的适格主体。

但是，对于本案中的另外一些问题，在《特种设备安全法》和建筑领域的法律、行政法规当中就找不到法律依据，比如有关事故调查的问题。《特种设备安全法》中对一般事故的调查明确规定由市场监管部门牵头实施，这些规定自然不能适用到建设行政主管部门身上；而《建筑法》和《建设工程安全生产管理条例》等并未规定如何进行建设工程生产安全事故的调查。《建设工程安全生产管理条例》第 52 条规定：“建设工程生产安全事故的调查、对事故责任单位和责任人的处罚与处理，按照有关法律、法规的规定执行。”这里的有关法律、法规，就只能理解为《安全生产法》及其配套的《生产安全事故报告和调查处理条例》了。比如，在“Y 公司诉 Q 县应急管理局撤销行政处罚案”中，县政府授权或者委托县应急管理局牵头组成事故调查组，就是符合法律规定的。由此可见，虽然《安全生产法》第 2 条规定了某些安全领域的单行法具有优先效力，但由于这些法律对于某些更加特殊的情况又做了反向排除的规定，使得对某些问题的法律适用又可能重新指向《安全生产法》。

三、两种法律责任条款的适用问题

我们注意到，在“Y 公司诉 Q 县应急管理局撤销行政处罚案”中，县应急管理局依据《安全生产法》第 25 条（现第 28 条）第 1 款、第 109 条（现第 114 条）第 1 款第 1 项的规定，对 Y 公司作出了 21 万元的罚款决定。其中，《安全生产法》第 28 条（原第 25 条）第 1 款的规定是：“生产经营单位应当对从业人员进行安全生产教育和培训，保证从业人员具备必要的安全生产知识，熟悉有关的安全生产规章制度和安全操作规程，掌握本岗位的安全操作技能，了解事故应急处理措施，知悉自身在安全生产方面的权利和义务。未经安全生产教育和培训合格的从业人员，不得上岗作业。”对于违反这一规定的行为，其相应的法律责任条款是《安全生产法》第 97 条（原第 94 条），相关内容是：“生产经营单位有下列行为之一的，责令限期改正，处十万元以下的罚款；逾期未改正的，责令停产停业整顿，并处十万元以上二十万元以下的罚款，对其直接负责的主管人员和其他直接责任人员处二万元以上五万元以下的罚款：……（三）未按照规定对从业人员、被派遣劳动者、实习学生进行安全生产教育和培训，或者未按照规定如实告知有关的安全生产事项的；（四）未如实记录安全生产教育和培训情况的；……”而《安全生产法》第 114 条（原第 109 条）第 1 款第 1 项的规定是：“发生生产安全事故，对负有责任的生产经营单位除要求其依法承担相应的赔偿等责任外，由应急管理部门依照下列规定处以罚款：（一）发生一般事故的，处三十万元以上一百万元以下的罚款；……”也就是说，这里存在从行为角度（没有对从业人员进行安全培训）和从结果角度（对发生一般事故负有责任）进行罚款的两种法律责任条款。类似地，其他一些单行法如《特种设备安全法》也存在这样的情况，比如该法第 86 条和第 90 条之间的关系。那么，执法部门应当如何选择对这两种法律责任条款的适用呢？

我们认为，如果生产经营单位的违法行为尚未造成事故，则执法部门在作出处罚决定时，应当援引的法律依据自然是有关单位的安全保障义务条款，例如《安全生产法》第 28 条、《特种设备安全法》第 13 条以及与此相对应的法律责任条款，例如《安全生产法》第 97 条、《特种设备安全法》第 86 条，这一点毫无疑问。那么，如果生产经营单位的违法行为已经造成了事故呢？这时候从形式上看，执法部门似乎既可以援引针对行为的法律责任条款，也可以援引针对结果的法律责任条款来进行处罚。在“Y 公司诉 Q 县应急管理局撤销行政处罚案”中，二审法院就同时援引了《特种设备安全法》第 86 条和第 90 条。我们认为，这种做法有待商榷，正确的做法是只援引针对结果的法律责任条款进行处罚。原因在于，这些针对结果的法律责任条款已经明确规定应当处罚的对象是“负有责任的单位”，而这些单位是如何被确定为负有责任的呢？那就是在事故调查阶段，由事故调查组根据法律所规定的安全保障义务条款所确定的。比如，对于这个案件中的 Y 公司来说，其之所以被认定为对特种设备一般安全事故负有责任，事故调查组所依据的就是《安全生产法》第 25 条（现第 28 条）。尽管在这个问题上，事故调查组适用法律不准确，正确的做法是依据《特种设备安全法》第 13 条，但这两个条款在性质上是相同的，都属于有关单位的安全保障义务条款。也就是说，这些认定有关单位事故责任的安全保障义务条款在事故调查报告中已经被适用过了，这些单位对事故负有责任这一点已经在事故调查报告中确定下来了。接下来，对这些单位进行处罚的时候，就不应该再援引这些安全保障义务条款，而应直接援引针对事故责任的法律责任条款来进行处罚——如果适用《安全生产法》，就是其第 114 条（原第 109 条）；如果适用《特种设备安全法》，就是其第 90 条——在这个案件当中，应当适用后者。那么，在这种情况下，那些从行为角度规定的法律责任条款——比如《安全生产法》第 97 条（原第 94 条）和《特种设备安全法》第 86 条——还有没有适用的余地呢？形式上看起来似乎是可以的，因为有关单位的违法行为也符合这些条款的适用条件，但实际上不可能被适用。因为，根据“一事不再罚”原则，一个违法行为不应当被处以两次罚款，而这些针对结果的法律责任条款所规定的罚款金额，都明显高于那些针对行为的法律责任条款，自然应当选择处罚较重的条款加以适用。

这里需要注意的是，新《安全生产法》第 115 条规定：“本法规定的行政处罚，由应急管理部门和其他负有安全生产监督管理职责的部门按照职责分工决定；其中，根据本法第九十五条、第一百一十条、第一百一十四条的规定应当给予民航、铁路、电力行业的生产经营单位及其主要负责人行政处罚的，也可以由主管的负有安全生产监督管理职责的部门进行处罚。予以关闭的行政处罚，由负有安全生产监督管理职责的部门报请县级以上人民政府按照国务院规定的权限决定；给予拘留的行政处罚，由公安机关依照治安管理处罚的规定决定。”在今后工作中应当一并实施。

四、《安全生产法》中的授权性规定

《安全生产法》中规定的某些条款的权利义务内容是不完整的，需要下位法加以补充才有可能被实施，对此《安全生产法》做出了授权性规定，这种

情况主要指的是有关事故分级和危险源、事故隐患分级的标准。在《安全生产法》中，很多条款都涉及生产安全事故的分级，包括一般事故、较大事故、重大事故和特别重大事故；有的条款则涉及危险源和事故隐患的分级，比如重大危险源、重大事故隐患中何为“重大”的问题。但是，考虑到事故、危险源、隐患分级的复杂性和多样性，《安全生产法》并没有做出统一规定，而是进行了授权，对于生产安全事故的分级标准，授权给了国务院；对于重大危险源的辨识标准和重大事故隐患的判定标准，则授权给了国务院应急管理部门和其他负有安全生产监督管理职责的部门。那么，这些被授权的主体应当以何种形式做出上述补充性规定，使《安全生产法》中的有关规定得以实施呢？

我们认为，上述授权性规定应当被理解为授权立法条款。因此，国务院对生产安全事故的分级标准，应当在行政法规中规定；有关部门对于重大危险源的辨识标准和重大事故隐患的判定标准，应当在部门规章中规定。实践中，有些事故的分级标准是在国家专项应急预案或者部门预案中规定的，这样的做法不甚恰当。因为，应急预案是面向可能发生的事故预先编制的应对方案，是在特殊情况下实施法律、法规、规制有关规定的操作性方案，不具有设定或者补充法律上权利义务的功能和权限。

【延伸思考】

《安全生产法》自 2002 年施行以来，历次修改采取的都是“修正”而不是“修订”的方式，该法最后一条一直规定的是“本法自 2002 年 11 月 1 日起施行”。那么，在《安全生产法》和其他安全领域的单行性法律需要通过比较新旧关系来确定效力次序的时候，如何确定《安全生产法》各部分内容的生效时间？

第二节　安全生产中的各方主体

【本节导读】

安全生产既关乎劳动者保护，又关乎公共安全，是安全发展的关键所在，《安全生产法》的目标是建立“生产经营单位负责、职工参与、政府监管、行业自律和社会监督”的安全生产治理格局。这个格局涉及多方主体，“生产经营单位负责”涉及生产经营单位及其主要负责人；“职工参与”涉及从业人员及其组织，也就是工会；“政府监管”主要指的是各级政府及其部门的安全生产监管，而在《安全生产法》修正之后还涉及如何理解“党政同责”；“行业自律”涉及有关协会组织；“社会监督”则涉及所有的公民、法人和其他组织。本节主要介绍上述各种主体在安全生产治理格局中的角色定位及其相互关系，其中有些具体内容还将在本章第三节（如政府的监管体制）和后面的相关章节（如重点体现社会监督的举报和奖励机制）中继续详细展开。

【主干法条】

第三条　安全生产工作坚持中国共产党的领导。

安全生产工作应当以人为本，坚持人民至上、生命至上，把保护人民生命安全摆在首位，树牢安全发展理念，坚持安全第一、预防为主、综合治理的方针，从源头上防范化解重大安全风险。

安全生产工作实行管行业必须管安全、管业务必须管安全、管生产经营必须管安全，强化和落实生产经营单位主体责任与政府监管责任，建立生产经营单位负责、职工参与、政府监管、行业自律和社会监督的机制。

第四条　生产经营单位必须遵守本法和其他有关安全生产的法律、法规，加强安全生产管理，建立健全全员安全生产责任制和安全生产规章制度，加大对安全生产资金、物资、技术、人员的投入保障力度，改善安全生产条件，加强安全生产标准化、信息化建设，构建安全风险分级管控和隐患排查治理双重预防机制，健全风险防范化解机制，提高安全生产水平，确保安全生产。

平台经济等新兴行业、领域的生产经营单位应当根据本行业、领域的特点，建立健全并落实全员安全生产责任制，加强从业人员安全生产教育和培训，履行本法和其他法律、法规规定的有关安全生产义务。

第五条 生产经营单位的主要负责人是本单位安全生产第一责任人，对本单位的安全生产工作全面负责。其他负责人对职责范围内的安全生产工作负责。

第六条 生产经营单位的从业人员有依法获得安全生产保障的权利，并应当依法履行安全生产方面的义务。

第七条 工会依法对安全生产工作进行监督。

生产经营单位的工会依法组织职工参加本单位安全生产工作的民主管理和民主监督，维护职工在安全生产方面的合法权益。生产经营单位制定或者修改有关安全生产的规章制度，应当听取工会的意见。

第十四条 有关协会组织依照法律、行政法规和章程，为生产经营单位提供安全生产方面的信息、培训等服务，发挥自律作用，促进生产经营单位加强安全生产管理。

第十五条 依法设立的为安全生产提供技术、管理服务的机构，依照法律、行政法规和执业准则，接受生产经营单位的委托为其安全生产工作提供技术、管理服务。

生产经营单位委托前款规定的机构提供安全生产技术、管理服务的，保证安全生产的责任仍由本单位负责。

【案例导入】

孙某诉L市安监局撤销行政处罚决定案①

2013年3月20日，孙某以“自立钢结构公司”的名义与L市（县级市）

① 案例来源：山东省高级人民法院（2016）鲁行再26号行政判决书。

某食品有限公司签订协议，约定为该食品公司制作安装面粉仓库钢结构屋面等，约定了施工时间、工程费等，并约定在施工过程中出现任何安全责任事故均与食品公司无关。6 月 1 日，孙某口头将部分工程转包给了吕某。6 月 2 日，吕某在组织其子、其妻进行施工时，不慎从屋顶坠落致伤，经抢救无效死亡。6 月 4 日，L 市安监局对孙某、吕某、食品公司总经理刘某等人进行询问后，依法履行了告知陈述申辩、听证等权利，根据调查的事实，对孙某作出行政处罚决定书，认定“违法事实及证据：孙某没有营业执照和建筑安装施工资质，不具备安全生产条件。从事经营活动中未建立健全安全生产责任制，未制定安全生产规章制度和操作规程，未对施工人员进行安全教育培训，未采取任何防护措施的情况下安排施工，导致 2013 年 6 月 2 日发生一起死亡一人的一般生产安全责任事故，对事故的发生负有主要责任”，决定给予孙某 10 万元罚款的行政处罚。孙某不服，提起行政诉讼。

一审法院认为，本案争议的焦点是被告对作为自然人的原告作出安监行政处罚决定是否合法，是否违背了上位法的规定，生产经营单位是否包括自然人。本案原告既没有进行生产活动，也没有进行销售活动，更没有提供服务，只是居间牟利，因此，原告个人承揽转包房屋维修工程的行为不属于《安全生产法》规定的“生产经营活动”，被告据此对原告作出的安监行政处罚决定适用法律错误，判决撤销了被诉的行政处罚决定书。二审法院认同一审法院的上述判决理由，维持原判。

S 省人民检察院抗诉认为，一审、二审判决适用法律错误，主要理由包括：其一，原国家安全生产监督管理总局《安全生产违法行为行政处罚办法》第 68 条规定，自然人属于《安全生产法》规定的“生产经营单位”的范畴。无论孙某是以自立钢结构公司名义，还是以个人名义从事涉及安全生产的经营活动，均属于安全生产监管的对象。其二，根据《建设工程安全生产管理条例》第 1 条和第 2 条的规定，孙某为食品公司安制作装面粉仓库钢结构屋面属于该条例规定的建筑工程，属于《安全生产法》规定的“生产经营活动”。此外，根据《建设工程安全生产管理条例》第 24 条第 3 款的规定，即便孙某的行为是承揽转包行为，也属于《安全生产法》规定的生产经营活动。其三，《合同法》（已失效）第 424 条规定：“居间合同是居间人向委托人报告订立合同的机会或者提供订立合同的媒介服务，委托人支付报酬的合同。”

孙某并非为食品公司和吕某提供订约机会，而是与食品公司所签协议的一方当事人；协议双方是发包和承包关系，而非委托与被委托的关系；协议约定的标的是建筑工程施工，也非提供媒介服务。因此，孙某与食品公司及吕某之间并非居间关系。

S省高级人民法院再审认为，《安全生产法》第2条规定该法适用的主体是生产经营单位。《S省安全生产条例》第2条规定："在本省行政区域内从事生产经营活动的单位的安全生产，适用本条例；法律、行政法规另有规定的，从其规定。前款所称单位，包括法人单位、产业活动单位和个体经营户。"《辞海》（1999年缩印本）对单位的定义如下：单位指机关、团体或属于一个机关、团体的各个部门。从上述定义可知，单位是有组织结构的整体。自然人作为一个不可分割的个体，与单位是对立的概念，不存在包含与被包含的关系。因此，再审申请人对被申请人作出的安监行政处罚决定适用法律错误，应予撤销，原一审、二审法院的判决结果合法正确，应予维持。检察机关的抗诉意见和再审申请人的申请理由不能成立，不予支持。

这个案件提出了一个很重要的问题，即如何理解《安全生产法》中"生产经营单位"这一最基本的概念？从这个案件所经历的一审、二审和抗诉再审过程就可以看出，对这个概念的理解各方意见分歧很大，给安全生产执法实践和相关的司法审判也带来了不少困扰。对这个概念的理解，关乎安全生产治理的本质，我们将在下文中加以深入辨析。

【制度解析】

一、安全生产中"党的领导"和"党政同责"

此次《安全生产法》修正，一个十分重要的内容就是在第3条中增加第1款，规定"安全生产工作坚持中国共产党的领导"。2019年1月，《中共中央关于加强党的政治建设的意见》明确提出"制定和修改有关法律法规要明确规定党领导相关工作的法律地位"。中央全面依法治国委员会第二次会议更将"研究制定推进党的领导入法入规的指导意见，推进党的领导制度化、法治化”确定为2019年的一项重要工作任务。[1]“党的领导”入法是中国共产党完整把握依法执政规律的必然结果。“党的领导”入法，通过法律规定党领导相关工作的地位和基本方式，使党“依法执政”的理念得到了完整体现。此次《安全生产法》的修改，写入“安全生产工作坚持中国共产党的领导”，是贯彻落实党中央关于“党的领导入法入规”要求的一个重要体现。习近平总书记强调：“中国共产党领导是中国特色社会主义最本质的特征，中国共产党是国家最高政治领导力量，是实现中华民族伟大复兴的根本保证。东西南北中，党政军民学，党是领导一切的。全国各党派、各团体、各民族、各阶层、各界人士要紧密团结在党中央周围，增强‘四个意识’，坚定‘四个自信’，万众一心向前进。”[2]《安全生产法》之所以写入“党的领导”，和党的执政理念及安全生产工作在国家治理中的重要地位是分不开的。安全生产工作直接保障的是人民的生命财产安全，安全生产又是衡量高质量发展水平的一个重要指标，而这两点又直接关系到党的领导力、政府的执行力，关乎党的执政绩效。可以说，安全生产工作抓得好不好，直接关系到“人民群众满意不满意、赞成不赞成、答应不答应”，是一个政治性很强的领域，必须强调加强党的领导。所以，作为本领域的基本法，在《安全生产法》中写入“党的领导”就是必要且适宜的。

“安全生产工作坚持中国共产党的领导”，最重要的是贯彻执行党的方针政策，贯彻落实习近平总书记关于安全生产的系列指示精神。具体体现就是安全生产监管中的“党政同责”。

《中共中央国务院关于推进安全生产领域改革发展的意见》对安全生产领域的党政职责进行了初步明确，提出“地方各级党委要认真贯彻执行党的安全生产方针，在统揽本地区经济社会发展全局中同步推进安全生产工作，定期研究决定安全生产重大问题。加强安全生产监管机构领导班子、干部队伍建设。严格安全生产履职绩效考核和失职责任追究。强化安全生产宣传教育和舆论引导。发挥人大对安全生产工作的监督促进作用、政协对安全生产工

---

① 参见《全面依法治国2019工作任务清单出炉，50多家中央部门认领123项任务》，载微信公众号“中央政法委长安剑”，2019年4月10日。

② 《在第十三届全国人民代表大会第一次会议上的讲话（2018年3月20日）》，载新华网，http://www.xinhuanet.com/politics/leaders/2020-05/15/c_1125989644.htm，2021年6月13日访问。

作的民主监督作用。推动组织、宣传、政法、机构编制等单位支持保障安全生产工作。动员社会各界积极参与、支持、监督安全生产工作”。“地方各级政府要把安全生产纳入经济社会发展总体规划，制定实施安全生产专项规划，健全安全投入保障制度。及时研究部署安全生产工作，严格落实属地监管责任。充分发挥安全生产委员会作用，实施安全生产责任目标管理。建立安全生产巡查制度，督促各部门和下级政府履职尽责。加强安全生产监管执法能力建设，推进安全科技创新，提升信息化管理水平。严格安全准入标准，指导管控安全风险，督促整治重大隐患，强化源头治理。加强应急管理，完善安全生产应急救援体系。依法依规开展事故调查处理，督促落实问题整改。”

《地方党政领导干部安全生产责任制规定》进一步细化了安全生产领域党政负责人和领导班子成员的具体职责分工。其第 5 条规定地方各级党委主要负责人安全生产职责主要包括：（1）认真贯彻执行党中央以及上级党委关于安全生产的决策部署和指示精神，安全生产方针政策、法律法规；（2）把安全生产纳入党委议事日程和向全会报告工作的内容，及时组织研究解决安全生产重大问题；（3）把安全生产纳入党委常委会及其成员职责清单，督促落实安全生产“一岗双责”制度；（4）加强安全生产监管部门领导班子建设、干部队伍建设和机构建设，支持人大、政协监督安全生产工作，统筹协调各方面重视支持安全生产工作；（5）推动将安全生产纳入经济社会发展全局，纳入国民经济和社会发展考核评价体系，作为衡量经济发展、社会治安综合治理、精神文明建设成效的重要指标和领导干部政绩考核的重要内容；（6）大力弘扬生命至上、安全第一的思想，强化安全生产宣传教育和舆论引导，将安全生产方针政策和法律法规纳入党委理论学习中心组学习内容和干部培训内容。其第 6 条规定县级以上地方各级政府主要负责人安全生产职责主要包括：（1）认真贯彻落实党中央、国务院以及上级党委和政府、本级党委关于安全生产的决策部署和指示精神，安全生产方针政策、法律法规；（2）把安全生产纳入政府重点工作和政府工作报告的重要内容，组织制定安全生产规划并纳入国民经济和社会发展规划，及时组织研究解决安全生产突出问题；（3）组织制定政府领导干部年度安全生产重点工作责任清单并定期检查考核，在政府有关工作部门“三定”规定中明确安全生产职责；（4）组织设立安全生产专项资金并列入本级财政预算、与财政收入保持同步增长，加强安全生产基础建设和监管能力建设，保障监管执法必需的人员、经费和车辆等装备；（5）严格安全准入标准，推动构建安全风险分级管控和隐患排查治理预防工作机制，按照分级属地管理原则明确本地区各类生产经营单位的安全生产监管部门，依法领导和组织生产安全事故应急救援、调查处理及信息公开工作；（6）领导本地区安全生产委员会工作，统筹协调安全生产工作，推动构建安全生产责任体系，组织开展安全生产巡查、考核等工作，推动加强高素质专业化安全监管执法队伍建设。其第 7 条规定了地方各级党委常委会其他成员的安全生产职责，第 8 条规定了县级以上地方政府分管安全生产工作领导成员的安全生产职责，第 9 条规定了县级以上地方政府其他领导干部的安全生产职责。

“安全生产工作坚持中国共产党的领导”还应当体现在加强党对企业、对生产经营单位的领导。基础不牢，地动山摇。企业是安全生产的主体，只有把企业的党组织建设强、把企业的安全生产基础筑牢，全国的安全生产工作才能搞好。而且，还要加强党对工会的领导。我国工会是中国共产党领导的工人阶级群众组织，是党联系职工群众的桥梁和纽带，必须充分发挥工会依法对安全生产工作进行监督的作用。

二、对生产经营单位的理解

（一）对“生产经营”的理解

“生产经营单位”是《安全生产法》中最核心也是理解上分歧较多的概念之一，要准确理解这一概念，首先要在实质层面上理解好“生产经营”一词。对“生产经营”这个概念的理解，直接决定了整个安全生产法制体系的适用范围，也决定了政府对安全生产进行监管的边界。所谓“生产”，按照辞典的解释，指的是人类从事创造社会财富的活动和过程，和非生产性的日常生活相对应；所谓“经营”，指的是从事营利性的活动。在安全生产的实践中，很多人也是从“生产经营”的字面含义中来理解其含义的。但是，如果我们稍加分析就会发现，这种形式上的、一般性的理解解释不了安全生产治理中的很多问题。比如，农业也是非常重要的生产性活动，但是，对于那些非机械化的，个体农民、农户使用一般农具从事的农业生产活动，国家并不将其纳入安全生产的监管范围。再如，在电子商务平台上经营的、没有仓储业务的网店，在网络平台上进行的收费直播等，都是经营性的活动，同样没有被纳入安全生产监管范围。这都说明，对于“生产经营”这个概念不能仅仅从形式上理解，而必须深入实质层面。从实质层面上看，《安全生产法》所调整的“生产经营”活动与其他活动的不同之处在于，这些活动将产生明显高于日常生活的公共安全风险，活动者如果只尽到日常生活中的安全注意义务、只采取和日常生活相同的风险控制措施，还不足以控制这些风险，因此必须采取更加特殊的安全管理措施，赋予相关主体更高的安全保障义务，并配套相应的责任机制。按照这一标准，我们可以发现大部分的生产性活动都具备上述特征，需要纳入监管范围。而个体农民、农户使用一般农具从事的农业活动，虽然也是典型的生产性活动，但这种活动并不产生高于日常生活的安全风险，农民也并不需要在这样的生产活动当中采取特殊的安全保障措施，因此也就没有必要将其纳入安全生产监管范围了。至于经营性活动，是因为传统的经营活动是需要物理场所的，其经营活动场所形成了一种公共空间，这种公共空间的安全保障义务也高于日常生活中的私人空间，经营者应当对这个空间之内的公共安全承担保障义务，因此也属于安全生产的监管范围。而像没有仓储业务的电商、网络直播等经营性活动，并不需要一个供其经营之用的物理空间，也就不产生对这种空间的公共安全保障义务了。当然，这些经营性活动产生了其他的公共安全问题，比如网络安全、个人信息安全问题，但这显然已经不属于安全生产的范畴了。按照这样的理解，有的居间业务确实不属于安全生产监管的范围。因为，“居间合同是居间人向委托人报告订立合同的机会或者提供订立合同的媒介服务，委托人支付报酬的合同”。可见，居间业务的开展并不是生产性的；虽然是经营性的，但未必需要依托一定的物理空间，居间人并不产生相应的公共安全保障义务。当然，有的居间业务是需要经营场所的，比如房屋交易中介需要开设门店，那么，居间人对于门店的公共安全还是负有保障义务的，有些方面仍属于安全生产的监管范围。不过，在本节提到的“孙某诉L市安监局撤销行政处罚决定书案”中，孙某确实不是为食品公司和吕某提供订约机会，而是其本人与食品公司签订了建筑工程承揽协议，然后将部分工程转包给了吕某。孙某和食品公司之间是发包和承包关系，而不是委托和被委托的关系，孙某与食品公司和吕某之间并非居间关系。在这一点上，此案一审、二审法院的认定都是错误的。

对于理解“生产经营”这一概念，还有一个很有帮助的例子，就是对科研活动的安全生产监管。科研机构、学校、医院等单位开展科研活动，很多时候需要使用危险品，具有高危性。如果按照对“生产经营”一词的字面理解，那么，这些单位的科研活动既不是生产性的，也不是经营性的，不应当被纳入安全生产监管的范围。但是，很多事故的惨痛教训早已告诉我们，使用危险品的科研活动所产生的公共安全风险丝毫不亚于那些典型的生产经营活动，必须纳入安全生产监管的范围。《生产安全事故应急条例》第34条规定，“储存、使用易燃易爆物品、危险化学品等危险物品的科研机构、学校、医院等单位的安全事故应急工作，参照本条例有关规定执行”。也就是说，在这种情况下，对科研机构、学校、医院等单位完全视同“生产经营单位”。这充分说明，对“生产经营”一词必须超越其一般字面含义，从实质意义上进行理解。

（二）对“单位”的理解

另外一个分歧更多的词汇是“单位”。就像“孙某诉L市安监局撤销行政处罚决定书案”中S省高级人民法院援引《辞海》所作的解释那样，单位指的是机关、团体或属于一个机关、团体的各个部门，这一意义上的“单位”肯定不包括个人。但是，安全生产领域的有关立法文件在这个问题上却有不同理解。比如《S省安全生产条例》第2条规定：“在本省行政区域内从事生产经营活动的单位的安全生产，适用本条例；法律、行政法规另有规定的，从其规定。前款所称单位，包括法人单位、产业活动单位和个体经营户。”这个理解不包括自然人。而原国家安监总局制定的《安全生产违法行为行政处罚办法》第68条规定：“本办法所称的生产经营单位，是指合法和非法从事生产或者经营活动的基本单元，包括企业法人、不具备企业法人资格的合伙组织、个体工商户和自然人等生产经营主体。”这个理解就包括自然人。在这个案件中，S省高级人民法院在再审中根据“上位法优于下位法”的原则，选择适用《S省安全生产条例》（地方性法规）而不是《安全生产违法行为行政处罚办法》（部门规章），在法律适用层面是无可非议的。但是，我们仍不得不指出，《S省安全生产条例》对生产经营单位中“单位”一词的界定有待商榷，而《安全生产违法行为行政处罚办法》的界定更加准确。

《安全生产法》之所以要把所要规范的生产经营主体称为“单位”，是和安全生产法制的功能密切相关的。因为，安全生产法制最初的功能（目前仍是其十分重要但已非唯一的功能）是劳动保护，即保护劳动者在有组织劳动中的人身安全。那么，谁应当对劳动者的安全承担第一位的保障义务呢？那就是在有组织劳动所形成的“支配—从属”关系中居于支配地位的一方。《安全生产法》将这个主体称为“单位”，但这个所谓“单位”的具体形态可以是企业法人，也可以是不具备企业法人资格的合伙组织、个体工商户，还可以是自然人。我们仍以“孙某诉L市安监局撤销行政处罚决定书案”为例来分析，孙某承揽了食品公司制作安装面粉仓库钢结构屋面的工程，如果这个工程很简单，孙某自己就完成了，此时他向食品公司提供的是个体劳务，自然不是生产经营单位。在这种情况下，实际上食品公司是劳动的组织者，它和孙某形成了有组织劳动中的“支配—从属”关系，食品公司是支配的一方，应当被认定为《安全生产法》上的生产经营单位。但从案情来看，这个工程不是孙某自己能够完成的（或者孙某并不打算自己完成），孙某即使不转包、分包，也要组织其他人来一起完成，孙某和其他人之间就会形成有组织劳动中的“支配—从属”关系，孙某就是生产经营单位。在本案中，虽然孙某将部分工程转包给了吕某，后来事故发生在转包的这部分工程当中，但根据《建设工程安全生产管理条例》第24条第1款、第3款之规定：“建设工程实行施工总承包的，由总承包单位对施工现场的安全生产负总责。”“总承包单位依法将建设工程分包给其他单位的，分包合同中应当明确各自的安全生产方面的权利、义务。总承包单位和分包单位对分包工程的安全生产承担连带责任。”孙某作为总承包单位，仍然必须对此事故承担连带责任，安监部门对孙某做出行政处罚，是符合法理的。

（三）非法的“生产经营”是否纳入调整范围

对于生产经营单位的概念，还有一种流传较广的误解，就是认为这个单位应当是合法的，是依法经过审批登记的。如果有的单位未经依法审批登记就从事生产经营活动，就不属于生产经营单位，即使在生产经营活动中违反了有关安全生产保障义务，也应该由其审批登记机关以未经许可从事相关业务为由进行处罚，安全生产监管部门对这样的单位没有监管职责。这个理解当然是错误的，《安全生产法》上所讲的“生产经营”是事实意义上的，就是有生产经营的事实；而不是规范意义上的，就是不要求是合法的生产经营。非法的生产经营同样存在安全生产问题，也需要安全生产监管。如果这些单位未经审批登记就从事生产经营活动，还违反了安全生产保障义务，就是实施了两种违法行为，应该由其审批登记机关和安全生产监管部门对这两种违法行为分别予以处罚。安全生产监管部门对其违反安全生产保障义务的行为实施处罚，丝毫不意味着对其未经审批登记就从事生产经营活动一事给予了合法性上的认可。

三、平台经济等新兴业态的安全生产义务

修正后的《安全生产法》第 4 条增加了第 2 款，规定：“平台经济等新兴行业、领域的生产经营单位应当根据本行业、领域的特点，建立健全并落实全员安全生产责任制，加强从业人员安全生产教育和培训，履行本法和其他法律、法规规定的有关安全生产义务。”这一规定明确了平台经济等新兴业态对从业人员的安全生产保障义务，具有重要意义。正如 2020 年 7 月 31 日发布的《国务院办公厅关于支持多渠道灵活就业的意见》所指出的那样，“个体经营、非全日制以及新就业形态等灵活多样的就业方式，是劳动者就业增收的重要途径，对拓宽就业新渠道、培育发展新动能具有重要作用”。这里所说的非全日制和新就业形态指的主要就是平台经济中的就业方式。平台经济等新兴业态中的劳动者权益保护问题比较突出，近年来受到社会各界的广泛关注，也存在很多争议，其中就包括属于安全生产领域的职业安全保障问题。对此，《国务院办公厅关于支持多渠道灵活就业的意见》提出要“研究制定平台就业劳动保障政策，明确互联网平台企业在劳动者权益保护方面的责任，引导互联网平台企业、关联企业与劳动者协商确定劳动报酬、休息休假、职业安全保障等事项，引导产业（行业、地方）工会与行业协会或行业企业代表协商制定行业劳动定额标准、工时标准、奖惩办法等行业规范”。应该说，此次《安全生产法》的修正明确了这些新兴业态中生产经营单位的安全生产义务，希望为这些领域中劳动者的职业安全保障提供一个基本解决方案，这一点值得充分肯定。但是，这一问题牵涉面广，兹事体大，对这一规定的确切含义

需要从如下几个方面深入辨析，准确把握：

（一）本条规定中“从业人员”的范围

在平台经济等新兴业态中，劳动者和平台之间的关系是多样而复杂的，在目前的执法和司法实践中，有的被认定为劳动关系，有的被认定为劳务关系，有的被认定为业务发包和承揽的关系。有的网络平台如网约车平台还认为自己从事的是居间业务，只是促成了乘客和网约车之间的客运交易，因此自己和网约车之间是委托和被委托的关系。而《安全生产法》和安全生产领域的其他法律、法规原来所考虑的就业形态是传统业态，是无法涵盖上述全部情形的。《安全生产法》在传统的劳动关系之外，明确提及的其他劳动形态主要是劳务派遣和实习实训。如果只在这个范围内理解“从业人员”，就远远不能涵盖平台经济等新兴业态中的许多就业形态，此次修法新增的第4条第2款也就失去了意义。因此，这里的“从业人员”应当做广义的理解，就是只要依托该平台从事相关业务的劳动者，都属于“从业人员”的范畴。应该说，《安全生产法》在这里使用的“从业人员”一词具有很强的概括力和兜底作用，超脱于有关互联网平台和劳动者之间不同的用工类型和背后的各种论争之外，实现了对新兴业态中各种类型劳动者的全面覆盖。

（二）本条规定中“生产经营单位”的含义

本条规定中的“生产经营单位”不能一律理解为平台企业，因为在平台经济中，平台企业和劳动者之间的关系是比较复杂的，在这两者之间还存在着其他多种生产经营主体。以餐饮外卖平台为例，就存在“配送合作商”和“劳务外包企业”等主体。谁应该对从业人员承担安全生产保障义务，应该具体问题具体分析，看是哪一个生产经营单位和劳动者之间形成了直接的“支配—从属”关系。例如，在2021年4月，南京市人力资源和社会保障局、市场监督管理局、司法局、公安局四个部门所印发的《关于规范新就业形态下餐饮网约配送员劳动用工的指导意见（试行）》（以下简称《指导意见》）就对“外卖骑手”和平台企业之间的关系进行了比较详细的区分。按照《指导意见》，“外卖骑手”根据用工性质和用工特征分为“专送骑手”和“众包骑手”。其中，“专送骑手”是平台企业将一定区域内的餐饮配送业务以商业合作的形式外包给配送企业（即“配送合作商”），由“配送合作商”对其进行管理的“外卖骑手”，又分为“全日制骑手”“劳务派遣骑手”“非全日制骑手”；“众包骑手”是“平台企业”（或与其合作的劳务企业，即“劳务外包企业”）以自由自愿的形式外包给非特定的自然人，由自然人在移动终端上注册 APP 并获得通过后上岗的“外卖骑手”。我们如果结合这个《指导意见》对“外卖骑手”用工关系的界定，就可以发现对他们承担安全生产保障义务的、《安全生产法》意义上的“生产经营单位”也是不同的：（1）“全日制骑手”是“配送合作商”直接招用的“外卖骑手”，“配送合作商”与“全日制骑手”建立劳动关系的，应当订立书面形式的劳动合同。此时，“生产经营单位”就是“配送合作商”。（2）“劳务派遣骑手”是劳务派遣单位招用并派遣至“配送合作商”工作的“外卖骑手”，其与劳务派遣单位建立劳动关系，与“配送合作商”形成实际用工关系。劳务派遣单位应当与“劳务派遣骑手”订立书面形式的劳动合同，与“配送合作商”订立劳务派遣协议。此时，“生产经营单位”还是“配送合作商”。（3）“非全日制骑手”是在同一“配送合作商”的平均每日工作时间不超过 4 小时，每周工作时间不超过 24 小时的“外卖骑手”。“配送合作商”与“非全日制骑手”建立非全日制用工关系的，应当订立书面或口头形式的劳动合同。此时，“生产经营单位”也是“配送合作商”。（4）“众包骑手”是与“平台企业”或其“劳务外包企业”签订网约配送员协议的“外卖骑手”，属于灵活就业人员，其与“平台企业”或“劳务外包企业”建立劳务、承揽等法律关系，不存在劳动关系、非全日制用工关系和实际用工关系。但在这种情况下，“平台企业”或其“劳务外包企业”与“众包骑手”形成了有组织劳动中的“支配—从属”关系，仍应被认定为这种情况下的“生产经营单位”。（5）“众包骑手”如与“平台企业”或其“劳务外包企业”未订立任何合同或协议，但从执行、遵守企业作息制度、薪酬制度、规章制度等方面，能够证明具备《劳动和社会保障部关于确立劳动关系有关事项的通知》规定的劳动关系认定条件，可以认定双方存在劳动关系。此时，“平台企业”或其“劳务外包企业”就更应当被认定为《安全生产法》意义上的“生产经营单位”了。需要说明的是，我们以南京市四部门的《指导意见》为例来分析上述问题，并不意味着我们完全赞同其对“外卖骑手”用工关系的分类方式，而是以此说明在平台经济等新兴业态中认定对从业人员承担安全生产义务的“生产经营单位”时，不能“一刀切”。《安全生产法》在规定这一问题时，专门强调要“根据本行业、领域的特点”，其旨趣正在于此。

（三）平台安全生产义务的范围

生产经营单位的安全生产保障义务包括两个层次，一是保护劳动者职业安全；二是保障公共安全，因为安全生产问题具有负外部性，不仅影响或威胁劳动者人身安全，也影响或威胁公众的生命财产安全。《安全生产法》新增的第4条第2款规定平台经济等新兴行业、领域的生产经营单位应当履行有关安全生产义务时，某一中间版本的审议稿还曾在最后加上了一句话，内容是“依法保障从业人员人身安全和身心健康”。而在最后通过的版本中，又删掉了这句话，反映了立法机关在这一问题上的谨慎态度。那么，平台经济等新兴业态中有关生产经营单位的安全生产义务是特指保护劳动者职业安全，而不涉及生产经营中的公共安全保障吗？还是说两个层次的安全生产保障目标都被包括在内，平台经济中有关生产经营单位所要承担的安全生产义务和传统业态并无不同呢？我们认为，平台经济等新兴业态中的生产经营单位是否应当承担，以及如何承担公共安全意义上的安全生产义务，是一个比较复杂的问题，在未能准确地厘清其义务边界之前，不宜立即将其安全生产义务扩大到这个层面。原因在于，面向劳动者保护的安全生产义务边界较为清晰，生产经营单位为了履行这些义务所需要付出的成本也比较容易测算。生产经营单位履行这个意义上的安全生产义务，其具体方式虽然和传统业态有所不同，但基本上还是共通的。但是，平台经济等新兴业态如何履行面向公共安全的安全生产义务，和传统业态比起来要复杂得多。以运输行业为例，在传统业态下，作为主要生产资料的车辆是企业自有的，并具有专用性，企业比较容易对车况进行检查和维修，自然应当承担相应的安全保障义务，对于因车辆问题造成的、导致他人人身或财产损失的生产安全事故，自然也应当承担责任。但在平台经济的业态下，很多车辆是加盟的，也不具有专用性，从业人员完成平台“接单”之余还可以将车辆用于其他用途，平台企业或其合作企业虽然也能够为了保障车况良好而对从业者采取一些约束措施，但其控制力度和传统业态下的企业是难有可比性的，如果要求其对因车辆问题造成的生产安全事故承担责任，并不尽合理。因此，如果认为平台企业等生产经营单位应当和传统企业承担同等的公共安全意义上的安全生产义务，有可能极大地增加企业成本，将其经营活动拖入巨大的不确定性当中，制约这些新兴业态的持续健康发展。在这种情况下，对于《安全生产法》第 4 条第 2 款所规定的这种安全生产保障义务，目前暂时应做狭义理解，即主要理解为保障劳动者职业安全的义务。

四、主体责任和监管责任的关系

此次《安全生产法》修正在第 3 条中增加第 3 款，规定："安全生产工作实行管行业必须管安全、管业务必须管安全、管生产经营必须管安全，强化和落实生产经营单位主体责任与政府监管责任，建立生产经营单位负责、职工参与、政府监管、行业自律和社会监督的机制。"这个条款涉及安全生产治理中两个非常重要的主体及其责任边界，就是生产经营单位的主体责任和政府的监管责任。《安全生产法》对这两种责任的要求都是要"强化和落实"，并使用大量条款分别规定了这两种责任的具体内容。但是，这两种责任的边界何在？如何将企业的主体责任"压实压紧"，又不过度加重企业负担，影响营商环境；同时使政府监管既不"缺位"，又不"越位"？这些问题在实践中一直不易准确把握，存在不少模糊地带，在涉及事故责任追究的时候还常常引发争议。对于这个问题，我们在此做一点理论上的阐释。

生产经营单位对安全生产承担的主体责任，在本质上可以理解为其从事生产经营活动的一种成本。从事生产经营活动可以期望带来一定收益，但这种收益伴随着各种成本，公共安全风险就是成本之一。基于职责权利相匹配、收益和风险对等的原则，因生产经营活动所产生的公共安全风险必须分配给生产经营者自己来承担。基于这种风险所产生的责任，就是生产经营单位的安全生产主体责任。这种责任包括如下五个层次：第一，识别和防控生产经营活动中的安全风险，避免这些风险转化为隐患和事故；第二，在这些风险已经转化为隐患的情况下，治理并消除这些隐患；第三，在这些风险和隐患已经转化为事故的情况下，处置这些事故，并对受到事故威胁的人员、财产和环境进行救援；第四，如果对事故的处置和救援超出了自身能力，则对于他人（包括政府）实施的处置和救援支付费用；第五，对事故给他人造成的损失予以赔偿。

至于政府的监管责任，在根本上则来源于国家对公民人身和财产的安全保障义务，包括这样五个层次：第一，制度保障。政府的监管首先体现在建立健全安全生产治理的各项制度，为各种主体的安全生产合规提供依据和准则，这些制度的表现形式包括法律、法规、规章、规范性文件，也包括各种技术性标准。第二，安全准入。就是政府自己要对各个层面的安全生产风险进行评估，通过设立各层面的安全准入门槛，将不可接受的安全生产风险予以筛除。安全准入包括多个层面，比如在宏观层面上，通过产业政策将一些高危行业排除在外；在中观层面上，通过国土空间规划、产业园区规划等限制一些高风险的生产经营行为进入特定区域；在微观层面上，将不符合各种安全生产条件的企业排除在市场之外；等等。第三，日常巡查。政府应当对生产经营单位在安全生产方面的合规情况进行日常性巡查，也就是通常所讲的执法检查，这种巡查在方式、范围、频率上虽然不可能是全天候、全覆盖的，在发现违法行为的效果上也远远不是万无一失的，但应该达到一般人认为可靠和负责任的程度。第四，警报处理。政府获得存在安全生产违法行为或者隐患的“警报信息”之后，应当及时、有效地对“警报”所提示的情况进行处理。这里的所谓“警报”，可能来自日常监测巡查的发现，也可能来自举报。第五，危机化解。在生产安全事故发生之后，政府出于保障公共安全的基本职责，有义务帮助生产经营单位实施应急处置与救援，如果处置与救援超过了生产经营单位自身的能力，政府还应该主导事故的应急工作，确保“一方平安”。但如果事后经过调查确认生产经营单位对事故负有责任，应当由事故单位承担事故应急处置与救援所付出的成本。在这里，政府的应急处置与救援职责所体现的就是其监管责任，而生产经营单位对应急成本的负担所体现的就是其主体责任。

【延伸思考】

1. 此次《安全生产法》修正，将第 5 条“生产经营单位的主要负责人对本单位的安全生产工作全面负责”修改为“生产经营单位的主要负责人是本单位安全生产第一责任人，对本单位的安全生产工作全面负责。其他负责人对职责范围内的安全生产工作负责”。如何理解这里的“其他负责人对职责范围内的安全生产工作负责”？

2.《安全生产法》第 15 条规定："依法设立的为安全生产提供技术、管理服务的机构，依照法律、行政法规和执业准则，接受生产经营单位的委托为其安全生产工作提供技术、管理服务。生产经营单位委托前款规定的机构提供安全生产技术、管理服务的，保证安全生产的责任仍由本单位负责。"那么，如果这些提供第三方服务的机构对生产安全事故的发生确实负有责任，应当如何追究？

第三节　安全生产的监管体制

【本节导读】

本节介绍安全生产政府监管的体制，其核心是安全生产监管职责在政府系统内部横向和纵向上的分工关系。在横向上，确定政府安全生产监管职责的原则是"三管三必须"——管行业必须管安全、管业务必须管安全、管生产经营必须管安全。其中，在实践中最为重要也是认识分歧较多的问题，是应急管理部门综合监管职责和其他部门的行业、领域监管职责之间的边界。在纵向上，上下级政府部门在安全生产监管职责上的分工，以及近年来行政执法重心向基层的下移，也是值得关注的问题。尽管《安全生产法》并没有就这个方面的问题作出特别规定，仍然采取了比较笼统的规定方式，但我们仍将结合安全生产领域行政监管和执法的一些新的政策文件对这一问题进行介绍。此外，监管部门的安全生产权责清单也是此次修法新增的一项制度，如何认识权责清单的性质和法律效力，特别是权责清单和对监管部门的责任追究之间存在何种关系，也是一个十分值得探讨的问题。

【主干法条】

第三条　安全生产工作坚持中国共产党的领导。

安全生产工作应当以人为本，坚持人民至上、生命至上，把保护人民生命安全摆在首位，树牢安全发展理念，坚持安全第一、预防为主、综合治理的方针，从源头上防范化解重大安全风险。

安全生产工作实行管行业必须管安全、管业务必须管安全、管生产经营必须管安全，强化和落实生产经营单位主体责任与政府监管责任，建立生产经营单位负责、职工参与、政府监管、行业自律和社会监督的机制。

第八条 国务院和县级以上地方各级人民政府应当根据国民经济和社会发展规划制定安全生产规划，并组织实施。安全生产规划应当与国土空间规划等相关规划相衔接。

各级人民政府应当加强安全生产基础设施建设和安全生产监管能力建设，所需经费列入本级预算。

县级以上地方各级人民政府应当组织有关部门建立完善安全风险评估与论证机制，按照安全风险管控要求，进行产业规划和空间布局，并对位置相邻、行业相近、业态相似的生产经营单位实施重大安全风险联防联控。

第九条 国务院和县级以上地方各级人民政府应当加强对安全生产工作的领导，建立健全安全生产工作协调机制，支持、督促各有关部门依法履行安全生产监督管理职责，及时协调、解决安全生产监督管理中存在的重大问题。

乡镇人民政府和街道办事处，以及开发区、工业园区、港区、风景区等应当明确负责安全生产监督管理的有关工作机构及其职责，加强安全生产监管力量建设，按照职责对本行政区域或者管理区域内生产经营单位安全生产状况进行监督检查，协助人民政府有关部门或者按照授权依法履行安全生产监督管理职责。

第十条 国务院应急管理部门依照本法，对全国安全生产工作实施综合监督管理；县级以上地方各级人民政府应急管理部门依照本法，对本行政区域内安全生产工作实施综合监督管理。

国务院交通运输、住房和城乡建设、水利、民航等有关部门依照本法和其他有关法律、行政法规的规定，在各自的职责范围内对有关行业、领域的安全生产工作实施监督管理；县级以上地方各级人民政府有关部门依照本法和其他有关法律、法规的规定，在各自的职责范围内对有关行业、领域的安全生产工作实施监督管理。对新兴行业、领域的安全生产监督管理职责不明确的，由县级以上地方各级人民政府按照业务相近的原则确定监督管理部门。

应急管理部门和对有关行业、领域的安全生产工作实施监督管理的部门，统称负有安全生产监督管理职责的部门。负有安全生产监督管理职责的部门应当相互配合、齐抓共管、信息共享、资源共用，依法加强安全生产监督管理工作。

第十六条 国家实行生产安全事故责任追究制度，依照本法和有关法律、法规的规定，追究生产安全事故责任单位和责任人员的法律责任。

第十七条 县级以上各级人民政府应当组织负有安全生产监督管理职责的部门依法编制安全生产权力和责任清单，公开并接受社会监督。

第七十一条 监察机关依照监察法的规定，对负有安全生产监督管理职责的部门及其工作人员履行安全生产监督管理职责实施监察。

【案例导入】

江苏响水天嘉宜化工有限公司“3·21”爆炸事故中的部门监管责任①

2019年3月21日14时48分许，江苏省盐城市响水县陈家港镇化工园区内江苏天嘉宜化工有限公司化学储罐发生爆炸事故，并波及周边16家企业。造成此次事故的主要原因是天嘉宜公司在旧固废库内长期违法贮存的硝化废料持续积热升温导致自燃，燃烧引发硝化废料爆炸。事故共造成78人死亡、76人重伤，640人住院治疗，直接经济损失19.86亿元。3月22日下午，国务院决定成立江苏响水天嘉宜公司“3·21”特别重大爆炸事故调查组，应急管理部党组书记、副部长黄明同志任组长。11月13日，国务院总理李克强主

① 案例来源：江苏响水天嘉宜化工有限公司“3·21”特别重大爆炸事故调查报告，载应急管理部网站，http：//www.mem.gov.cn/gk/sgcc/tbzdsgdcbg/2019tbzdsgcc/201911/P020191115565111829069.pdf，2021年6月20日访问。

持召开国务院常务会议，听取江苏响水天嘉宜化工有限公司“3·21”特别重大爆炸事故调查情况汇报和责任追究审查调查工作情况通报。11月15日，事故调查报告公布。

国务院事故调查组查明，“3·21”爆炸事故的直接原因是天嘉宜公司旧固废库内长期违法贮存的硝化废料持续积热升温导致自燃，燃烧引发爆炸。事故调查组认定，天嘉宜公司无视国家环境保护和安全生产法律法规，刻意瞒报、违法贮存、违法处置硝化废料，安全环保管理混乱，日常检查弄虚作假，固废仓库等工程未批先建。相关环评、安评等中介服务机构严重违法违规，出具虚假失实评价报告。事故调查组同时认定，江苏省各级应急管理部门履行安全生产综合监管职责不到位，生态环境部门未认真履行危险废物监管职责，工信、市场监管、规划、住建和消防等部门也不同程度存在违规行为。响水县和生态化工园区招商引资安全环保把关不严，对天嘉宜公司长期存在的重大风险隐患视而不见，复产把关流于形式。江苏省、盐城市未认真落实地方党政领导干部安全生产责任制，重大安全风险排查管控不全面、不深入、不扎实。根据事故调查报告，上述各级地方政府及其部门的有关负责人被不同程度地追究了党纪政纪责任和法律责任。

江苏响水“3·21”爆炸事故是近年来影响深远的一个特别重大生产安全事故，甚至可以说，“3·21”事故对《安全生产法》的此次修正在多个方面都产生了重要影响。“3·21”事故发生之后，有关监管部门特别是应急管理部门和生态环保部门之间的责任划分一度成为各界关注的问题，最后的事故调查报告认为：“相关部门对各自的安全监管职责还存在认识不统一的问题。这起事故暴露出监管部门之间统筹协调不够、工作衔接不紧等问题。虽然江苏省、市、县政府已在有关部门安全生产职责中明确了危险废物监督管理职责，但应急管理、生态环境等部门仍按自己理解各管一段，没有主动向前延伸一步，不积极主动、不认真负责，存在监管漏洞。”江苏省、市、县三级的应急管理、生态环境部门有关负责人被追究了基本同等的责任。这个案例引发了我们的思考：在安全生产监督管理中，应急管理部门的综合监管职责和行业、领域主管部门的监管职责之间到底边界何在？其中最关键的问题，又在于如何理解应急管理部门的综合监管职责。

【制度解析】

一、“三管三必须”原则

“三管三必须”是确定安全生产监管职责的基本原则。《中共中央国务院关于推进安全生产领域改革发展的意见》这样表述其内涵：“按照管行业必须管安全、管业务必须管安全、管生产经营必须管安全和谁主管谁负责的原则，厘清安全生产综合监管与行业监管的关系，明确各有关部门安全生产和职业健康工作职责，并落实到部门工作职责规定中……负有安全生产监督管理职责的有关部门依法依规履行相关行业领域安全生产和职业健康监管职责，强化监管执法，严厉查处违法违规行为。其他行业领域主管部门负有安全生产管理责任，要将安全生产工作作为行业领域管理的重要内容，从行业规划、产业政策、法规标准、行政许可等方面加强行业安全生产工作，指导督促企事业单位加强安全管理。党委和政府其他有关部门要在职责范围内为安全生产工作提供支持保障，共同推进安全发展。”结合这一表述，我们可以对“三管三必须”原则做如下的理解：

第一，管行业必须管安全。这句话比较好理解，指的是在承担安全生产综合监管职责的应急管理部门之外，还有其他很多部门是按照行业、领域确定监管职责的，在其主管的行业、领域范围内，应当对相关的安全生产问题进行监管。同时，“管行业必须管安全”还包含这样的含义，即各级党政领导都必须对自己分管行业的安全生产工作负责，而不能把安全生产工作仅仅视为分管安全生产的副省长（副市长、副县长）的事。修正后的《安全生产法》第10条第2款规定的就是“管行业必须管安全”的问题，其内容是：“国务院交通运输、住房和城乡建设、水利、民航等有关部门依照本法和其他有关法律、行政法规的规定，在各自的职责范围内对有关行业、领域的安全生产工作实施监督管理；县级以上地方各级人民政府有关部门依照本法和其他有关法律、法规的规定，在各自的职责范围内对有关行业、领域的安全生产工作实施监督管理。对新兴行业、领域的安全生产监督管理职责不明确的，由县级以上地方各级人民政府按照业务相近的原则确定监督管理部门。”理解

“管行业必须管安全”要注意两个方面的问题：首先，这里的“行业”是广义的，也包括“领域”。有的政府部门是按照行业确定管理职责的，比如上述法条提到的“交通运输、住房和城乡建设、水利、民航等有关部门”，应当负责本行业的安全生产监管职责，这一点容易理解。有的政府部门主管的并不是一个行业，比如生态环保部门，各行各业都有生态环保问题，因此不能说生态环保是一个“行业”，只能说是一个“领域”。这些部门也应该在自己主管的“领域”内负责安全生产监管，比如在很多行业的生产经营活动中都有废弃物处理的问题，就是将废弃物处理达标之后向大气、水体、土壤排放，这个环节也存在安全生产问题，那就应当由生态环保部门主管。因此，“管行业必须管安全”中的“行业”应做广义理解，其对应的是《安全生产法》中所讲的“行业、领域”。其次，应急管理部门除了承担安全生产综合监管职能之外，同时也是某些行业的安全生产主管部门。这些行业俗称应急管理部门的“自留地”，包括矿山、危险化学品、烟花爆竹和“工矿商贸八大行业”，这“八大行业”指的是冶金、有色、建材、机械、轻工、纺织、烟草、商贸。

第二，管业务必须管安全。除了按照行业、领域确定职责的政府部门之外，还有很多党委政府部门的职责范围不是某个行业或领域，或者说不仅仅是某个行业或领域，而是具有一定的综合性，就是综合管理某个方面的工作，包括人事安排、宣传教育、资金安排、法规制定、规划设计等，这就是安全生产中所说的“管业务”。对于这些“管业务”的部门，虽然其不（仅）直接主管生产经营单位，也应该在自己主管的综合性的业务范围内对安全生产工作统筹考虑，提供必要或必须的保障和支持。例如，发展改革部门在审批建设项目的时候，应当将安全生产作为一个重要的考虑因素；财政部门在编制预算和审批资金的时候，应当考虑到安全生产监管投入的需要，给予充分保障；教育部门在考虑高等院校建设和学科建设的时候，应当对与安全生产有关的院校和学科给予必要支持；等等。“管业务必须管安全”还将党委的有些部门包括在内，比如主管新闻媒体的党委宣传部门，对安全生产知识的宣传、普及工作应当给予支持。《中共中央国务院关于推进安全生产领域改革发展的意见》中所讲的“党委和政府其他有关部门要在职责范围内为安全生产工作提供支持保障，共同推进安全发展”，指的就是“管业务必须管安全”。《安全生产法》第 8 条提到的产业规划和空间布局、第 12 条提到的安全生产标准化建设、第 13 条提到的安全生产宣传、第 18 条提到的安全生产科学技术研究和推广应用等，所体现的也都是“管业务必须管安全”。需要强调的是，“管业务必须管安全”对于生产经营单位更是重要。正如《安全生产法》第 5 条明确的，“生产经营单位的主要负责人是本单位安全生产第一责任人，对本单位的安全生产工作全面负责。其他负责人对职责范围内的安全生产工作负责”。

第三，管生产经营必须管安全。这句话包括两个层面的意思，第一个层面是针对生产经营单位本身的，这个很好理解，“管生产经营必须管安全”就是指生产经营单位要落实好自己的安全生产主体责任。第二个层面是针对国有资产管理部门的，因为对于国有企业来说，除了企业本身要落实安全生产责任，还有一个对企业履行出资人职责的国有资产管理部门，也要对这些企业的安全生产工作承担一定职责。比如，按照《国务院安全生产委员会成员单位安全生产工作任务分工》的规定，国务院国资委在安全生产中履行如下几项职责：（1）按照国有资产出资人的职责，负责指导督促中央企业贯彻落实国家安全生产方针政策及有关法律法规、标准等，指导督促中央企业加强安全生产管理和落实安全生产主体责任；（2）督促中央企业主要负责人落实安全生产第一责任人的责任和企业安全生产责任制，开展中央企业负责人履行安全生产职责的业绩考核；（3）依照有关规定，参与或组织开展中央企业安全生产和应急管理的检查、督查，督促企业落实各项安全防范和隐患治理措施；（4）参加中央企业特别重大事故的调查，负责落实事故责任追究的有关规定；（5）督促中央企业做好统筹规划，把安全生产纳入中长期发展规划，保障职工健康与安全，切实履行社会责任。相应地，地方政府的国有资产管理部门对其下属的地方国有企业也承担着类似的安全生产监管职责。总结多年来安全生产的经验教训，一些单位往往是重生产、轻安全，重速度、轻质量，重处置、轻预防，重效益、轻安全，重表面、轻基础，重眼前、轻长远，重产出、轻投入，重硬件、轻管理，从而导致事故发生。所以，坚持管生产经营必须管安全是血的教训和总结。必须加强规划、设计、建设、运行等各个环节的安全管理，充分运用科技和信息化手段，加快推进安全风险管控、隐患排查治理体系和机制建设，强化系统性安全防范制度措施落实，严密防范各类事故发生。

二、安全生产综合监管和行业、领域监管之间的关系

“三管三必须”原则意图界定各部门、各单位的安全生产监管职责，但还必须解决一个问题，就是作为安全生产综合监管部门的应急管理部门和其他部门之间的职责分工。其中，“管业务”的部门、“管生产经营”的企业和国资部门与应急管理部门之间的关系比较容易界定，一般不会发生职责上的混淆。但是，“管行业”的行业、领域监管部门和应急管理部门之间的职责划分却是一个由来已久的难题，特别是在各种生产安全事故的调查和责任追究环节，涉及监管部门之间的责任分配，上述问题就常常引发争议，上文提到的“3·21”响水爆炸事故就是一个典型例子。

解决这个问题的关键，在于正确理解应急管理部门的安全生产综合监管职责。对于“综合监管”，《安全生产法》第10条第1款规定得比较笼统，其表述是：“国务院应急管理部门依照本法，对全国安全生产工作实施综合监督管理；县级以上地方各级人民政府应急管理部门依照本法，对本行政区域内安全生产工作实施综合监督管理。”《中共中央国务院关于推进安全生产领域改革发展的意见》的表述相对具体一些，认为其包括“安全生产法规标准和政策规划制定修订、执法监督、事故调查处理、应急救援管理、统计分析、宣传教育培训等综合性工作”。更加详细具体的职责界定体现在各级政府安全生产委员会成员单位任务分工当中，我们以《国务院安全生产委员会成员单位安全生产工作任务分工》为例，可以看到应急管理部的安全生产监管职责一共有16项，包括：（1）拟订安全生产方针政策，组织编制国家安全生产规划，起草安全生产法律法规草案，指导协调全国安全生产工作，综合管理全国安全生产统计工作，分析和预测全国安全生产形势，发布全国安全生产信息，协调解决安全生产中的重大问题。（2）负责安全生产综合监督管理工作，依法行使国家安全生产综合监督管理职权，指导协调、监督检查国务院有关部门和各省（自治区、直辖市）政府安全生产工作，组织开展安全生产和消防工作考核、巡查。（3）负责工贸行业安全生产监督管理工作，按照分级、属地原则，依法监督检查工贸生产经营单位贯彻执行安全生产法律法规情况及其安全生产条件和有关设备（特种设备除外）、材料、劳动防护用品的安全生产管理工作。负责监督管理工贸行业中央企业安全生产工作。承担海洋石油安全

生产综合监督管理工作。（4）依法组织并指导监督实施安全生产准入制度；负责危险化学品安全生产监管工作和危险化学品安全监管综合工作，负责烟花爆竹生产、经营的安全生产监督管理工作。（5）负责对全国的消防工作实施监督管理，指导地方消防监督、火灾预防、火灾扑救等工作。（6）组织制定相关行业安全生产规章、规程和标准并监督实施，指导监督相关行业企业安全生产标准化、安全预防控制体系建设工作。会同有关部门推进安全生产责任保险实施工作。（7）组织协调全国性安全生产检查以及专项督查、专项整治等工作，依法组织指导生产安全事故调查处理，监督事故查处和责任追究落实情况。按照职责分工对工贸行业事故发生单位落实防范和整改措施的情况进行监督检查。（8）指导应急预案体系建设，建立完善事故灾难分级应对制度，组织编制国家生产安全事故应急预案和安全生产类专项应急预案，综合协调应急预案衔接工作，组织开展预案演练。（9）指导各地区各部门应对安全生产类突发事件，组织指导协调安全生产应急救援工作，负责生产安全事故救援等专业应急救援力量建设，健全完善全国安全生产应急救援体系。（10）指导监督职责范围内建设项目安全设施"三同时"工作。（11）负责安全生产宣传教育和培训工作（矿山〈含地质勘探〉除外，下同），组织指导并监督特种作业人员的操作资格考核工作和危险化学品、烟花爆竹、金属冶炼等生产经营单位主要负责人、安全生产管理人员的安全生产知识和管理能力考核工作，监督检查工贸生产经营单位安全生产培训工作。（12）指导全国安全评价检测检验机构管理工作，拟订注册安全工程师制度并组织实施。（13）指导协调和监督全国安全生产行政执法工作。（14）组织拟订安全生产科技规划并组织实施，指导安全生产科学技术研究、推广应用和信息化建设工作。（15）组织开展安全生产方面的国际交流与合作，组织参与安全生产类等突发事件的国际救援工作。（16）承担国务院安全生产委员会的日常工作和国务院安全生产委员会办公室的主要职责。其中，上述第（1）（2）（8）（9）（12）（13）（14）（15）（16）项的全部内容和第（4）（6）（7）（11）项的部分内容都属于安全生产的综合监管工作。在地方各级政府部门的安全生产职责分工中，应急管理部门所承担的综合性职责也和上述情况类似。

尽管法律和各种文件力图将安全生产的综合监管职责规定得尽可能清晰明确，减少部门之间职责分工的模糊地带，但在实践中仍差强人意，各级执法、司法机关对安全生产综合监管职能的错误理解仍比较普遍。比较常见的有两种，一种认为所谓综合监管就是兜底性监管，就是其他部门按照行业、领域分工确定其安全生产监管职责之后，剩下的没有人管的行业、领域就归应急管理部门管起来；另一种认为综合监管就是“监管之监管”，即各部门按照行业、领域分工负责安全生产监管，应急管理部门再对这些部门的监管工作进行监管，或者说是进行一种专门性的监督，因此，如果某个事故需要追究行业监管部门的责任，应急管理部门作为“监管之监管”者也要承担一定责任。我们认为，这两种理解都是错误的。

首先，将综合监管理解为兜底性监管的错误在于：第一，这种理解实际上否定了综合监管的必要性。即使应急管理部门把那些没有其他部门管的行业、领域的安全生产工作都管起来，那也只是解决了行业、领域层面的监管职责分工问题，和综合监管无关。第二，有的行业、领域难以确定安全生产监管部门，原因在于法律的规定和部门职责分工本身存在一定模糊性，没有办法完全避免；也可能因为这是新兴的行业、领域，没有某个部门的监管职责与其相对应。此时，正确的做法应该是由业务相近的部门负责监管，或者由相关部门合作监管。此次《安全生产法》修正时在第 10 条增加规定：“对新兴行业、领域的安全生产监督管理职责不明确的，由县级以上地方各级人民政府按照业务相近的原则确定监督管理部门。”“负有安全生产监督管理职责的部门应当相互配合、齐抓共管、信息共享、资源共用，依法加强安全生产监督管理工作。”新增这些规定就是希望解决上述问题，而不是要将这些剩余问题交给应急管理部门去“兜底”，实际上应急管理部门也“兜”不了这些“底”。

其次，将综合监管理解为“监管之监管”的错误在于：第一，如果将安全生产的政府监管理解为两个层次，就是将行业、领域监管作为第一层次，将综合监管理解为在此之上的第二层次，这种监管体制无疑是叠床架屋、互相掣肘的，完全背离了行政监管中的效能原则。第二，对安全生产的政府监管进行监督的主体，法律已经明文规定为监察机关，并没有规定应急管理部门对行业、领域的安全生产监管部门另行承担专门性的监督职责。应急管理部门在安全生产工作中对其他部门确实承担了一定的协调、统筹、指导职能，但协调、统筹、指导并不等同于监督，也不能被理解为“监管之监管”。《安全生产法》第 71 条规定："监察机关依照监察法的规定，对负有安全生产监督管理职责的部门及其工作人员履行安全生产监督管理职责实施监察。"在这个意义上，无论是承担综合监管职责的应急管理部门，还是行业、领域监管部门，在履行安全生产监督管理职责时，都是监察机关的监督对象。

最后，安全生产的综合监管和行业、领域监管之间应当理解为平行的关系。所谓综合监管，指的就是安全生产中跨行业、跨领域的综合性工作，这些工作之所以需要跨行业、跨领域地统筹起来由应急管理部门承担，可能基于以下原因：第一，安全生产是个复杂的系统工程。在安全生产领域中，有的工作本来就是跨行业、跨领域的，比如政策和规划的制定修订、数据的统计分析等。第二，有的工作虽然可以按照行业、领域划分之后由多个部门分别负责，但由于这些工作具有跨行业、跨领域的共通性，如果由多个部门分别负责效率太低、浪费资源，由一个部门统筹起来更加高效。比如，针对生产安全事故的应急救援队伍建设，大多数事故虽然可能发生在不同行业、领域，但其救援工作具有相似性和共同性，没有必要分头建立多支应急救援队伍；即使少数行业、领域的事故救援具有特殊性，需要保留一些专业性的救援队伍，这些队伍的应急救援工作和其他队伍之间仍然有很多共通之处。这就需要将应急救援队伍的建设和管理工作综合统筹起来，主要由一个部门来负责。再如，安全生产的宣传教育培训如果按行业、领域分别组织实施，建设多套宣传教育培训体系也是可以的，但就会造成资源的严重浪费，由一个部门统筹无疑更加合理。第三，有的工作虽然原则上可以按行业、领域分别管理，但相互之间需要衔接配合，比如安全生产的标准化建设、生产安全事故应急预案的编制、事故的调查处理程序等，这就需要一个部门负责统筹协调，保证各行业、各领域的上述工作按照相对统一、互相衔接的方式开展。第四，生产安全领域的风险和事故在很多时候具有系统性，一个行业、领域的风险和事故有可能对其他行业、领域产生影响或者发生转化。对于这样的情况，任何一个行业性的监管部门都不可能单独负责，需要政府进行综合统筹、综合治理，而政府的这种综合统筹职能需要一个部门来承担具体的、日常的工作，这个部门只能是应急管理部门。由此可见，安全生产中的综合监管和行业、领域监管实际上是"相互配合、齐抓共管、信息共享、资源共用"的关系，而不是兜底和被兜底、监督和被监督的关系，其目的只有一个：依法加强安全生产监督管理工作。在安全生产领域，某项工作如果“合胜于分”就应当进行综合性管理，如果“分胜于合”就应当按行业、领域分别管理，即宜分则分、宜合则合。在发生生产安全事故需要对监管部门追究责任时，其追责对象是否包括承担综合监管职责的应急管理部门及其工作人员，要具体看事故的发生是否与应急管理部门不履行或者不正确履行综合监管职责有关。如果事故的发生只和其他部门不履行或者不正确履行行业性、领域性监管职能有关，就不应同时追究应急管理部门及其工作人员的责任。不能将应急管理部门的责任不当扩大化，认为只要行业、领域监管部门有责任，则应急管理部门也必然要承担一定责任。

三、上下级政府部门的监管职责划分

《安全生产法》对安全生产监管职能的纵向配置规定得比较笼统，无论是提及政府还是提及部门，一般都用“县级以上”一词将多个层级的政府及其部门涵盖在内。从宪法和组织法这一根本层面上说，这样笼统的规定是有道理的。因为，我国是单一制国家，也不实行地方自治制度，下级行政区域是完全隶属于上级行政区域的一部分。从理论上讲，下级行政机关的职权都可以被上级行政机关所吸收。下级行政机关如果行使了上级机关的职权，构成越权；反之，如果上级机关行使了下级机关的职权，并无问题。但在行政执法实践中，对不同层级监管职权不加区分的做法却会带来一系列问题，最为突出的就是重复监管、重复执法。因为，对于一个具体的生产经营单位来说，除了不直接行使执法权的中央人民政府及其部门之外，省市县三级政府的有关部门都可以对其实施监管。如果三级监管部门都要求相同的监管对象报告安全生产合规情况并实施行政检查，生产经营单位将不堪其扰，严重影响营商环境。如果不对各级部门的监管职责进行纵向划分，则各级部门在事故责任追究的威慑下，即使其主观上不愿意重复执法，也不得不如此，以便在发生事故的情况下免除或者尽量减轻自身责任。因此，虽然法律层面并未明确地在纵向上划分各级监管部门的职权，但党中央、国务院和相关主管部门的文件已经对此问题作出了初步规定。

2020 年 9 月 27 日，中共中央办公厅、国务院办公厅印发的《关于深化应急管理综合行政执法改革的意见》在行政执法的层面上提出了纵向的职权划分问题。2021 年 3 月 29 日，应急管理部下发的《关于加强安全生产执法工作的意见》进一步细化落实了上述要求，规定“各省级应急管理部门要在统筹分析辖区内行业领域安全风险状况、企业规模、执法难度以及各层级执法能力水平等情况的基础上，明确省市县三级执法管辖权限，确定各级执法管辖企业名单，原则上一家企业对应一个层级的执法主体，下级应急管理部门不对上级部门负责的企业开展执法活动。对下级部门难以承担的执法案件或管辖有争议的案件，上级部门可依照程序进行管辖或指定管辖；对重大和复杂案件，要及时报告上级部门立案查处”。上述两个文件虽然只是在行政执法的层面上划分上下级应急管理部门的职责，而不是在整个安全生产监管的层面上作出规定，但由于监管和执法密切相关，监管职能的最终落实需要依靠执法，因此，这样的规定就带动了整个安全生产监管职责合理的纵向划分。而由于应急管理部门在承担安全生产监管职责的各个部门中居于核心地位，应急管理部门的这种做法又有利于带动其他部门的安全生产监管职责纵向划分。

安全生产监管职权的纵向划分还涉及另外一个重要问题，就是乡镇街道和各种非建制功能区的安全生产监管体制。乡镇虽然设立一级人民政府，但由于其规模较小、人员有限，不可能像县级以上人民政府那样设立众多部门承担各种职责，而是采取“大部制”的方式，将各种行政职能整合到有限的部门、机构当中。街道办事处作为县级人民政府的派出机关，在法律上不是一级人民政府，但其地位和行政组织情况与乡、镇人民政府类似。此外，各地在经济发展过程中还普遍设置了各种非建制的功能区，如开发区、工业园区、港区、风景区等。这些功能区的行政管理机构在级别上可能等同于县级人民政府甚至更高，但由于毕竟不是一级人民政府，行政机构和编制资源有限，也不可能像县级以上人民政府那样进行部门设置。上述这些情况决定了有很多乡镇街道和非建制功能区不会设置专门的部门、机构负责安全生产监管工作。但在有些经济发达地区的乡镇街道，生产经营单位数量众多，安全生产监管任务很重；开发区、工业园区更是产业聚集之地，安全生产监管任务更重。这就要求在这些区域之内，必须有部门、机构把安全生产问题管起来，不能留下监管漏洞。对此，《安全生产法》第 9 条第 2 款规定：“乡镇人民政府和街道办事处，以及开发区、工业园区、港区、风景区等应当明确负责安全生产监督管理的有关工作机构及其职责，加强安全生产监管力量建设，按照职责对本行政区域或者管理区域内生产经营单位安全生产状况进行监督检查，协助人民政府有关部门或者按照授权依法履行安全生产监督管理职责。”中共中央办公厅、国务院办公厅《关于深化应急管理综合行政执法改革的意见》从行政执法的层面也强调了这一问题。

四、安全生产权责清单

政府的权力和责任清单最早起源于权力清单，后来又增加了责任清单。权力清单最早只在地方政府层面推行，后来又推广到国务院部门层面。按照2015年3月中共中央办公厅、国务院办公厅印发的《关于推行地方各级政府工作部门权力清单制度的指导意见》的表述，编制权力清单的目的是“将地方各级政府工作部门行使的各项行政职权及其依据、行使主体、运行流程、对应的责任等，以清单形式明确列示出来，向社会公布，接受社会监督。通过建立权力清单和相应责任清单制度，进一步明确地方各级政府工作部门职责权限，大力推动简政放权，加快形成边界清晰、分工合理、权责一致、运转高效、依法保障的政府职能体系和科学有效的权力监督、制约、协调机制，全面推进依法行政”。但在安全生产领域，政府权责清单的编制从一开始就和责任追究问题紧密地联系在一起。《中共中央国务院关于推进安全生产领域改革发展的意见》对这一问题的表述是：“依法依规制定各有关部门安全生产权力和责任清单，尽职照单免责、失职照单问责。”为什么安全生产领域的政府权责清单被寄予了这样的特殊功能呢？主要有两个方面的原因。第一，在安全生产领域，政府系统内部权责划分比较复杂。正如我们在前面所分析过的那样，应急管理部门的综合监管职责和其他部门的行业、领域监管职责之间，不同的行业、领域监管部门之间，上下级监管部门之间的职责划分都存在一些比较模糊、复杂的地带，在事故发生之后追究责任时因为权责划分不清而产生的争议很多。由于责任是追究到人的，甚至同一个部门中不同内设机构、同一个机构中不同岗位的权责设定，对于责任的分摊都有重要影响，这导致安全生产监管领域的工作人员对部门、机构、岗位各层面的权责划分十分敏感。第二，长期以来，安全生产领域的责任追究都是结果本位的，或者说主要依据的是结果归责原则。只要发生了生产安全事故，除了追究事故责任单位自身的责任之外，很多时候还要追究监管部门及其工作人员的责任。但由于监管需求和监管能力之间的客观差距，在有些情况下，即使监管部门及其工作人员完全依照法律法规的要求履行了自身职责，也无法完全避免事故发生。因此，承担安全生产监管职责的部门及其工作人员都希望将责任追究“锚定”在自己的法定权责上，将事故责任追究中的结果归责改变为基于权责清单的违法归责。因此，在各级政府权责清单编制的推行过程中，将权责清单作为安全生产责任追究的主要依据就逐渐成为主流意见。在《中共中央国务院关于推进安全生产领域改革发展的意见》提出“尽职照单免责、失职照单问责”之后，一些地方党委、政府制定的党内法规进一步细化了有关规定。例如，2020 年 12 月湖北省委、省政府制定的《湖北省安全生产党政同责实施办法》第 3 条第 4 款规定：“本办法中所称的‘失职追责’，是指实行党政领导干部任期安全生产责任制，日常工作依责尽职，发生事故依责追究；按照安全生产权力清单和责任清单，尽职照单免责、失职照单问责。”第 10 条规定：“对党委和政府及其工作部门安全生产工作责任认定，应当依据党委和政府及其工作部门的工作研究、安排部署、组织实施、责任落实、社会效果等因素合理确定。对主要负责人安全生产工作责任认定，应当依据岗位职责、履职依据、履职情况、履职条件、履职时间等因素合理确定相应责任。”

将生产安全事故中政府监管责任的追究由结果归责为主转变到以违法归责为主，并结合其他合理因素综合权衡，这样的思路无疑是正确的。但是，监管部门及其工作人员依法履职是否就等同于“依清单履职”？“依法问责”“依法免责”是否就等同于“照单问责”“照单免责”？这是需要回答的问题。我们知道，根据职权法定、权责统一的基本法律原则，行政机关的权力和责任都是由法律、法规和规章规定的，其他文件不能直接设定行政机关的权力和责任。既然如此，为什么我们还需要编制政府权力和责任清单呢？一方面，是因为法律、法规和规章关于政府权责的规定比较分散，无论是各级行政机关还是行政相对人，要在繁多芜杂的各种法律文件中找齐、找准政府的某项职权，需要耗费很多时间精力，还未必能够成功。另一方面，大多数立法文件都是由部门起草的，尽管在立法过程中经过征求意见和专门机构的审查，但是其中关于政府权责的规定也难免仍存在模糊、冲突之处，加上不同的部门、机构对法律的规定各自理解有所不同，随着时间的推移和积累，这些问题越来越多，甚至纠缠不清，就形成了监管“盲区”和“冲突区”。因此，为了将政府的权责事项用最简洁的方式呈现出来，使人一目了然，并尽可能消除模糊地带，就需要编制一个清单。由此可见，政府权责清单编制的目的在于使已经法定的政府权责以集中、完整、清晰、易懂的方式呈现出来，并尽可能消除由于各种原因形成、积累下来的监管“盲区”和“冲突区”，而不是通过清单重新设定或者调整政府的权力和责任。换句话说，政府权责清单上的内容必须具有法律依据，必须来源于法律、法规和规章，而不是“另起炉灶”，清单上对政府权责的决定从根本上应当与法律、法规、规章具有一致性。因此，“依清单行政”的实践操作不能逾越于依法行政的基本原则之上，或者说，“依清单行政”必须是为了更好地实现依法行政而不是相反。

既然政府权责清单的内容所体现的就是法定的政府权责状况，那么，“照单问责”“照单免责”是否就等同于“依法问责”“依法免责”了呢？并不尽然。原因在于：第一，由于各种各样的技术性原因，政府权责清单并不能实现对政府法定权力和责任状况百分之百的准确表达，尽管清单使政府权责的呈现变得一目了然，但由于梳理过程的复杂性，存在局部“失真”的可能。第二，政府权责清单的编制过程也存在部门、机构之间的博弈，一部分行政机关希望借编制清单之机扩大自身权力或者缩小自身责任，这种情况也无法完全避免，这就导致了权责清单和法定权责状况的进一步偏离。第三，政府权责清单未必能够随着法律、法规和规章的修改而同步更新，尽管各级各类政府权责清单都有动态更新机制，但由于法律、法规和规章的修改频率并不低，动态更新不可能完全做到实时化，这使得权责清单对政府真实权责状况的反映具有一定滞后性。基于上述原因，在安全生产领域的责任追究中，如果过于强调“照单问责”“照单免责”，就有可能与“依法问责”“依法免责”产生一定偏差，造成“依清单行政”实际上替代了依法行政。因此，“照单问责”“照单免责”可以成为安全生产领域责任追究在实践中的主要操作方式，但不能将其绝对化，在权责清单的内容偏离了法律、法规、规章所设定监管权责的情况下，最终仍应以后者作为判定依据。正是基于上述因素，在《安全生产法》的此次修改过程中，有关安全生产权责清单制度的规定方式发生了较大变化。权责清单制度曾经的修正方式是在原第68条对安全生产监管部门及其工作人员的监察之后规定这一制度，并和安全生产执法责任的追究紧密联系在一起。但是，最终的法律修正方案没有采取这种做法，而是将权责清单制度移到了第一章“总则”当中，并删去了将其和执法责任追究联系在一起的内容。

【延伸思考】

1.《安全生产法》第 10 条第 2 款规定：“对新兴行业、领域的安全生产监督管理职责不明确的，由县级以上地方各级人民政府按照业务相近的原则确定监督管理部门。”如果一些传统产业、领域也存在安全生产监督管理职责不明确的情况，是否也可以由人民政府按照相同的原则确定监管部门？

2.《安全生产法》第 16 条规定：“国家实行生产安全事故责任追究制度，依照本法和有关法律、法规的规定，追究生产安全事故责任单位和责任人员的法律责任。”这里“依照本法和有关法律、法规的规定”应当如何理解？是理解为依照本法和有关法律、法规规定的生产经营单位主体责任和政府监管责任，还是理解为依照本法和有关法律、法规规定的责任追究事由、程序与方式，抑或理解为两者兼而有之？

第二章 生产经营单位的安全生产保障

第一节 生产经营单位的主体责任

【本节导读】

本节介绍生产经营单位的主体责任，其核心内容是根据《安全生产法》的有关规定，结合相关法律、法规、规章、政策文件、国家标准或行业标准、司法案例对安全生产保障中一些重要制度进行详细解析。具体而言，主要包括以下五个方面：第一，安全生产条件与全员责任制，明确生产经营单位应当具备的安全生产条件和建立健全全员安全生产责任制方面的法律责任。第二，安全生产资金投入与费用保障，明确生产经营单位在安全生产资金投入和费用保障方面的法律责任。第三，安全生产教育和培训制度，《安全生产法》本次修正将从业人员的心理健康也纳入了安全生产教育和培训体系中，体现了对员工的身心关怀。第四，生产经营单位之间的协作管理，主要包括同一作业区域内不同生产经营单位之间的安全生产责任和生产经营项目、场所、设备外包或出租过程中的安全生产责任。第五，安全生产责任保险制度，《安全生产法》本次修正对该制度进行了调整，不仅确立了“强制投保+鼓励投保”的模式，而且还增加了法律责任条款。

【主干法条】

第二十条 生产经营单位应当具备本法和有关法律、行政法规和国家标准或者行业标准规定的安全生产条件；不具备安全生产条件的，不得从事生产经营活动。

第二十二条 生产经营单位的全员安全生产责任制应当明确各岗位的责任人员、责任范围和考核标准等内容。

生产经营单位应当建立相应的机制，加强对全员安全生产责任制落实情况的监督考核，保证全员安全生产责任制的落实。

第二十三条 生产经营单位应当具备的安全生产条件所必需的资金投入，由生产经营单位的决策机构、主要负责人或者个人经营的投资人予以保证，并对由于安全生产所必需的资金投入不足导致的后果承担责任。

有关生产经营单位应当按照规定提取和使用安全生产费用，专门用于改善安全生产条件。安全生产费用在成本中据实列支。安全生产费用提取、使用和监督管理的具体办法由国务院财政部门会同国务院应急管理部门征求国务院有关部门意见后制定。

第二十八条 生产经营单位应当对从业人员进行安全生产教育和培训，保证从业人员具备必要的安全生产知识，熟悉有关的安全生产规章制度和安全操作规程，掌握本岗位的安全操作技能，了解事故应急处理措施，知悉自身在安全生产方面的权利和义务。未经安全生产教育和培训合格的从业人员，不得上岗作业。

生产经营单位使用被派遣劳动者的，应当将被派遣劳动者纳入本单位从业人员统一管理，对被派遣劳动者进行岗位安全操作规程和安全操作技能的教育和培训。劳务派遣单位应当对被派遣劳动者进行必要的安全生产教育和培训。

生产经营单位接收中等职业学校、高等学校学生实习的，应当对实习学生进行相应的安全生产教育和培训，提供必要的劳动防护用品。学校应当协助生产经营单位对实习学生进行安全生产教育和培训。

生产经营单位应当建立安全生产教育和培训档案，如实记录安全生产教育和培训的时间、内容、参加人员以及考核结果等情况。

第二十九条 生产经营单位采用新工艺、新技术、新材料或者使用新设备，必须了解、掌握其安全技术特性，采取有效的安全防护措施，并对从业人员进行专门的安全生产教育和培训。

第三十条 生产经营单位的特种作业人员必须按照国家有关规定经专门

的安全作业培训，取得相应资格，方可上岗作业。

特种作业人员的范围由国务院应急管理部门会同国务院有关部门确定。

第四十四条 生产经营单位应当教育和督促从业人员严格执行本单位的安全生产规章制度和安全操作规程；并向从业人员如实告知作业场所和工作岗位存在的危险因素、防范措施以及事故应急措施。

生产经营单位应当关注从业人员的身体、心理状况和行为习惯，加强对从业人员的心理疏导、精神慰藉，严格落实岗位安全生产责任，防范从业人员行为异常导致事故发生。

第四十五条 生产经营单位必须为从业人员提供符合国家标准或者行业标准的劳动防护用品，并监督、教育从业人员按照使用规则佩戴、使用。

第四十七条 生产经营单位应当安排用于配备劳动防护用品、进行安全生产培训的经费。

第四十八条 两个以上生产经营单位在同一作业区域内进行生产经营活动，可能危及对方生产安全的，应当签订安全生产管理协议，明确各自的安全生产管理职责和应当采取的安全措施，并指定专职安全生产管理人员进行安全检查与协调。

第四十九条 生产经营单位不得将生产经营项目、场所、设备发包或者出租给不具备安全生产条件或者相应资质的单位或者个人。

生产经营项目、场所发包或者出租给其他单位的，生产经营单位应当与承包单位、承租单位签订专门的安全生产管理协议，或者在承包合同、租赁合同中约定各自的安全生产管理职责；生产经营单位对承包单位、承租单位的安全生产工作统一协调、管理，定期进行安全检查，发现安全问题的，应当及时督促整改。

矿山、金属冶炼建设项目和用于生产、储存、装卸危险物品的建设项目的施工单位应当加强对施工项目的安全管理，不得倒卖、出租、出借、挂靠或者以其他形式非法转让施工资质，不得将其承包的全部建设工程转包给第三人或者将其承包的全部建设工程支解以后以分包的名义分别转包给第三人，不得将工程分包给不具备相应资质条件的单位。

第五十一条 生产经营单位必须依法参加工伤保险，为从业人员缴纳保险费。

国家鼓励生产经营单位投保安全生产责任保险；属于国家规定的高危行业、领域的生产经营单位，应当投保安全生产责任保险。具体范围和实施办法由国务院应急管理部门会同国务院财政部门、国务院保险监督管理机构和相关行业主管部门制定。

【案例导入】

史某诉P县安全生产监督管理局等行政处罚案①

史某系杭州H公司的法定代表人，其所在的公司拥有房屋建筑工程监理乙级资质和市政公用工程乙级资质。2014年2月18日，H公司与浙江X公司签订了建设工程委托监理合同，监理的工程为浙江X公司车间（一）至车间（四）及职工宿舍工程，约定的监理服务期为360天，监理范围为整个工程施工阶段全过程监理，包括质量控制、进度控制、投资控制、合同管理、安全管理、信息管理和组织协调。在监理过程中，H公司的总监夏某离职后未变更，专监方某、土建监理员金某、胡某、安装监理员王某实际均未到岗，在场实际监理的仅有监理员温某及2015年4月到岗但监理资格证未转入H公司的邓某。2015年5月6日17时30分许，施工人员张某因使用存在事故隐患的移动式操作平台（脚手架）进行抹灰作业即室内刮腻子时，不慎从高处坠落死亡。

事故发生后，P县安监局会同公安、监察等相关部门依法成立了事故调查组对事故进行调查，并形成了《B建设集团有限公司“5·6”高处坠落事故调查报告》，其中认定史某未有效履行安全管理职责，未保证本单位安全生产投入的有效资金，未严格落实安全生产机构和人员，导致涉案工程监理不到位，对事故负有责任，建议P县安监局依法予以立案查处。2015年6月26日，P县人民政府作出了《关于转批B建设集团有限公司“5·6”高处坠落事故调查报告的通知》。2015年7月15日，P县安监局根据该文件通知予以立案调查，并于2015年9月16日向史某发送了行政处罚告知书。2015年9

① 案例来源：浙江省温州市中级人民法院（2016）浙03行终325号行政判决书。

月30日，P县安监局根据史某的申请举行了听证会，史某委托代理人李某及P县安监局案件调查经办人参加了听证。2015年10月12日，P县安监局对史某作出了行政处罚，对史某处以罚款人民币二万元整的行政处罚。史某对此不服，于2015年12月14日向W市安监局提起行政复议。2016年2月3日，W市安监局作出行政复议决定，维持了P县安监局作出的行政处罚决定。史某不服，提起行政诉讼要求撤销上述行政处罚决定及行政复议决定。另查明，涉案新建车间工程未能在约定的施工期限内竣工验收。事故发生时，杭州H公司未向浙江X公司办理竣工验收、工程移交手续，也未收到监理报酬尾款。

一审判决认为：关于史某是否保证了单位安全生产资金，落实好监理人员配备，履行安全管理职责。根据《安全生产法》第18条第4项（现第21条第4项）规定，生产经营单位的主要负责人对本单位安全生产工作负有保证本单位安全生产投入的有效实施的职责。《安全生产法》第20条第1款（现第23条第1款）规定，生产经营单位应当具备的安全生产条件所必需的资金投入，由生产经营单位的决策机构、主要负责人或者个人经营的投资人予以保证，并对由于安全生产所必需的资金投入不足导致的后果承担责任。本案中，虽然史某所在的公司提取了安全生产资金，但其认为配齐备案的监理人员投入资金过大，而在实际监理过程中，并未按照规定配备专业监理人员在现场，在场的监理人员仅有温某及资格证未转入公司的邓某。且在总监夏某离职后，未能及时配备其他总监到现场，投入的安全生产资金明显不足，且未能有效履行史某作为法定代表人的安全监理职责。综上，杭州H公司在事故发生时，仍在现场实际监理，多次发现移动式操作平台（脚手架）存在安全隐患，而未能及时采取措施予以整改。施工人员在使用存在安全隐患的移动式操作平台（脚手架）进行室内刮腻子时坠落身亡。史某作为杭州H公司法定代表人，未能保证安全生产资金的投入，未严格落实安全生产机构人员，未有效履行安全管理职责，其行为已经违反了《安全生产法》第20条第1款（现第23条第1款）的规定，对该事故负有责任，应按照《安全生产法》第90条第2款（现第93条第2款）规定给予行政处罚。P县安监局是安全生产综合监督部门，在接到事故报告后，先后履行了立案、调查、告知、听证和决定等程序，其办案程序符合《行政处罚法》和原国家安全生产监督管理总局《安全生产违法行为行政处罚办法》设定的法定程序，程序合法。P

县安监局作出的行政处罚决定，认定事实清楚，证据确凿充分，适用法律法规正确，程序合法，量罚适当。

二审判决认为：《安全生产法》第20条（现第23条）规定："生产经营单位应当具备的安全生产条件所必需的资金投入，由生产经营单位的决策机构、主要负责人或者个人经营的投资人予以保证，并对由于安全生产所必需的资金投入不足导致的后果承担责任。"第90条（现第93条）规定："生产经营单位的决策机构、主要负责人或者个人经营的投资人不依照本法规定保证安全生产所必需的资金投入，致使生产经营单位不具备安全生产条件的，责令限期改正，提供必需的资金；逾期未改正的，责令生产经营单位停产停业整顿。有前款违法行为，导致发生生产安全事故的，对生产经营单位的主要负责人给予撤职处分，对个人经营的投资人处二万元以上二十万元以下的罚款；构成犯罪的，依照刑法有关规定追究刑事责任。"根据P县人民政府批复的涉案事故调查报告，史某在监理过程中，未有效履行安全管理职责，未保证本单位安全生产投入的有效实施，未严格落实安全生产机构和人员，导致工程监理不到位，是事故发生的间接原因，对事故的发生负有一定的责任。P县安监局在依据上述事故报告的基础上，对史某的违法行为进行立案、调查，认定涉案事故发生在杭州H公司的监理期间和监理范围，史某的行为违反了《安全生产法》第20条（现第23条）规定，在履行告知、听证等法定程序后，依据《安全生产法》第90条（现第93条）规定作出行政处罚决定，认定事实清楚，适用法律正确，量罚适当，行政程序合法。

上述案例所涉及的核心问题是生产经营单位的主体责任，具体而言，又可以细分为如下问题：第一，安全生产的主体责任包括哪些内容；第二，安全生产主体责任与其他安全责任的关系；第三，如何科学合理地落实安全生产主体责任；第四，能否以自身的经营成本、其他民事合同约定等事由免除安全生产主体责任；等等。上述问题的解决，不仅事关生产经营单位如何遵守《安全生产法》的法律义务，还与安全生产监督管理部门如何落实《安全生产法》的监管职责密切相关，因此，有必要根据《安全生产法》及配套法规的具体规定，并结合相关的司法案例，予以详细阐述。

【制度解析】

一、安全生产条件与全员责任制

安全生产关系人民群众的生命财产安全，关系改革发展和社会稳定大局，安全生产责任重于泰山。生产经营单位在开展生产经营活动时，必须具备法定的安全生产条件，同时还应当建立安全生产责任制，搞好安全生产管理，这是经济社会发展的重要基础和保障。

（一）法定的安全生产条件

安全生产条件是指生产经营单位保证其生产经营活动安全进行所必需的条件，它涉及人、机、环、物等多个方面，是各项规范制度、行为准则、技术标准、安全要求、管理措施等要素的总和。安全生产条件是生产经营单位进入市场的“门槛”和国家对安全生产实施监督管理的重要依据。《安全生产法》第20条规定：“生产经营单位应当具备本法和有关法律、行政法规和国家标准或者行业标准规定的安全生产条件；不具备安全生产条件的，不得从事生产经营活动。”据此规定，生产经营单位的安全生产条件要求主要体现在两个方面：

第一，生产经营单位从事生产经营活动，必须具备法律、行政法规规定的安全生产条件。凡是《安全生产法》和有关法律、行政法规对某一类生产经营单位的安全生产条件作出明确规定的，都是该生产经营单位应当具备的安全生产条件，这就是法定的安全生产条件。例如，《安全生产许可证条例》第6条规定，企业取得安全生产许可证，应当具备下列安全生产条件：（1）建立、健全安全生产责任制，制定完备的安全生产规章制度和操作规程；（2）安全投入符合安全生产要求；（3）设置安全生产管理机构，配备专职安全生产管理人员；（4）主要负责人和安全生产管理人员经考核合格；（5）特种作业人员经有关业务主管部门考核合格，取得特种作业操作资格证书；（6）从业人员经安全生产教育和培训合格；（7）依法参加工伤保险，为从业人员缴纳保险费；（8）厂房、作业场所和安全设施、设备、工艺符合有关安全生产法律、法规、标准和规程的要求；（9）有职业危害防治措施，并为从业人员配备符合国家标准或者行业标准的劳动防护用品；（10）依法进行安全评价；（11）有重大危险源检测、评估、监控措施和应急预案；（12）有生产安全事故应急救援预案、应急救援组织或者应急救援人员，配备必要的应急救援器材、设备；（13）法律、法规规定的其他条件。

第二，生产经营单位从事生产经营活动，必须具备有关国家标准或者行业标准规定的安全生产条件。安全生产的国家标准或者行业标准是有关安全生产的技术、管理性规范，是执行安全生产法律、法规的具体保证。它贯穿于生产经营单位生产经营活动的全过程，对保障生产经营单位的安全生产起着重要的作用。《安全生产法》规定的安全生产国家标准或者行业标准，是指由国务院标准化行政主管部门或者其他有关主管部门依照标准化法的规定所制定的与安全生产有关的、对生产经营活动中的设计、施工、作业、制造、检测等技术事项所作的一系列统一规定。例如，国家标准《烟花爆竹安全与质量》（GB 10631—2013）专门对烟花爆竹术语和定义、分类与分级、通用安全技术质量要求、检验方法、检验规则、运输和储存等内容进行了规定，这意味着从事烟花爆竹的生产经营单位应当严格按照国家标准，达到相应的安全生产条件后，才能从事生产经营活动。

在安全生产实践中，诸多生产安全事故发生的根本原因就在于生产经营单位在未达到法定的安全生产条件下就从事生产经营活动，最终引发生产安全事故，导致重大人员伤亡和财产损失。例如，在“四川省攀枝花市西区正金工贸有限责任公司肖家湾煤矿‘8·29’特别重大瓦斯爆炸事故”中，造成48人死亡、54人受伤，直接经济损失4980万元，而导致事故发生的重要原因就在于煤矿超层越界非法开采，在同一作业区域布置多个采煤和掘进工作面同时生产，安全管理混乱，严重违反法律、法规和标准，以及《煤矿安全规程》的规定。[①]

生产经营单位若违反有关安全生产条件规定的，应当承担法律责任。《安全生产法》第113条规定，生产经营单位存在下列情形之一的，负有安全生

---

① 国家煤矿安全监察局：《肖家湾煤矿“8·29”特别重大瓦斯爆炸事故调查报告》，载煤矿安全网，http：//www. mkaq. org/item/186020. aspx，2021年6月12日访问。

产监督管理职责的部门应当提请地方人民政府予以关闭，有关部门应当依法吊销其有关证照。生产经营单位主要负责人 5 年内不得担任任何生产经营单位的主要负责人；情节严重的，终身不得担任本行业生产经营单位的主要负责人：（1）存在重大事故隐患，180 日内三次或者一年内四次受到本法规定的行政处罚的；（2）经停产停业整顿，仍不具备法律、行政法规和国家标准或者行业标准规定的安全生产条件的；（3）不具备法律、行政法规和国家标准或者行业标准规定的安全生产条件，导致发生重大、特别重大生产安全事故的；（4）拒不执行负有安全生产监督管理职责的部门作出的停产停业整顿决定的。

在“T 公司诉 J 区应急管理局行政赔偿案”中，① 法院认为，《安全生产法》第 17 条（现第 20 条）规定，生产经营单位应当具备本法和有关法律、行政法规和国家标准或者行业标准规定的安全生产条件；不具备安全生产条件的，不得从事生产经营活动。《氧气站设计规范 GB 50030—2013》第 3. 0. 4 条规定，氧气站火灾危险性为乙类的建筑物及氧气储罐与厂外道路（路边）的防火间距不应小于 15 米。本案中，T 公司修建空分装置车间时，与厂外道路（路边）的防火间距符合 15 米的要求，但因其厂区外道路扩建，导致防火间距只有 13. 3 米，不符合《氧气站设计规范 GB 50030—2013》第 3. 0. 4 条规定的防火间距要求。尽管防火间距不符合要求的原因系 B 镇政府拓宽道路造成，但该空分装置车间的存在给公共安全带来了重大隐患。

（二）全员安全生产责任制

所谓“全员安全生产责任制”是指由生产经营单位根据安全生产法律法规和相关标准要求，在生产经营活动中，根据企业岗位的性质、特点和具体工作内容，明确所有层级、各类岗位从业人员的安全生产责任，通过加强教育培训、强化管理考核和严格奖惩等方式，建立起安全生产工作“层层负责、人人有责、各负其责”的工作体系。《安全生产法》第 22 条规定：“生产经营单位的全员安全生产责任制应当明确各岗位的责任人员、责任范围和考核标准等内容。生产经营单位应当建立相应的机制，加强对全员安全生产责任制

① 案例来源：江苏省高级人民法院（2019）苏行申 562 号行政裁定书。

落实情况的监督考核，保证全员安全生产责任制的落实。”

新修正的《安全生产法》将“安全生产责任制”修改为“全员安全生产责任制”，其主要依据是，《宪法》规定：“劳动是一切有劳动能力的公民的光荣职责。国有企业和城乡集体经济组织的劳动者都应当以国家主人翁的态度对待自己的劳动。”党的十九届四中全会决定强调，“建设人人有责、人人尽责、人人享有的社会治理共同体，确保人民安居乐业、社会安定有序，建设更高水平的平安中国”。安全生产关系到生产经营单位的全员、全层次、作业全过程，只靠安全生产管理机构或者安全生产管理人员是不够的，必须是生产经营单位的党、政、工、团一齐抓，各职能部门在自己业务范围内分头抓，层层建立起安全生产岗位责任制、风险管控与隐患排查治理、教育培训、安全生产检查等保证体系。各生产经营单位应当将全员安全生产责任制作为其安全生产各项规章制度的核心。只有制定好、执行好这个制度，才能让生产经营单位的安全生产工作层层有人负责，事事有人管理，做到齐抓共管，责任明确，协调配合，综合治理，实现全员安全管理体系。

2017 年 10 月，《国务院安委会办公室关于全面加强企业全员安全生产责任制工作的通知》明确提出“高度重视企业全员安全生产责任制”，并对如何建立健全企业全员安全生产责任制提出了具体要求。如今，新修正的《安全生产法》将“全员安全生产责任制”作为所有生产经营单位的法定义务，不再局限于“企业”这一主体。参照安委办上述文件中提出的要求，生产经营单位至少应当从以下几个方面建立健全全员安全生产责任制：

第一，依法依规制定完善生产经营单位全员安全生产责任制。生产经营单位主要负责人负责建立、健全生产经营单位的全员安全生产责任制。生产经营单位要按照《安全生产法》等法律法规规定，参照《企业安全生产标准化基本规范》（GB/T 33000—2016）和《企业安全生产责任体系五落实五到位规定》等有关要求，结合生产经营单位自身实际，明确从主要负责人到一线从业人员（含劳务派遣人员、实习学生等）的安全生产责任、责任范围和考核标准。安全生产责任制应覆盖本单位所有组织和岗位，其责任内容、范围、考核标准要简明扼要、清晰明确、便于操作、适时更新。生产经营单位一线从业人员的安全生产责任制，要力求通俗易懂。

第二，加强生产经营单位全员安全生产责任制公示。生产经营单位要在适当位置对全员安全生产责任制进行长期公示。公示的内容主要包括：所有层级、所有岗位的安全生产责任、安全生产责任范围、安全生产责任考核标准等。

第三，加强生产经营单位全员安全生产责任制教育培训。生产经营单位主要负责人要指定专人组织制定并实施本单位全员安全生产教育和培训计划。生产经营单位要将全员安全生产责任制教育培训工作纳入安全生产年度培训计划，通过自行组织或委托具备安全培训条件的中介服务机构等实施。要通过教育培训，提升所有从业人员的安全技能，培养良好的安全习惯。要建立健全教育培训档案，如实记录安全生产教育和培训情况。

第四，加强落实生产经营单位全员安全生产责任制的考核管理。生产经营单位要建立健全安全生产责任制管理考核制度，对全员安全生产责任制落实情况进行考核管理。要健全激励约束机制，通过奖励主动落实、全面落实责任，惩处不落实责任、部分落实责任，不断激发全员参与安全生产工作的积极性和主动性，形成良好的安全文化氛围。近年来，一些企业从负责人到每个职工都实施的“安全承诺制”是贯彻落实全员安全生产责任制的有效措施，值得进一步总结和借鉴。

二、安全生产资金与费用保障

推进生产经营单位的安全保障工作，最关键的是要依靠科技进步，要确保安全投入。资金是安全生产的物质保障。2013 年 11 月 24 日，习近平总书记在听取“11 · 22”青岛黄潍输油管线泄漏引发爆燃事故情况时强调：所有企业都必须认真履行安全生产主体责任，做到安全投入到位、安全培训到位、基础管理到位、应急救援到位，确保安全生产。[①] 生产经营单位要达到法定的安全生产条件，必须要有一定的资金保证，用于安全设施的建设、安全设备的购置、为从业人员配备劳动防护用品、对安全设备进行检测、维护、保养等。因此，《安全生产法》第 23 条规定：“生产经营单位应当具备的安全生产条件所必需的资金投入，由生产经营单位的决策机构、主要负责人或者个人

---

① 《习近平：认真吸取教训注重举一反三 全面加强安全生产工作》，载《人民日报》2013 年 11 月 25 日，第 1 版。

经营的投资人予以保证，并对由于安全生产所必需的资金投入不足导致的后果承担责任。有关生产经营单位应当按照规定提取和使用安全生产费用，专门用于改善安全生产条件。安全生产费用在成本中据实列支。安全生产费用提取、使用和监督管理的具体办法由国务院财政部门会同国务院应急管理部门征求国务院有关部门意见后制定。”据此规定，生产经营单位应当严格落实“安全生产资金投入”责任，具体包括以下几个方面。

（一）安全生产资金投入的责任主体是生产经营单位的决策机构、主要负责人或者个人经营的投资人

随着经济的高速发展，生产经营单位的类型越来越复杂，尤其是商事制度改革的不断推进，各种性质的生产经营单位同时并存于市场中，国有资本、集体资本、非公有资本以及这些资本的交叉持股、相互融合的混合经济单位并存。一些生产经营单位为了追求一时的经济利益，千方百计减少安全生产投入，甚至根本不投入，不具备基本的安全生产条件，事故隐患严重，最终导致事故发生。在上文提及的“史某诉P县安全生产监督管理局等行政处罚案”中，之所以发生安全生产事故，一个重要原因便是杭州H公司虽然提取了安全生产资金，但是其认为配齐备案的监理人员投入资金过大，因此在实际监理过程中，并未按照规定配备专业监理人员到现场。因此，从法律上要求生产经营单位必须保证具备安全生产条件所需的资金投入，是十分必要的。根据《安全生产法》第23条的规定，生产经营单位应当具备的安全生产条件所必需的资金投入，由生产经营单位的决策机构、主要负责人或者个人经营的投资人予以保证。

据此规定，一方面，生产经营单位必须符合安全生产资金投入的最低要求，即必须保证生产经营单位能够持续地具备《安全生产法》和有关法律、法规、国家标准或行业规定的安全生产条件。例如，《矿山安全法实施条例》第42条规定，矿山企业必须按照国家规定的安全条件进行生产，并安排一部分资金，用于下列改善矿山安全生产条件的项目：（1）预防矿山事故的安全技术措施；（2）预防职业危害的劳动卫生技术措施；（3）职工的安排培训；（4）改善矿山安全生产条件的其他技术措施。前款所需资金，由矿山企业按矿山维简费的20%的比例具实列支；没有矿山维简费的矿山企业，按固定资

产折旧费的20%的比例具实列支。

另一方面，根据生产经营单位的性质、经营方式的不同，明确了资金保证义务的责任主体，即生产经营单位的决策机构、主要负责人或者个人经营的投资人。例如，对于实行公司制的生产经营单位，如股份有限公司或有限责任公司，若股东会或董事会是决策机构的，那么就由股东会或董事会保证其安全生产的资金投入；对于没有设立股东会或董事会，而是由法定代表人履行决策职责的，那么就由法定代表人保证其安全生产的资金投入，在上文提及的“史某诉P县安全生产监督管理局等行政处罚案”中，杭州H公司因安全生产资金投入不足的法律责任便是由其法定代表人史某承担。对于非公司制的国有安全生产经营单位、集体安全生产经营单位则由其主要负责人保证安全生产的资金投入。对于个人投资的生产经营单位，如私营企业、合伙企业和个体工商户等，则由投资人保证安全生产的资金投入。

（二）生产经营单位的决策机构、主要负责人或者个人经营的投资人违反安全生产资金投入要求的法律责任

为了督促生产经营单位的决策机构、主要负责人或者个人经营的投资人积极履行保证安全生产资金投入的责任，《安全生产法》第23条明确了安全生产资金投入的保证主体与法律责任之间的关系，即由生产经营单位的决策机构、主要负责人或者个人经营的投资人“对由于安全生产所必需的资金投入不足导致的后果承担责任”。其中，安全生产资金投入不足导致的后果，是指因资金投入不足，使生产经营单位不具备安全生产条件，导致生产安全事故发生，造成人员伤亡和财产损失。在实践中，一些安全生产监督应急管理部门由于对《安全生产法》第23条第1款缺乏正确理解和认识，导致在执法过程中出现法律适用错误，最终引发行政争议，并被法院判决败诉。例如，在“关某诉H区应急管理局行政处罚案”中，[①] H区应急管理局在行政处罚决定书中查明的事实是，关某存在将房屋装修工程发包给不具备安全生产条件的个人黄某，未与黄某签订安全协议，对房屋装修缺乏有效安全监管的违法行为，但认为关某的行为违反了《安全生产法》第20条第1款（现第23

① 案例来源：河南省新乡市中级人民法院（2019）豫07行终236号行政判决书。

条第 1 款）的规定，并依据《安全生产法》第 90 条（现第 93 条）对关某作出行政处罚。对此，一审法院和二审法院均认为，《安全生产法》第 20 条第 1 款（现第 23 条第 1 款）和第 90 条（现第 93 条）的规定均是涉及未投入保证安全生产所需资金致不具备安全生产条件的行为，H 区应急管理局所适用法律与行政处罚确认的违法事实并不相符，属适用法律法规错误，最终判决撤销 H 区应急管理局作出的行政处罚决定。

因安全生产所必需的资金投入不足导致事故发生的，生产经营单位的决策机构、主要负责人或者个人经营的投资人应当承担的法律责任包括民事赔偿责任、行政责任以及刑事责任。对于民事赔偿责任，主要适用《民法典》及有关法律法规、司法解释关于“侵权责任”的规定。

对于行政责任，《安全生产法》第 93 条规定：“生产经营单位的决策机构、主要负责人或者个人经营的投资人不依照本法规定保证安全生产所必需的资金投入，致使生产经营单位不具备安全生产条件的，责令限期改正，提供必需的资金；逾期未改正的，责令生产经营单位停产停业整顿。有前款违法行为，导致发生生产安全事故的，对生产经营单位的主要负责人给予撤职处分，对个人经营的投资人处二万元以上二十万元以下的罚款；构成犯罪的，依照刑法有关规定追究刑事责任。”据此规定，生产经营单位存在事故隐患、不具备安全生产条件的，安全生产监督管理部门应当对生产经营单位的安全生产资金投入情况进行调查，对没有保障安全生产资金投入的违法行为，应当制作责令限期改正的执法文书。规定期限届满，安全生产监督管理部门应当对生产经营单位安全生产资金投入情况进行复查，对规定期限内未改正的，经部门负责人集体讨论，应当作出责令生产经营单位停产停业整顿的处罚决定。如果因安全生产所必需的资金投入不足导致发生生产安全事故的，那么生产经营单位的决策机构、主要负责人或者个人经营的投资人就需要承担行政责任。具体而言，如果生产经营单位是个人经营的，对投资人处 2 万元以上 20 万元以下的罚款；如果生产经营单位不是个人经营的，对其主要负责人给予撤职处分。

对于刑事责任，主要是指构成《刑法》第 135 条规定的“重大劳动安全事故罪”，该罪的主体是“直接负责的主管人员和其他直接责任人员”，包括对安全生产设施或安全生产条件不符合国家规定负有直接责任的生产经营单位的决策机构相关人员、单位主要负责人、管理人员、实际控制人、投资人，以及对安全生产设施或安全生产条件负有管理、维护职责的人员。根据《最高人民法院、最高人民检察院关于办理危害生产安全刑事案件适用法律若干问题的解释》的规定，违反《刑法》第135条之规定，因而发生安全事故，造成死亡1人以上，或者重伤3人以上的，或者造成直接经济损失100万元以上的，即可认定为“造成严重后果”或者“发生重大伤亡事故或者造成其他严重后果”，对相关责任人员，处3年以下有期徒刑或者拘役；造成死亡3人以上或者重伤10人以上，负事故主要责任的，或者造成直接经济损失500万元以上，负事故主要责任的，对相关责任人员，处3年以上7年以下有期徒刑。

（三）有关生产经营单位应当按照规定提取和使用专门用于改善安全生产条件的安全生产费用

长期以来，安全生产费用的提取和使用问题一直受到国家的高度重视。《宪法》明确规定“改善劳动条件”。2004年1月，《国务院关于进一步加强安全生产工作的决定》便明确提出“建立企业提取安全费用制度”，要求“企业安全费用的提取，要根据地区和行业的特点，分别确定提取标准，由企业自行提取，专户储存，专项用于安全生产”。为了落实上述文件精神，财政部和原国家安全生产监督管理总局于2006年制定了《高危行业企业安全生产费用财务管理暂行办法》，[①] 明确了矿山开采、建筑施工、危险品生产以及道路交通运输的企业安全生产费用的提取标准和使用范围。2010年7月，《国务院关于进一步加强企业安全生产工作的通知》要求“加强对高危行业企业安全生产费用提取和使用管理的监督检查，进一步完善高危行业企业安全生产费用财务管理制度，研究提高安全生产费用提取下限标准，适当扩大适用范围”。基于此，财政部和原国家安全生产监督管理总局于2012年制定了《企业安全生产费用提取和使用管理办法》，在矿山开采、建筑施工、危险品生产以及道路交通运输的企业的基础上，扩大政策适用范围，将“烟花爆竹生产、冶金、机械制造、武器装备研制生产与试验的企业”也纳入适用范围；提高

---

① 该规范性文件已失效，失效依据为《财政部、安全监管总局关于印发〈企业安全生产费用提取和使用管理办法〉的通知》。

安全生产费用的提取标准，煤炭生产、非煤矿山开采、建设工程施工、危险品生产与储存、交通运输、烟花爆竹生产等六个行业（领域）提高下限标准。

为了进一步推动安全生产费用制度的法制化，《安全生产法》于 2014 年修正时新增有关安全生产费用的规定。《安全生产法》第 23 条第 2 款规定："有关生产经营单位应当按照规定提取和使用安全生产费用，专门用于改善安全生产条件。安全生产费用在成本中据实列支。安全生产费用提取、使用和监督管理的具体办法由国务院财政部门会同国务院应急管理部门征求国务院有关部门意见后制定。"这里的"有关生产经营单位"主要是指《企业安全生产费用提取和使用管理办法》第 2 条规定的企业，即"在中华人民共和国境内直接从事煤炭生产、非煤矿山开采、建设工程施工、危险品生产与储存、交通运输、烟花爆竹生产、冶金、机械制造、武器装备研制生产与试验（含民用航空及核燃料）的企业以及其他经济组织"。这里的"按照规定提取和使用安全生产费用"中的"规定"主要是指《企业安全生产费用提取和使用管理办法》中规定的安全生产费用提取标准和使用范围。例如，《企业安全生产费用提取和使用管理办法》第 5 条规定，煤炭生产企业依据开采的原煤产量按月提取。各类煤矿原煤单位产量安全费用提取标准如下：（1）煤（岩）与瓦斯（二氧化碳）突出矿井、高瓦斯矿井吨煤 30 元；（2）其他井工矿吨煤 15 元；（3）露天矿吨煤 5 元。矿井瓦斯等级划分按现行《煤矿安全规程》和《矿井瓦斯等级鉴定规范》的规定执行。

按照《企业安全生产费用提取和使用管理办法》的规定，安全生产费用的管理应当遵循"企业提取、政府监管、确保需要、规范使用"的原则。企业应当建立健全内部安全费用管理制度，明确安全费用提取和使用的程序、职责及权限，按规定提取和使用安全费用。企业应当加强安全费用管理，编制年度安全费用提取和使用计划，纳入企业财务预算。企业年度安全费用使用计划和上一年安全费用的提取、使用情况按照管理权限报同级财政部门、安全生产监督管理部门、煤矿安全监察机构和行业主管部门备案。

有关生产经营单位未按照规定提取和使用安全生产费用的，应当承担相应的法律责任。根据《企业安全生产费用提取和使用管理办法》第 36 条的规定，企业未按本办法提取和使用安全费用的，安全生产监督管理部门、煤矿安全监察机构和行业主管部门会同财政部门责令其限期改正，并依照相关法律法规进行处理、处罚。建设工程施工总承包单位未向分包单位支付必要的安全费用以及承包单位挪用安全费用的，由建设、交通运输、铁路、水利、安全生产监督管理、煤矿安全监察等主管部门依照相关法规、规章进行处理、处罚。根据《安全生产违法行为行政处罚办法》第 43 条的规定，生产经营单位的决策机构、主要负责人、个人经营的投资人（包括实际控制人）未依法提取或者使用安全生产费用，致使生产经营单位不具备安全生产条件的，责令限期改正，提供必需的资金，并可以对生产经营单位处 1 万元以上 3 万元以下罚款，对生产经营单位的主要负责人、个人经营的投资人处 5000 元以上 1 万元以下罚款；逾期未改正的，责令生产经营单位停产停业整顿。导致发生生产安全事故的，依照《生产安全事故罚款处罚规定（试行）》的规定给予处罚。

（四）生产经营单位应当为劳动防护用品和安全生产培训提供费用保障

《宪法》明确规定，“加强劳动保护”。《安全生产法》除了在第 23 条对安全生产资金投入和安全生产费用进行明确规定外，还专门对劳动防护用品配备、安全生产培训专项经费保障进行了规定。根据《安全生产法》第 47 条的规定，生产经营单位应当安排用于配备劳动防护用品、进行安全生产培训的经费。

首先，生产经营单位应当安排配备劳动防护用品的经费。劳动防护用品是指员工在劳动过程中，为防御各种职业毒害和伤害而穿戴的各种防护用品，在《劳动法》《矿山安全法》等法律法规中也有专门规定。例如，《劳动法》第 54 条规定，用人单位必须为劳动者提供符合国家规定的劳动安全卫生条件和必要的劳动防护用品，对从事有职业危害作业的劳动者应当定期进行健康检查。此外，在一些劳动争议案件中，法院也会因生产经营单位违反《安全生产法》第 47 条之规定，判定生产经营单位存在过错，进而承担侵权责任。例如，在“重庆 J 公司、四川 D 公司与被上诉人四川 H 公司、曾某侵权责任纠纷一案”中，[①] 法院认为，《安全生产法》第 44 条（现第 47 条）规定，生产经营单位应当安排用于配备劳动防护用品、进行安全生产培训的经费。本

---

① 案例来源：四川省成都市中级人民法院（2020）川 01 民终 7830 号民事判决书。

案中，曾某登高作业，应当采取佩戴安全帽、安全绳等相应安全措施，其未采取任何安全措施，违反上述法律规定冒险作业，对施工现场负管理和监督责任的四川D公司，未尽到对施工现场的安全管理义务，也未安排相应劳动防护用品，对事故的发生存在过错。

其次，生产经营单位应当安排安全生产培训的专项经费。对从业人员进行安全教育和培训，使从业人员了解本单位危险因素、防范措施和应急措施，熟悉有关安全生产规章制度和操作流程，掌握必要的安全知识和安全技能，是做好安全生产工作的重要基础。《安全生产法》第47条仅对安全生产培训作了原则性规定，为了加强安全生产培训管理，规范安全生产培训秩序，保证安全生产培训质量，促进安全生产培训工作健康发展，原国家安全生产监督管理总局专门制定了《安全生产培训管理办法》。根据《安全生产培训管理办法》第4条第1款的规定，安全培训工作实行统一规划、归口管理、分级实施、分类指导、教考分离的原则。

三、安全生产教育和培训制度

安全生产教育和培训是安全生产管理工作的一个重要组成部分，是实现安全生产的一项重要基础性工作。人是生产经营活动的第一要素，生产经营活动最直接的承担者就是从业人员，每个岗位从业人员的具体生产经营活动安全了，整个生产经营单位的安全生产就得到了保障。对从业人员进行安全生产教育和培训，控制人的不安全行为，对减少生产安全事故极为重要。《安全生产法》专门对安全生产教育和培训进行了规定，主要体现在以下几个方面。

（一）法定的生产经营单位安全生产培训要求

大量生产安全事故表明，由于从业人员没有经过严格的安全生产教育和培训，或者培训弄虚作假、流于形式，缺乏足够的安全生产意识，缺乏必要的安全生产知识和操作技能，缺乏必要的应急措施，由此导致违章指挥，违章冒险作业，违反劳动纪律而引发事故。为此，《安全生产法》将从业人员安全生产教育和培训设定为生产经营单位的一项法定义务，具体而言，主要从以下两个方面予以规范：

第一，明确了从业人员安全生产教育和培训的法定要求。《安全生产法》

第 28 条第 1 款规定："生产经营单位应当对从业人员进行安全生产教育和培训，保证从业人员具备必要的安全生产知识，熟悉有关的安全生产规章制度和安全操作规程，掌握本岗位的安全操作技能，了解事故应急处置措施，知悉自身在安全生产方面的权利和义务。未经安全生产教育和培训合格的从业人员，不得上岗作业。"据此规定，安全生产教育和培训的内容，主要包括以下几个方面：（1）安全生产的方针、政策、法律、法规以及安全生产规章制度的教育和培训；（2）安全操作技能的教育和培训，我国目前一般实行入厂教育、车间教育和现场教育的三级教育和培训；（3）安全技术知识教育和培训，包括一般性安全技术知识，如单位生产过程中不安全因素及规律、预防事故的基本知识、个人防护用品的佩戴使用、事故报告程序等，以及专业性的安全技术知识，如防火、防爆、防毒等知识；（4）发生生产安全事故时的应急处理措施，以及相关的安全防护知识；（5）从业人员在生产过程中的相关权利和义务；（6）特殊作业岗位的安全生产知识和操作要求等。

第二，要求建立、健全安全生产教育和培训的档案管理制度。安全生产教育和培训档案，不仅是从业人员安全生产教育和培训的记录轨迹，也是生产安全事故发生后，追究相关人员责任的重要依据。生产经营单位应当指定专人负责本单位的安全生产教育和培训档案。为此，《安全生产法》第 28 条第 4 款规定："生产经营单位应当建立安全生产教育和培训档案，如实记录安全生产教育和培训的时间、内容、参加人员以及考核结果等情况。"这里的"如实记录"意味着档案的内容应当详细记录每位从业人员参加安全生产教育培训的时间、内容、考核结果以及复训情况等，包括按照规定参加政府组织的安全培训的主要负责人、安全生产管理人员和特种作业人员的情况。档案应当按照有关法律法规的要求进行保存，不得擅自修改、伪造。

（二）特种作业人员的安全生产培训要求

特种作业人员所从事的工作，在安全程度上与单位内的其他工作有较大差别。他们在工作中接触的危险因素较多，危险性较大，很容易发生生产安全事故，而一旦发生事故，不仅对作业人员本人，而且会对他人和周围设备、设施造成很大危害。对特种作业人员进行专门的培训教育，实行严格的管理，减少他们的失误，对防止和减少生产安全事故具有重要意义。《安全生产法》

第 30 条规定："生产经营单位的特种作业人员必须按照国家有关规定经专门的安全作业培训，取得相应资格，方可上岗作业。特种作业人员的范围由国务院应急管理部门会同国务院有关部门确定。"据此规定，国家对特种作业人员的管理实行安全资格准入，特种作业人员未经政府有关主管部门的专门培训合格，取得操作资格证书，不得上岗作业。

2010 年 5 月，原国家安全生产监督管理局发布《特种作业人员安全技术培训考核管理规定》，专门对特种作业人员的安全技术培训考核工作予以规范。根据《特种作业人员安全技术培训考核管理规定》第 3 条的规定，特种作业，是指容易发生事故，对操作者本人、他人的安全健康及设备、设施的安全可能造成重大危害的作业；特种作业人员，是指直接从事特种作业的从业人员。此外，国家还专门制定了特种作业目录，对包括电工作业、焊接与热切割作业、高处作业、制冷与空调作业、煤矿安全作业等 11 类领域的特种作业人员的培训考核作出了具体规定。

此外，国务院有关主管部门也对相应领域的特种作业人员考核作出了规定。例如，工业和信息化部办公厅于 2018 年 11 月发布了《民用爆炸物品生产和销售企业安全生产培训管理办法》，专门对民用爆炸物品生产和销售企业的安全生产培训工作予以规范。根据《民用爆炸物品生产和销售企业安全生产培训管理办法》第 19 条的规定，民爆企业应当根据工作性质，参照培训大纲和考核标准，对其他从业人员进行安全生产培训和考核，保证其他从业人员具备本岗位安全操作必要的知识和技能。未经培训考核合格的，不得上岗作业。其他从业人员初次安全生产培训时间不得少于 72 学时，每年再培训时间不得少于 20 学时。

（三）新工艺、新设备的安全生产培训要求

生产经营单位对采用的新工艺、新技术、新材料或者使用的新设备，必须要了解、掌握其安全技术特性，对该工艺、技术的原理、操作规程有清楚的把握，了解该材料、设备的构成、性质。对采用的新工艺、新技术、新材料或者使用的新设备在生产经营过程中可能产生的危险因素的性质、可能产生的危害后果、如何预防这种危险因素造成事故的措施以及一旦发生事故时如何妥善处理等事项，都要了解和掌握。只有这样，生产经营单位才能有针

对性地采取必要的防范措施，防止生产安全事故的发生和扩大。《安全生产法》第29条规定："生产经营单位采用新工艺、新技术、新材料或者使用新设备，必须了解、掌握其安全技术特性，采取有效的安全防护措施，并对从业人员进行专门的安全生产教育和培训。"事实上，法律要求生产经营单位采用新工艺、新技术、新材料或者使用新设备的，必须对从业人员进行专门的安全生产教育和培训。这既是对从业人员知情权的保障，同时也是保障安全生产的一项重要措施。

（四）实习学生的安全生产教育和培训要求

近几年，发生多起中等职业学校、高等学校学生到生产经营单位实习的生产安全事故。调查发现，学生不了解基本的安全生产知识，不掌握相应的操作技能，缺乏相应的应急处置能力是造成事故的主要原因之一。对此，《安全生产法》第28条第3款规定："生产经营单位接收中等职业学校、高等学校学生实习的，应当对实习学生进行相应的安全生产教育和培训，提供必要的劳动防护用品。学校应当协助生产经营单位对实习学生进行安全生产教育和培训。"据此规定，一方面，生产经营单位接收中等职业学校、高等学校学生实习的，应当对实习学生进行相应的安全生产教育和培训，提供必要的劳动防护用品。另一方面，学校应当协助生产经营单位对实习学生进行安全生产教育和培训，实习学生的管理责任主要在学校，学校有责任协助生产经营单位做好安全生产教育和培训工作，组织学生按照规定参加教育和培训，保证教育和培训取得效果。

（五）劳务派遣人员的安全生产教育和培训要求

劳务派遣又称为人才派遣、人才租赁、人事外包等，是指由劳务派遣机构与派遣人员订立劳动合同，由派遣人员向实际用工单位给付劳务，劳动合同关系存在于劳务派遣机构与派遣人员之间，但劳动力给付的事实则发生于派遣人员与实际用人单位之间。在劳务派遣中，派遣服务机构与劳动者之间构成劳动关系，派遣服务机构与用人单位之间形成了民事上的合作关系，而用人单位与劳动者之间则形成了一个特殊的关系，在理论上有人称之为使用关系，也有人称之为特殊劳动关系。在整个劳务派遣法律关系中，两个单位相结合对一个劳动者才构成一个完成的劳动法律关系。①

在安全生产实践中，许多生产经营单位为了减轻劳动力成本，规避责任，大量使用被派遣劳动者，又不负责相应的安全生产教育和培训，致使被派遣劳动者不了解、不熟悉所从事生产经营活动的安全生产规章制度、操作规程和标准，违章指挥，违章作业，最终导致生产安全事故发生。对此，《安全生产法》第28条第2款规定："生产经营单位使用被派遣劳动者的，应当将被派遣劳动者纳入本单位从业人员统一管理，对被派遣劳动者进行岗位安全操作规程和安全操作技能的教育和培训。劳务派遣单位应当对被派遣劳动者进行必要的安全生产教育和培训。"据此规定，一方面，生产经营单位应当将被派遣劳动者纳入本单位从业人员统一管理，对被派遣劳动者进行岗位安全操作规程和安全操作技能的教育和培训。这里讲的"统一管理"主要是指生产经营单位将劳务派遣人员与本单位的从业人员一样对待和管理，统一纳入安全生产教育和培训计划。另一方面，劳务派遣单位作为劳务派遣人员的管理单位，应当组织本单位的有关人员或者聘请本单位以外的有关人员对劳务派遣人员进行必要的安全生产教育和培训。

（六）对从业人员的心理疏导和精神慰藉

据心理学家的研究分析，心境与人的工作、生活以及身心健康有着密切的关系。好的心境能使人心情舒畅，精神振奋，反之则令人抑郁寡欢。良好的生产条件和环境会使人身心健康、心情愉快、精神饱满，有正常的心理状态，工作愉快，效率高，进而促进生产和保障安全。反之，则会造成意想不到的损失，甚至会导致事故发生。另一方面，由于生产环境对身心健康的负面影响，会使人情绪低落、心情抑郁、注意力不集中、反应迟钝，轻者生产效率降低，重者造成生产事故，导致人员伤亡，财产损失，这些惨痛的教训在矿区屡见不鲜。另外，受社会与家庭等各方面因素的影响，员工的心理状况和行为可能会发生暂时的波动，而这些波动会对员工当时的现场作业有直接影响，如果这种影响比较负面，极易导致员工操作偏差或失误，从而引发事故。

① 李莉莉、彭开勤、刘珂：《劳动合同法基础理论与大学生应用实务》，武汉大学出版社2018年版，第89页。

鉴于从业人员的心理健康与安全生产之间的关系如此紧密，生产经营单位在建立安全生产教育和培训制度时，还应当将从业人员的心理健康考虑在内，加强对从业人员的心理疏导和精神慰藉。对此，新修正的《安全生产法》第 44 条第 2 款规定："生产经营单位应当关注从业人员的身体、心理状况和行为习惯，加强对从业人员的心理疏导、精神慰藉，严格落实岗位安全生产责任，防范从业人员行为异常导致事故发生。"这意味关注从业人员的心理健康，并对从业人员进行心理疏导和精神慰藉，已经正式成为生产经营单位一项法定义务。

（七）违反安全生产教育和培训要求的法律责任

如前所述，安全生产教育和培训已经成为生产经营单位的法定义务，若生产经营单位违反规定，将承担相应的法律责任。根据《安全生产法》第 97 条的规定，生产经营单位有下列行为之一的，责令限期改正，处 10 万元以下的罚款；逾期未改正的，责令停产停业整顿，并处 10 万元以上 20 万元以下的罚款，对其直接负责的主管人员和其他直接责任人员处 2 万元以上 5 万元以下的罚款：（1）未按照规定对从业人员、被派遣劳动者、实习学生进行安全生产教育和培训，或者未按照规定如实告知有关的安全生产事项的。（2）特种作业人员未按照规定经专门的安全作业培训并取得相应资格，上岗作业的。（3）未如实记录安全生产教育和培训情况的。

四、生产经营单位之间的协作管理

随着经济的发展和社会化大生产的扩大，生产经营单位之间的联系日益紧密。一个单位安全生产工作的好坏，不仅关系着本单位从业人员人身和财产的安全，而且还可能对其他单位产生影响。

（一）同一作业区域内不同生产经营单位的协作管理

在同一作业区域内进行生产经营活动的不同单位，如果一个单位违章作业或发生了生产安全事故，不仅给本单位造成伤亡损失，往往还会直接威胁到其他单位的安全生产。基于此，在 2002 年出台的《安全生产法》中就对协作管理做了专门规定，这是安全生产管理中的一项重要制度。2014 年以及本次修正的《安全生产法》第 48 条均延续了这一规定："两个以上生产经营单位在同一作业区域内进行生产经营活动，可能危及对方生产安全的，应当签订安全生产管理协议，明确各自的安全生产管理职责和应当采取的安全措施，并指定专职安全生产管理人员进行安全检查与协调。”

据此规定，两个以上生产经营单位在同一作业区域内进行生产经营活动，可能危及对方生产安全，进行安全生产方面协作的主要形式是签订并执行安全生产管理协议。各生产经营单位应当通过安全生产管理协议相互告知本单位生产的特点、作业场所存在的危险因素、防范措施以及事故紧急措施，以使各个生产经营单位对该区域的安全生产状况有一个整体上的把握。同时，各个生产经营单位还应当在安全生产管理协议中明确各自的安全生产管理职责和应当采取的安全措施，做到职责清楚，分工明确。此外，各生产经营单位还应当指定专职安全生产管理人员进行安全检查与协调。

在安全生产实践中，一些生产经营单位对“安全生产管理协议”存在错误认识，认为其就等同于一般的业务合同，缔约双方对其内容、方式等享有充分的意思自治；还有一些生产经营单位认为“安全生产管理协议”增加了额外的安全生产职责，是一种“负担”或“累赘”。事实上，从法律效力的角度看，《安全生产法》第 48 条是一条强行性规定，这意味着尽管各生产经营单位对达成安全生产管理协议的过程具有自由选择权，但是只要其符合“两个以上生产经营单位在同一作业区域内进行生产经营活动，可能危及对方生产安全的”这一情形，就必须签订“安全生产管理协议”，并且必须在协议中明确“各自的安全生产管理职责和应当采取的安全措施”。另外，从功能主义的角度看，“安全生产管理协议”也是有关生产经营单位履行各自安全生产管理职责的依据，更是判明生产安全事故责任的重要依据。

如前所述，《安全生产法》第 48 条是强行性规定，这意味着生产经营单位一旦违反该规定，就应当承担法律责任。根据《安全生产法》第 104 条的规定，两个以上生产经营单位在同一作业区域内进行可能危及对方安全生产的生产经营活动，未签订安全生产管理协议或者未指定专职安全生产管理人员进行安全检查与协调的，责令限期改正，处 5 万元以下的罚款，对其直接负责的主管人员和其他直接责任人员处 1 万元以下的罚款；逾期未改正的，责令停产停业。在"Q公司诉L区应急管理局行政处罚案"中，[①] H公司在Q公司的生产经营场所内从事生产经营活动，符合《安全生产法》第45条（现第48条）规定的情形，双方应签订安全生产管理协议。H公司在Q公司的生产经营场所内从事生产经营活动，Q公司系明知，最终引发生产安全事故，L区应急管理局作出行政处罚决定，对Q公司处以行政罚款36万元。

（二）生产经营项目、场所、设备发包或者出租的安全生产责任

在安全生产实践中，生产经营单位发包或者出租生产经营项目、场所、设备，是市场经济条件下盘活资产、提高经济效益的重要手段，是一种普遍存在的现象。依法发包或出租生产经营项目、场所、设备是正常的生产经营活动。然而，在实践中，一些生产经营单位将本来局限于本单位内部的危险危害，通过多层次的外包、转包等形式，广泛地转移到其他生产经营单位。一些从业人员在生产作业时，往往不具备法定的安全生产条件，也不具备相应的安全生产知识，造成事故伤害、职业病危害从特定人群向社会人群扩散，往往形成平时谁也不管安全生产，一旦出现事故，便相互推卸责任的局面。这成为安全生产监管中的难点和重点，也是安全生产监管的薄弱环节。对此，《安全生产法》专门就生产经营项目、场所、设备发包或者出租的安全生产责任作出了规定，主要体现在以下几个方面：

第一，生产经营单位不得将生产经营项目、场所、设备发包或者出租给不具备安全生产条件或者相应资质的单位或者个人。如前所述，《安全生产法》第20条规定，生产经营单位应当具备本法和有关法律、行政法规和国家标准或者行业标准规定的安全生产条件；不具备安全生产条件的，不得从事生产经营活动。基于此，《安全生产法》第49条第1款规定："生产经营单位不得将生产经营项目、场所、设备发包或者出租给不具备安全生产条件或者相应资质的单位或者个人。"这里的"安全生产条件或者相应资质"除了需要遵循《安全生产法》的有关规定外，其他一些法律、法规或者国家标准、行业标准均有作出规定。例如，《建筑法》第13条规定，从事建筑活动的建筑施工企业、勘察单位、设计单位和工程监理单位，按照其拥有的注册资本、

① 案例来源：吉林省吉林市中级人民法院（2020）吉02行终36号行政判决书。

专业技术人员、技术装备和已完成的建筑工程业绩等资质条件，划分为不同的资质等级，经资质审查合格，取得相应等级的资质证书后，方可在其资质等级许可的范围内从事建筑活动。

第二，生产经营单位应当与承包单位、承租单位签订安全生产管理协议，或者在承包合同、租赁合同中约定各自的安全生产管理职责。在实践中，有一些生产经营单位安全管理相当混乱，图方便省事，对安全生产问题抱有侥幸心理，并未将安全生产管理责任放在心上，存在“以包代管”“以租代管”等问题；还有一些生产经营单位为了追求经济利益，只管收取租金或者承包费，对承包单位、承租单位的安全生产问题不管不问，导致事故隐患大量存在。对此，2014 年《安全生产法》修正时，将有多个单位、承租单位才约定安全生产事项，修改为只要发包出租，就得约定安全生产事项，规定“生产经营项目、场所发包或者出租给其他单位的，生产经营单位应当与承包单位、承租单位签订专门的安全生产管理协议，或者在承包合同、租赁合同中约定各自的安全生产管理职责”，很有针对性。

第三，生产经营单位对承包单位、承租单位的安全生产工作统一协调、管理，定期进行安全检查，发现安全问题，应当及时督促整改。在实践中，一些生产经营单位虽然与承包单位、承租单位签署了形式上的安全生产管理协议，或者在承租合同、承包合同中对安全生产管理责任有约定，但是却并未将这些协议或合同的具体内容落到实处，反倒成为其逃避责任或推卸责任的借口。对此，《安全生产法》第 49 条第 2 款规定：“生产经营单位对承包单位、承租单位的安全生产工作统一协调、管理，定期进行安全检查，发现安全问题的，应当及时督促整改。”据此，“定期安全检查”成为生产经营单位在发包或出租生产经营项目、场所、设备时的一项法定义务。依据此规定，《非煤矿山外包工程安全管理暂行办法》第 3 条也明确，非煤矿山外包工程（以下简称外包工程）的安全生产，由发包单位负主体责任，承包单位对其施工现场的安全生产负责。外包工程有多个承包单位的，发包单位应当对多个承包单位的安全生产工作实施统一协调、管理，定期进行安全检查，发现安全问题的，应当及时督促整改。

第四，高危建设项目不得倒卖、出租、出借、挂靠或者以其他形式非法转让施工资质，不得违法分包或者层层转包。在实践中，一些高危行业（领域）的生产经营单位违法分包或者层层转包的现象时有发生，成为很多重大生产安全事故的主要原因，扰乱了安全生产管理秩序。事实上，关于“违法分包”或者“层层转包”的问题，《建筑法》就曾专门予以规范，该法第24条规定，提倡对建筑工程实行总承包，禁止将建筑工程支解发包。建筑工程的发包单位可以将建筑工程的勘察、设计、施工、设备采购一并发包给一个工程总承包单位，也可以将建筑工程勘察、设计、施工、设备采购的一项或者多项发包给一个工程总承包单位；但是，不得将应当由一个承包单位完成的建筑工程支解成若干部分发包给几个承包单位。在此背景下，新修正的《安全生产法》第49条第3款规定：“矿山、金属冶炼建设项目和用于生产、储存、装卸危险物品的建设项目的施工单位应当加强对施工项目的安全管理，不得倒卖、出租、出借、挂靠或者以其他形式非法转让施工资质，不得将其承包的全部建设工程转包给第三人或者将其承包的全部建设工程支解以后以分包的名义分别转包给第三人，不得将工程分包给不具备相应资质条件的单位。”

综上所述，在生产经营项目、场所、设备的发包或者出租过程中，生产经营单位的安全生产管理责任仍然存在，若生产经营单位违反规定，仍然应当承担相应的法律责任。根据《安全生产法》第103条的规定，生产经营单位将生产经营项目、场所、设备发包或者出租给不具备安全生产条件或者相应资质的单位或者个人的，责令限期改正，没收违法所得；违法所得10万元以上的，并处违法所得2倍以上5倍以下的罚款；没有违法所得或者违法所得不足10万元的，单处或者并处10万元以上20万元以下的罚款；对其直接负责的主管人员和其他直接责任人员处1万元以上2万元以下的罚款；导致发生生产安全事故给他人造成损害的，与承包方、承租方承担连带赔偿责任。

生产经营单位未与承包单位、承租单位签订专门的安全生产管理协议或者未在承包合同、租赁合同中明确各自的安全生产管理职责，或者未对承包单位、承租单位的安全生产统一协调、管理的，责令限期改正，处5万元以下的罚款，对其直接负责的主管人员和其他直接责任人员处1万元以下的罚款；逾期未改正的，责令停产停业整顿。

矿山、金属冶炼建设项目和用于生产、储存、装卸危险物品的建设项目的施工单位未按照规定对施工项目进行安全管理的，责令限期改正，处10万元以下的罚款，对其直接负责的主管人员和其他直接责任人员处 2 万元以下的罚款；逾期未改正的，责令停产停业整顿。以上施工单位倒卖、出租、出借、挂靠或者以其他形式非法转让施工资质的，责令停产停业整顿，吊销资质证书，没收违法所得；违法所得 10 万元以上的，并处违法所得 2 倍以上 5 倍以下的罚款，没有违法所得或者违法所得不足 10 万元的，单处或者并处 10 万元以上 20 万元以下的罚款；对其直接负责的主管人员和其他直接责任人员处 5 万元以上 10 万元以下的罚款；构成犯罪的，依照刑法有关规定追究刑事责任。

在“Z 公司诉 C 区安全生产监督管理局、S 市安全生产监督管理局行政处罚决定及行政复议决定案”中，[①] 2016 年 2 月，Z 公司与 Y 公司口头约定，将位于 W 大厦二楼 Z 公司餐饮设施设备拆除项目发包给 Y 公司。双方未签订书面施工合同和安全生产协议，Y 公司向 Z 公司出具《拆除工程报价单》，嗣后 Y 公司进场施工。同年 2 月 24 日，Y 公司与万某达成口头约定，由万某负责 Z 公司场地内通风管道的拆除。次日上午，万某与张某等人来到 Z 公司，共同对通风管道进行拆除作业，当天下午，张某在作业时发生意外，后经抢救无效死亡。C 区安全生产监督管理局以 Z 公司未经审核，违法将施工项目发包给不具备安全生产条件的作业单位，对事故发生负有次要责任为由，决定给予 Z 公司罚款人民币 10 万元。法院最终认为，从《安全生产法》第 46 条（现第 49 条）、第 100 条（现第 103 条）的立法本义而言，Z 公司将其生产经营项目对外发包，未选择具有安全生产条件和资质的企业承包，未建立安全生产制度进行督促与管理，是造成涉案生产安全事故的原因之一。因此，C 区安全生产监督管理局据此按照《安全生产法》第 100 条第 1 款（现第 103 条第 1 款）的规定，对其作出的行政处罚正确。

五、安全生产责任保险制度

在保险理论中，责任保险是指以被保险人依法应负的侵权损害赔偿责任和依据合同约定应负的合同（契约）责任为保险标的，当被保险人因此而遭

---

① 案例来源：上海行政审判十大典型案例（2017 年）。

受损失，保险人根据保险合同约定承担赔偿责任的一种财产保险。[①] 安全生产责任保险，是指保险机构对投保的生产经营单位发生的生产安全事故造成的人员伤亡和有关经济损失等予以赔偿，并且为投保的生产经营单位提供生产安全事故预防服务的商业保险。安全生产责任保险保障的是生产安全事故风险，但仅限于生产经营单位因此对雇员及第三者的经济赔偿责任，企业自身的财产损失并不在其中。因此，从传统保险理论和技术规范视角看，安全生产责任保险融合了雇主责任保险和公众责任保险两个险种的核心要素，是综合型责任保险，是在我国经济高速发展阶段所面临的如何综合防范生产事故和多渠道构建善后机制这样的特殊背景下所产生的特殊险种，经过一定时期的社会实践后才逐渐实现了法制化、制度化发展。[②]

事实上，早在20世纪90年代，我国一些法律法规中就已经开始萌生设置安全生产责任保险的理念。1996年颁布的《煤炭法》第44条规定："煤矿企业必须为煤矿井下作业职工办理意外伤害保险，支付保险费。"[③] 原煤炭部为此进行了调研并着手制定试行办法，由于煤炭工业管理体制变化而搁置。在缺乏全国统一实施方案和政策性规定的情况下，中国人寿保险股份有限责任公司、新华人寿保险股份有限责任公司、中国平安养老保险股份有限责任公司等10余家国内保险企业，以《煤炭法》相关规定为依据，采用"团体人身意外伤害险""附加意外伤害医疗费用保险"等险种，主动拓展煤矿意外伤害保险业务。[④]

随着安全生产实践的不断发展，原国家安全生产监督管理总局及各地安监部门在实践中已将安全生产责任保险视为一个重要的风险管控手段，在与保监会的密切沟通、合作基础上，在不同地区、领域先后推出了一些区域性行业规范、要求，部署安全生产责任保险工作。2002年我国开始实施《安全生产法》，当时的立法并未对安全生产责任保险予以规定。

不过，在随后的一系列重要政策文件中，安全生产责任保险逐渐受到中

---

① 庹国柱主编：《保险学》（第八版），首都经济贸易大学出版社2018年版，第178页。

② 汪立志主编：《强制保险的国际比较研究》，中国金融出版社2016年版，第163页。

③ 该条款已被修改，《煤炭法》（2016年修正）第37条规定："煤矿企业应当依法为职工参加工伤保险缴纳工伤保险费。鼓励企业为井下作业职工办理意外伤害保险，支付保险费。"

④ 朱义长主编：《中国安全生产史（1949—2015）》，煤炭工业出版社2017年版，第205页。

央和地方的高度重视，并最终于2014年写入《安全生产法》。2006年6月，《国务院关于保险业改革发展的若干意见》明确提出“采取市场运作、政策引导、政府推动、立法强制等方式”，发展安全生产责任保险，要求“在煤炭开采等行业推行强制责任保险试点”。同年9月，原国家安全生产监督管理总局、原中国保险监督管理委员会联合发布《关于大力推进安全生产领域责任保险，健全安全生产保障体系的意见》，确定首先在采掘业、建筑业等高危行业推行雇主责任险、商业补充工伤责任保险试点，取得经验后逐步在其他高危行业、公众聚集场所等领域推广。从2006年下半年至2009年，各地陆续出台地方性政策，推进安全生产责任保险工作。2009年7月，原国家安全生产监督管理总局发布《关于在高危行业推进安全生产责任保险的指导意见》提出“在煤矿、非煤矿山、危险化学品、烟花爆竹等行业推进安全生产责任保险的同时，积极争取通过立法的形式，强制推行”。2010年7月，《国务院关于进一步加强企业安全生产工作的通知》明确提出“积极稳妥推行安全生产责任保险制度”。2013年《特种设备安全法》颁布，该法第17条规定：“国家鼓励投保特种设备安全责任保险。”基于此，《安全生产法》于2014年修正时增加了“国家鼓励生产经营单位投保安全生产责任保险”。

随着安全生产责任保险制度的不断推进，安全生产责任保险在帮助企业进行事故预防、风险控制和辅助管理等方面发挥了重要作用，但仍然存在一些亟待改进的问题。一方面，法律仅规定“鼓励投保”，导致强制力不足，虽有政策引导，但仍有大量风险高、潜在损害大的企业游离在保障之外；另一方面，有些中小企业安全风险很大，从业人员基本是农民工，季节性强，流动性大，企业难以与从业人员签订劳动合同，工伤保险覆盖率不足，一旦发生生产安全事故，往往是厂毁人亡，造成群死群伤，伤亡人员难以得到救治和应有补偿。针对此种情况，2016年12月，《中共中央国务院关于推进安全生产领域改革发展的意见》明确提出“取消安全生产风险抵押金制度，建立健全安全生产责任保险制度，在矿山、危险化学品、烟花爆竹、交通运输、建筑施工、民用爆炸物品、金属冶炼、渔业生产等高危行业领域强制实施，切实发挥保险机构参与风险评估管控和事故预防功能”。2017年1月，《国务院办公厅关于印发安全生产“十三五”规划的通知》再次重申“建立企业安全生产责任保险制度”。

在此背景下，原国家安全生产监督管理总局、原中国保险监督管理委员会、财政部于2017年12月联合发布《安全生产责任保险实施办法》，该办法第6条规定，煤矿、非煤矿山、危险化学品、烟花爆竹、交通运输、建筑施工、民用爆炸物品、金属冶炼、渔业生产等高危行业领域的生产经营单位应当投保安全生产责任保险。鼓励其他行业领域生产经营单位投保安全生产责任保险。各地区可针对本地区安全生产特点，明确应当投保的生产经营单位。2019年9月应急部发布《安全生产责任保险事故预防技术服务规范》（AQ9010—2019），以行业强制性标准形式，确保中央有关决策部署及时落地见效。为了对安全生产责任保险制度的最新实践经验予以总结和吸收，进一步推动安全生产责任保险制度的发展，新修正的《安全生产法》第51条第2款规定："国家鼓励生产经营单位投保安全生产责任保险；属于国家规定的高危行业、领域的生产经营单位，应当投保安全生产责任保险。具体范围和实施办法由国务院应急管理部门会同国务院财政部门、国务院保险监督管理机构和相关行业主管部门制定。"

据此规定，安全生产责任保险已经从过去的"鼓励投保"变为"强制投保＋鼓励投保"。具体而言，对于矿山、危险化学品、烟花爆竹、建筑施工、民用爆炸物品、金属冶炼、渔业生产等高危行业领域的生产经营单位，应当投保安全生产责任保险，这成为一种强行性规定，是这些生产经营单位的法定责任；对于除前述生产经营单位以外的其他生产经营单位，国家鼓励其投保安全生产责任保险。此外，《安全生产法》第51条还增加了"授权性规定"，即安全生产责任保险的"具体范围和实施办法由国务院应急管理部门会同国务院财政部门、国务院保险监督管理机构和相关行业主管部门制定"。

目前，实施安全生产责任保险的具体办法是《安全生产责任保险实施办法》。根据《安全生产责任保险实施办法》的规定，安全生产责任保险工作坚持风险防控、费率合理、理赔及时的原则，按照政策引导、政府推动、市场运作的方式推行。安全生产责任保险的保费由生产经营单位缴纳，不得以任何方式摊派给从业人员个人。安全生产监督管理部门和有关部门应当将安全生产责任保险投保情况作为生产经营单位安全生产标准化、安全生产诚信等级等评定的必要条件，作为安全生产与职业健康风险分类监管，以及取得安全生产许可证的重要参考。

如前所述，对于一些高危行业领域的生产经营单位而言，投保安全生产责任保险已经成为一种法定义务，若违反规定，将承担法律责任。《安全生产责任保险实施办法》第 26 条规定，对生产经营单位应当投保但未按规定投保或续保、将保费以各种形式摊派给从业人员个人、未及时将赔偿保险金支付给受害人的，保险机构预防费用投入不足、未履行事故预防责任、委托不合法的社会化服务机构开展事故预防工作的，安全生产监督管理部门、保险监督管理机构及有关部门应当提出整改要求；对拒不整改的，应当将其纳入安全生产领域联合惩戒“黑名单”管理，对违反相关法律法规规定的，依法追究其法律责任。新修正的《安全生产法》第 109 条规定，高危行业、领域的生产经营单位未按照国家规定投保安全生产责任保险的，责令限期改正，处 5 万元以上 10 万元以下的罚款；逾期未改正的，处 10 万元以上 20 万元以下的罚款。

【延伸思考】

1. 《安全生产法》第 48 条规定：“两个以上生产经营单位在同一作业区域内进行生产经营活动，可能危及对方生产安全的，应当签订安全生产管理协议，明确各自的安全生产管理职责和应当采取的安全措施，并指定专职安全生产管理人员进行安全检查与协调。”这里的“专职安全生产管理人员”与《安全生产法》第 24 条中的“专职安全生产管理人员”、第 25 条中的“安全生产管理人员”是何种关系？

2. 《安全生产法》第 51 条规定：“生产经营单位必须依法参加工伤保险，为从业人员缴纳保险费。国家鼓励生产经营单位投保安全生产责任保险；属于国家规定的高危行业、领域的生产经营单位，应当投保安全生产责任保险。具体范围和实施办法由国务院应急管理部门会同国务院财政部门、国务院保险监督管理机构和相关行业主管部门制定。”如何理解“工伤保险”与“安全生产责任保险”之间的关系？对于一些高危行业领域的生产经营单位投保安全生产责任保险后，是否意味着可以减轻在“工伤保险”方面的责任？

第二节　主要负责人和安全生产管理机构（人员）

【本节导读】

本节主要对生产经营单位主要负责人和安全管理机构（人员）在安全生产保障中的责任予以解析，主要内容包括以下几个方面：第一，主要负责人的职责，主要结合《安全生产法》及有关法律法规、规章、政策文件以及司法案例对生产经营单位主要负责人的职责进行解析。第二，安全生产管理机构（人员）的职责，主要结合《安全生产法》及有关法律法规、规章、政策文件及司法案例对生产经营单位安全生产管理机构（人员）的职责进行解析。第三，主要负责人和安全生产管理机构（人员）的任职要求，主要对主要负责人和安全生产管理机构（人员）的能力要求、任免要求、考核要求等内容进行解析。第四，注册安全工程师制度，主要对注册安全工程师制度的历史沿革以及高危生产经营单位和非高危生产经营单位中注册安全工程师的配置要求等内容进行解析。

【主干法条】

第二十一条　生产经营单位的主要负责人对本单位安全生产工作负有下列职责：

（一）建立健全并落实本单位全员安全生产责任制，加强安全生产标准化建设；

（二）组织制定并实施本单位安全生产规章制度和操作规程；

（三）组织制定并实施本单位安全生产教育和培训计划；

（四）保证本单位安全生产投入的有效实施；

（五）组织建立并落实安全风险分级管控和隐患排查治理双重预防工作机

制，督促、检查本单位的安全生产工作，及时消除生产安全事故隐患；

（六）组织制定并实施本单位的生产安全事故应急救援预案；

（七）及时、如实报告生产安全事故。

第二十四条　矿山、金属冶炼、建筑施工、运输单位和危险物品的生产、经营、储存、装卸单位，应当设置安全生产管理机构或者配备专职安全生产管理人员。

前款规定以外的其他生产经营单位，从业人员超过一百人的，应当设置安全生产管理机构或者配备专职安全生产管理人员；从业人员在一百人以下的，应当配备专职或者兼职的安全生产管理人员。

第二十五条　生产经营单位的安全生产管理机构以及安全生产管理人员履行下列职责：

（一）组织或者参与拟订本单位安全生产规章制度、操作规程和生产安全事故应急救援预案；

（二）组织或者参与本单位安全生产教育和培训，如实记录安全生产教育和培训情况；

（三）组织开展危险源辨识和评估，督促落实本单位重大危险源的安全管理措施；

（四）组织或者参与本单位应急救援演练；

（五）检查本单位的安全生产状况，及时排查生产安全事故隐患，提出改进安全生产管理的建议；

（六）制止和纠正违章指挥、强令冒险作业、违反操作规程的行为；

（七）督促落实本单位安全生产整改措施。

生产经营单位可以设置专职安全生产分管负责人，协助本单位主要负责人履行安全生产管理职责。

第二十六条　生产经营单位的安全生产管理机构以及安全生产管理人员应当恪尽职守，依法履行职责。

生产经营单位作出涉及安全生产的经营决策，应当听取安全生产管理机构以及安全生产管理人员的意见。

生产经营单位不得因安全生产管理人员依法履行职责而降低其工资、福利等待遇或者解除与其订立的劳动合同。

危险物品的生产、储存单位以及矿山、金属冶炼单位的安全生产管理人员的任免，应当告知主管的负有安全生产监督管理职责的部门。

第二十七条 生产经营单位的主要负责人和安全生产管理人员必须具备与本单位所从事的生产经营活动相应的安全生产知识和管理能力。

危险物品的生产、经营、储存、装卸单位以及矿山、金属冶炼、建筑施工、运输单位的主要负责人和安全生产管理人员，应当由主管的负有安全生产监督管理职责的部门对其安全生产知识和管理能力考核合格。考核不得收费。

危险物品的生产、储存、装卸单位以及矿山、金属冶炼单位应当有注册安全工程师从事安全生产管理工作。鼓励其他生产经营单位聘用注册安全工程师从事安全生产管理工作。注册安全工程师按专业分类管理，具体办法由国务院人力资源和社会保障部门、国务院应急管理部门会同国务院有关部门制定。

第四十六条 生产经营单位的安全生产管理人员应当根据本单位的生产经营特点，对安全生产状况进行经常性检查；对检查中发现的安全问题，应当立即处理；不能处理的，应当及时报告本单位有关负责人，有关负责人应当及时处理。检查及处理情况应当如实记录在案。

生产经营单位的安全生产管理人员在检查中发现重大事故隐患，依照前款规定向本单位有关负责人报告，有关负责人不及时处理的，安全生产管理人员可以向主管的负有安全生产监督管理职责的部门报告，接到报告的部门应当依法及时处理。

第五十条 生产经营单位发生生产安全事故时，单位的主要负责人应当立即组织抢救，并不得在事故调查处理期间擅离职守。

【案例导入】

张某诉Y区应急管理局行政处罚案①

张某系J运输有限公司总经理，L科技有限公司（供方）与H建材有限

① 案例来源：山东省济宁市中级人民法院（2019）鲁08行终291号行政判决书。

公司（需方）于 2017 年 12 月 1 日签订《外加剂买卖合同》，合同有效期至 2018 年 12 月 31 日。2018 年 7 月 21 日 13：25 时许，J 运输有限公司驾驶员李某在 H 建材有限公司进行外加剂卸货过程中发生触电事故，造成李某死亡。2018 年 9 月 14 日 Y 区安监局向 Y 区人民政府出具《“7·21”触电事故调查报告》，2018 年 9 月 19 日 Y 区人民政府作出批复。2018 年 9 月 21 日，Y 区应急管理局予以立案，依张某申请进行了听证，经过集体讨论和案件处理呈批，Y 区应急管理局于 2018 年 10 月 31 日作出行政处罚决定，认为张某未严格履行法律、法规规定的安全生产管理职责，对事故发生负有责任，决定对张某处 4500 元罚款的行政处罚。张某不服，向法院提起行政诉讼。

一审法院认为：《安全生产法》第 21 条（现第 24 条）第 1 款规定：“矿山、金属冶炼、建筑施工、道路运输单位和危险物品的生产、经营、储存单位，应当设置安全生产管理机构或者配备专职安全生产管理人员。”第 22 条（现第 25 条）第 1 款规定：“生产经营单位的安全生产管理机构以及安全生产管理人员履行下列职责：（一）组织或者参与拟订本单位安全生产规章制度、操作规程和生产安全事故应急救援预案；（二）组织或者参与本单位安全生产教育和培训，如实记录安全生产教育和培训情况；（三）督促落实本单位重大危险源的安全管理措施；（四）组织或者参与本单位应急救援演练；（五）检查本单位的安全生产状况，及时排查生产安全事故隐患，提出改进安全生产管理的建议；（六）制止和纠正违章指挥、强令冒险作业、违反操作规程的行为；（七）督促落实本单位安全生产整改措施。”本案中，由于 J 运输有限公司的绿化喷洒车自行加装的潜水泵电源线与车载金属罐体接触部位处绝缘破损，铜丝裸露约 2 厘米，是绿化喷洒车罐体、PVC 透明钢丝管带电的直接原因，也是事故发生的直接原因。张某作为 J 运输有限公司的主要负责人，对本单位的安全生产工作全面负责，应及时检查本单位的安全生产状况，及时排查安全生产事故隐患。本案中张某对车辆违规改装不掌握，对车辆改变运载介质不掌握，对车辆存在的安全隐患不掌握，对事故的发生负有一定的责任。

二审法院认为：《安全生产法》第 18 条（现第 21 条）规定，生产经营单位的主要负责人对本单位安全生产工作负有下列职责：（1）建立、健全本单位安全生产责任制；（2）组织制定本单位安全生产规章制度和操作规程；

（3）组织制定并实施本单位安全生产教育和培训计划；（4）保证本单位安全生产投入的有效实施；（5）督促、检查本单位的安全生产工作，及时消除生产安全事故隐患；（6）组织制定并实施本单位的生产安全事故应急救援预案；（7）及时、如实报告生产安全事故。第92条（现第95条）规定，生产经营单位的主要负责人未履行本法规定的安全生产管理职责，导致发生生产安全事故的，由安全生产监督管理部门依照下列规定处以罚款：发生一般事故的，处上一年年收入30%的罚款；……本案中，张某作为J运输有限公司的主要负责人，未能及时督促、检查本单位的安全生产工作，及时消除生产安全事故隐患，导致J运输有限公司驾驶员李某发生触电事故，造成死亡，根据上述规定，张某对本案事故的发生具有一定的责任，故Y区应急管理局决定对张某处4500元罚款的行政处罚，并无不当。

上述案件涉及的一个核心问题是：在安全生产保障中，生产经营单位的主要负责人应当承担何种职责？尽管该案的一审结果和二审结果是一致的，但细看该案的一审判决和二审判决的理由，我们可以发现一审法院是以《安全生产法》第21条（现第24条）、第22条（现第25条）作为法律依据，而二审法院则是以《安全生产法》第18条（现第21条）作为法律依据，这里引发的一个问题便是：应当如何区分主要负责人和安全生产管理人员之间的职责？若生产经营单位中主要负责人与安全生产管理人员同属一人时，又应当如何适用法律？上述问题的解答，有待于我们对安全生产保障中主要负责人、安全生产管理机构（人员）的具体职责进行详细解析。

【制度解析】

一、主要负责人的职责

“管生产经营必须管安全”，“谁主管谁负责”，这是我国安全生产工作长期坚持的基本原则。生产经营单位的主要负责人作为本单位的主要领导者，对本单位的生产经营活动全面负责，必须同时对本单位的安全生产工作负责。

（一）主要负责人的界定

关于生产经营单位主要负责人的理解有很多种。有的认为是公司的法定代表人；有的认为董事长比较合适，因为董事长往往是生产经营单位的主要投资人；还有的认为总经理更合适，因为其实际负责公司的运行。事实上，上述情况都有可能存在，这主要取决于生产经营单位的经营模式、性质等特征，其表现形式有很多。既包括法人单位的法定代表人，如有限责任公司或股份有限公司的董事长，也包括其全面负责日常生产经营活动的总经理，以及非法人单位依照法律、行政法规和国家有关规定代表单位行使职权的正职领导，如厂长、经理等。

结合安全生产实践，我们在认定“主要负责人”时需要根据具体情况来界定，可以把握以下三个要点：（1）主要负责人必须是生产经营单位开展生产经营活动的主要决策人。主要负责人应当享有本单位生产经营活动包括安全生产事项的最终决定权，全面领导生产经营活动。（2）主要负责人必须是实际领导、指挥生产经营日常活动的决策人。在一般情况下，生产经营单位的主要负责人是其法定代表人，但是某些公司制企业，特别是一些大的集团公司的法定代表人，往往与其子公司的法定代表人为同一人，但他们不负责日常的生产经营活动和安全生产工作，此时真正全面组织、领导生产经营活动和安全生产工作的决策人可能是总经理或其他人。（3）主要负责人必须是能够承担生产经营单位安全生产全面领导责任的决策人。例如，当董事长或总经理长期缺位时，将由其授权或者委托的副职或者其他人主持生产经营单位的全面工作，此时若将生产安全事故的法律责任一律由董事长或总经理来承担，既不尽合情理又难以执行，因此需要根据具体情况予以界定。[①]

（二）主要负责人的工作职责

为了督促生产经营单位主要负责人积极履行其法定职责，《安全生产法》主要从以下三个方面对生产经营单位主要负责人的职责予以规定：

第一，主要负责人全面承担安全生产工作的职责。《安全生产法》第5条规定：“生产经营单位的主要负责人是本单位安全生产第一责任人，对本单位的安全生产工作全面负责。其他负责人对职责范围内的安全生产工作负责。”据此规定，主要负责人处于生产经营单位安全生产工作的中心和领导地位，

---

① 邬燕云编著：《企业安全生产法律法规执行解答》，煤炭工业出版社2017年版，第5—6页。

对本单位的安全生产工作负有第一位的、主要的、全面的领导责任，是安全生产第一责任者。同时，按照“管业务必须管安全”的原则，“其他负责人对职责范围内的安全生产工作负责”。

第二，主要负责人在发生生产安全事故后负有积极抢救的职责。《安全生产法》第50条规定：“生产经营单位发生生产安全事故时，单位的主要负责人应当立即组织抢救，并不得在事故调查处理期间擅离职守。”据此规定，生产经营单位的主要负责人作为本单位的主要领导以及安全生产的第一责任人，在事故发生后，应当坚守岗位，组织事故抢救，并积极配合有关部门进行事故调查处理。一方面，生产经营单位的主要负责人对单位的场地、布局、设备、人员通信以及其他生产经营状况比较熟悉，由其在现场参加、组织救援，可以比较顺利地进行事故抢救、事故原因的调查和对事故的处理。另一方面，生产经营单位的主要负责人是本单位安全生产方面的第一责任人，应当对单位发生的生产安全事故负责，特别是如果单位发生的生产安全事故属于重大责任事故，且有关人员的行为构成刑法规定的重大责任事故罪、重大劳动安全事故罪以及其他犯罪，还可能要追究主要负责人的刑事责任。

第三，主要负责人的日常责任。根据《安全生产法》第21条的规定，生产经营单位的主要负责人对本单位安全生产工作负有下列职责：（1）建立健全并落实本单位全员安全生产责任制，加强安全生产标准化建设。（2）组织制定并实施本单位安全生产规章制度和操作规程。（3）组织制定并实施本单位安全生产教育和培训计划。（4）保证本单位安全生产投入的有效实施。（5）组织建立并落实安全风险分级管控和隐患排查治理双重预防工作机制，督促、检查本单位的安全生产工作，及时消除生产安全事故隐患。（6）组织制定并实施本单位的生产安全事故应急救援预案。（7）及时、如实报告生产安全事故。上述7项职责是生产经营单位主要负责人在日常工作中应当积极履行的。新修正的《安全生产法》将“建立、健全本单位安全生产责任制”修改为“建立健全并落实本单位全员安全生产责任制”、将“组织制定本单位安全生产规章制度和操作规程”修改为“组织制定并实施本单位安全生产规章制度和操作规程”，主要原因在于实践中一些生产经营单位虽然在形式上建立了安全生产责任制、制定了安全生产规章制度和操作规程，但是并未将这些制度体现在实际的生产经营活动中，导致引发生产安全事故。有鉴于此，新修正的《安全生产法》不仅要求主要负责人要建立健全本单位全员安全生产责任制，而且要积极落实全员安全生产责任制；不仅要组织制定本单位安全生产规章制度和操作规程，而且要将本单位安全生产规章制度和操作规程予以落实。

（三）主要负责人的法律责任

《安全生产法》对主要负责人的法律责任进行了规定，主要体现在以下几个方面：

第一，生产经营单位不依法投入安全生产费用的法律责任。根据《安全生产法》第93条的规定，生产经营单位的决策机构、主要负责人或者个人经营的投资人不依照本法规定保证安全生产所必需的资金投入，致使生产经营单位不具备安全生产条件的，责令限期改正，提供必需的资金；逾期未改正的，责令生产经营单位停产停业整顿。导致发生生产安全事故的，对生产经营单位的主要负责人给予撤职处分，对个人经营的投资人处2万元以上20万元以下的罚款；构成犯罪的，依照刑法有关规定追究刑事责任。

第二，生产经营单位主要负责人不履行安全生产管理责任的法律责任。根据《安全生产法》第94条规定，生产经营单位的主要负责人未履行《安全生产法》规定的安全生产管理职责的，责令限期改正，处2万元以上5万元以下的罚款；逾期未改正的，处5万元以上10万元以下的罚款，责令生产经营单位停产停业整顿。生产经营单位的主要负责人未履行安全生产管理职责，导致发生生产安全事故的，给予撤职处分；构成犯罪的，依照刑法有关规定追究刑事责任。生产经营单位的主要负责人依照规定受刑事处罚或者撤职处分的，自刑罚执行完毕或者受处分之日起，5年内不得担任任何生产经营单位的主要负责人；对重大、特别重大生产安全事故负有责任的，终身不得担任本行业生产经营单位的主要负责人。

第三，对生产经营单位主要负责人不履行法定职责，导致发生生产安全事故的罚款。根据《安全生产法》第95条的规定，生产经营单位的主要负责人未履行本法规定的安全生产管理职责，导致发生生产安全事故的，由应急管理部门依照下列规定处以罚款：（1）发生一般事故的，处上一年年收入40%的罚款；（2）发生较大事故的，处上一年年收入60%的罚款；（3）发生重大事故的，处上一年年收入 80% 的罚款；（4）发生特别重大事故的，处上一年年收入 100% 的罚款。

第四，对生产经营单位的主要负责人不立即组织抢救、擅离职守或者逃匿的处罚。根据《安全生产法》第 110 条的规定，生产经营单位的主要负责人在本单位发生生产安全事故时，不立即组织抢救或者在事故调查处理期间擅离职守或者逃匿的，给予降级、撤职的处分，并由应急管理部门处上一年年收入 60% 至 100% 的罚款；对逃匿的处 15 日以下拘留；构成犯罪的，依照刑法有关规定追究刑事责任。

第五，对生产经营单位的主要负责人不报、谎报或者迟报生产安全事故的处罚。根据《安全生产法》第 110 条的规定，生产经营单位的主要负责人对生产安全事故隐瞒不报、谎报或者迟报的，给予降级、撤职的处分，并由应急管理部门处上一年年收入 60% 至 100% 的罚款；对逃匿的处 15 日以下拘留；构成犯罪的，依照刑法有关规定追究刑事责任。

二、安全生产管理机构（人员）的职责

生产经营活动的安全进行，除了必要的物质保障和制度保障外，还要从组织上、人员上加以保障。因此，对于从事一些危险性较大的行业的生产经营单位或者从业人员较多的生产经营单位，应当有专门机构和人员从事安全生产管理工作。所谓的“安全生产管理机构”主要是指生产经营单位内部设立的专门负责安全生产管理工作的独立部门；所谓的“专职安全生产管理人员”是指在生产经营单位中专门负责安全生产管理，不再兼做其他工作的人员。《安全生产法》对安全生产管理机构（人员）的配置要求、工作职责、法律责任均进行了规定。

（一）安全生产管理机构（人员）的配置要求

对于不同行业（领域）而言，安全生产管理机构和人员的配置存在差异，根据《安全生产法》的规定，大致可以分为以下两种主要类型：

第一，高危生产经营单位的安全管理机构和人员的配置要求。所谓的高危生产经营单位主要是指安全风险大、重大危险源多和事故发生率高的生产经营单位。为了加强高危生产经营单位的安全管理工作，《安全生产法》第

24 条第 1 款规定："矿山、金属冶炼、建筑施工、运输单位和危险物品的生产、经营、储存、装卸单位，应当设置安全生产管理机构或者配备专职安全生产管理人员。"据此规定，一方面，矿山、金属冶炼、建筑施工、运输单位和危险物品的生产、经营、储存、装卸单位原则上必须设置专门的安全生产管理机构并且配备专职安全管理人员；另一方面，对于生产经营单位规模很小、人员较少，不需要或者无法设置专门安全生产管理机构的高危生产经营单位，国家允许不设专门的安全生产管理机构，但必须配备专职的安全生产管理人员。

第二，非高危生产经营单位的安全管理机构和人员的配置要求。非高危生产经营单位主要是对除矿山、金属冶炼、建筑施工、运输单位和危险物品的生产、经营、储存、装卸单位以外的其他各类生产经营单位的统称。对于非高危生产经营单位的安全生产管理机构和人员的配置要求，《安全生产法》第 24 条第 2 款规定："前款规定以外的其他生产经营单位，从业人员超过一百人的，应当设置安全生产管理机构或者配备专职安全生产管理人员；从业人员在一百人以下的，应当配备专职或者兼职的安全生产管理人员。"据此规定，《安全生产法》实际上根据从业人员的数量，按照两种情况分别进行了规定：一方面是强制性规定，即从业人员在 100 人以上的，应当设置安全生产管理机构或者配备专职安全生产管理人员。不过，生产经营单位是设置安全生产管理机构还是配备专职安全生产管理人员，可以根据生产经营单位的具体情况进行选择。从业人员数量巨大，并且安全风险较高的，就应当设置安全生产管理机构；相反，从业人员数量不是很多，且安全风险极小的，配备专职安全生产管理人员即可。另一方面是选择性规定，即从业人员在 100 人以下的，可以不设置专门的安全生产管理机构，但是应当配备专职或者兼职安全生产管理人员。

（二）安全生产管理机构（人员）的工作职责

为了发挥安全生产管理机构和人员在安全生产过程中的作用，降低安全生产风险，预防生产安全事故的发生，《安全生产法》对安全生产管理机构和人员的工作职责进行了系统规定，主要体现在以下三个方面：

第一，安全生产管理机构和人员的基本职责。根据《安全生产法》第 25

条第 1 款的规定，生产经营单位的安全生产管理机构以及安全生产管理人员履行下列职责：（1）组织或者参与拟订本单位安全生产规章制度、操作规程和生产安全事故应急救援预案；（2）组织或者参与本单位安全生产教育和培训，如实记录安全生产教育和培训情况；（3）组织开展危险源辨识和评估，督促落实本单位重大危险源的安全管理措施；（4）组织或者参与本单位应急救援演练；（5）检查本单位的安全生产状况，及时排查生产安全事故隐患，提出改进安全生产管理的建议；（6）制止和纠正违章指挥、强令冒险作业、违反操作规程的行为；（7）督促落实本单位安全生产整改措施。

第二，安全生产管理机构和人员的特定职责。除了《安全生产法》第 25 条确定的基本职责外，《安全生产法》还对安全生产管理机构和人员应当履行的一些特定义务进行规定。根据《安全生产法》第 46 条规定，生产经营单位的安全生产管理人员应当根据本单位的生产经营特点，对安全生产状况进行经常性检查；对检查中发现的安全问题，应当立即处理；不能处理的，应当及时报告本单位有关负责人，有关负责人应当及时处理。检查及处理情况应当如实记录在案。生产经营单位的安全生产管理人员在检查中发现重大事故隐患，依照前款规定向本单位有关负责人报告，有关负责人不及时处理的，安全生产管理人员可以向主管的负有安全生产监督管理职责的部门报告，接到报告的部门应当依法及时处理。

第三，安全生产管理机构和人员应当积极参与生产经营单位的经营决策，并提出建议。《安全生产法》第 26 条第 2 款规定："生产经营单位作出涉及安全生产的经营决策，应当听取安全生产管理机构以及安全生产管理人员的意见。"据此规定，安全生产的经营决策，是指决定本单位安全的生产经营目标和达到安全的生产经营目标的战略和策略，即如何实现生产经营单位科学发展、安全发展的战略和策略。生产经营单位作出涉及生产经营活动的安全生产决策时，应当听取安全生产管理机构以及安全生产管理人员的意见。这是生产经营单位的一项义务，是加强安全生产工作从源头治理的治本之策，必须认真执行。同时，这也是法律赋予安全生产管理机构以及安全生产管理人员的一项权利和职责，安全生产管理机构以及安全生产管理人员应当严格按照有关安全生产法律、法规、国家标准或者行业标准等规定，积极提出相应的意见和建议。

（三）安全生产管理机构（人员）的履职保障

为了激励安全生产管理机构与人员积极履行职责，《安全生产法》也规定了一些保障措施。《安全生产法》第26条第3款规定：“生产经营单位不得因安全生产管理人员依法履行职责而降低其工资、福利等待遇或者解除与其订立的劳动合同。”据此规定，如果安全生产管理人员在检查中发现生产经营单位存在重大事故隐患，向本单位有关负责人报告，有关负责人不及时处理，安全生产管理人员向主管的安全生产监督管理部门报告，生产经营单位有关负责人便通过降低工资、福利待遇等方式对其进行打击报复，或者因此解除与该安全生产管理人员订立的劳动合同，就是对安全生产管理人员行使正当权利的侵犯。

（四）安全生产管理机构（人员）的法律责任

《安全生产法》第26条第1款规定，生产经营单位的安全生产管理机构以及安全生产管理人员应当恪尽职守，依法履行职责。所谓的“恪尽职守”，是指安全生产管理人员应当充分认识自己肩负的重大职责，对工作尽职尽责，积极、主动、认真、谨慎地依法履行各项安全生产管理职责，完成各项工作任务。既不能不履行职责，对生产经营单位存在的安全生产问题不闻不问，也不能视职责为儿戏，马马虎虎，敷衍了事，使安全管理和现场检查流于形式。一旦安全生产管理机构以及安全生产管理人员违反规定，没有做到“恪尽职守，依法履行职责”，那么就应当承担相应的法律责任。根据《安全生产法》第96条的规定，生产经营单位的其他负责人和安全生产管理人员未履行本法规定的安全生产管理职责的，责令限期改正，处1万元以上3万元以下的罚款；导致发生生产安全事故的，暂停或者吊销其与安全生产有关的资格，并处上一年年收入20%以上50%以下的罚款；构成犯罪的，依照刑法有关规定追究刑事责任。

三、主要负责人与安全生产管理人员的任职要求

生产经营单位的主要负责人和安全生产管理人员是整个安全生产保障的关键部分，他们的素质和能力与生产经营单位的安全生产工作关系密切，如果他们对党和国家的安全生产方针政策，法律法规规章，以及与本单位生产

经营活动有关的安全标准和必需的安全知识等一无所知，将直接影响安全生产工作，引发生产安全事故。

（一）主要负责人与安全生产管理人员的能力要求

近年来发生的生产安全事故表明，生产经营单位的主要负责人缺乏基本的安全生产知识，安全生产管理和组织能力不强，指挥不当，调度不及时，措施不得力，是导致事故发生的重要原因之一。对此，《安全生产法》第27条第1款规定："生产经营单位的主要负责人和安全生产管理人员必须具备与本单位所从事的生产经营活动相应的安全生产知识和管理能力。"这里的"安全生产知识和管理能力"大致可以包括以下内容：（1）熟悉和了解并能认真贯彻国家有关安全生产的法律、法规、规章和方针政策，以及与本单位有关的安全标准；（2）基本掌握安全分析、安全决策及事故预测和防护知识，具有审查安全建设规划、计划、大中修施工方案的安全决策知识；（3）具有一定文化程度，受过一定的安全技术培训，具有一定的从事本行业工作的经验，基本熟悉和掌握对本单位所从事的生产经营活动必需的安全知识；（4）具有一定的组织管理能力，能较好地组织和领导本单位的安全生产工作。

（二）高危生产经营单位安全生产管理人员的任免要求

由于危险物品的生产、经营、存储单位以及矿山、建筑施工、金属冶炼、运输单位专业性强、危险性大，属于事故多发的领域，因此，对这类生产经营单位的安全生产管理人员的任免，应当有更加严格的要求。对此，《安全生产法》第26条第4款规定："危险物品的生产、储存单位以及矿山、金属冶炼单位的安全生产管理人员的任免，应当告知主管的负有安全生产监督管理职责的部门。"这里的"告知"是一种告知性备案，仅是向主管的负有安全生产监督管理职责的部门告知，不是审批。这样规定，有利于加强生产经营单位和有关主管部门就安全生产工作方面的沟通。

（三）高危生产经营单位主要负责人与安全生产管理人员的考核

由于危险物品的生产、经营、存储单位以及矿山、建筑施工、金属冶炼、运输单位专业性强、危险性大，属于事故多发的领域，因此，这些高危生产经营单位的主要负责人和安全生产管理人员除了应当具备相应的安全生产知识和管理能力外，还应当接受主管部门的考核，以此来确保他们能够足以胜任安全生产管理工作。《安全生产法》第 27 条第 2 款规定，危险物品的生产、经营、储存、装卸单位以及矿山、金属冶炼、建筑施工、运输单位的主要负责人和安全生产管理人员，应当由主管的负有安全生产监督管理职责的部门对其安全生产知识和管理能力考核合格。考核不得收费。

在安全生产实践中，很多高危行业（领域）的主管部门均制定了有关生产经营单位主要负责人和安全生产管理人员安全考核的管理办法。例如，住房和城乡建设部于 2014 年 6 月发布了《建筑施工企业主要负责人、项目负责人和专职安全生产管理人员安全生产管理规定》，交通运输部于 2019 年 7 月发布了《道路运输企业主要负责人和安全生产管理人员安全考核管理办法》，等等。这些安全考核办法或规定主要以不同行业（领域）为背景，围绕主要负责人和安全生产管理人员应当具备的“安全生产知识和管理能力”展开。例如，根据《道路运输企业主要负责人和安全生产管理人员安全考核管理办法》第 8 条的规定，道路运输企业主要负责人和安全生产管理人员安全考核内容包括：道路运输安全生产相关法律法规、规章制度和标准规范，道路运输企业安全生产管理知识，应急处置与救援，道路运输安全生产实务等。《建筑施工企业主要负责人、项目负责人和专职安全生产管理人员安全生产管理规定》第 7 条规定，安全生产考核包括安全生产知识考核和管理能力考核。安全生产知识考核内容包括：建筑施工安全的法律法规、规章制度、标准规范，建筑施工安全管理基本理论等。安全生产管理能力考核内容包括：建立和落实安全生产管理制度、辨识和监控危险性较大的分部分项工程、发现和消除安全事故隐患、报告和处置生产安全事故等方面的能力。

高危行业生产经营单位主要负责人与安全生产管理人员违反安全考核规定，应当承担法律责任。根据《安全生产法》第 97 条的规定，危险物品的生产、经营、储存、装卸单位以及矿山、金属冶炼、建筑施工、运输单位的主要负责人和安全生产管理人员未按照规定经考核合格的，责令限期改正，可以处 10 万元以下的罚款；逾期未改正的，责令停产停业整顿，并处 10 万元以上 20 万元以下的罚款，对其直接负责的主管人员和其他直接责任人员处 2 万元以上 5 万元以下的罚款。

四、注册安全工程师制度

长期以来，我国中小企业安全生产“无人管、不会管”问题非常突出。全国中小企业就业人数占规模以上工业企业总人数的80%左右，工矿商贸中小企业事故起数和死亡人数占全国生产安全事故的总起数和总死亡人数的50%左右，[①] 特别是中小矿山、化工等生产经营单位从业人员安全素质不高，无专业化的安全生产管理、技术人员，是导致事故发生的重要原因。在此背景下，如何建构一套制度推动我国安全生产管理向专业化、职业化方向发展，成为我国安全生产制度改革的一项重要内容。

早在2004年1月，《国务院关于进一步加强安全生产工作的决定》便明确提出“完善注册安全工程师考试、任职、考核制度”。同年5月，原国家安全生产监督管理局、国家煤矿安全监察局发布《注册安全工程师注册管理办法》，[②] 对注册安全工程师的注册管理和执业行为进行专门规定。此后，在诸多有关安全生产的重要文件中均对“注册安全工程师制度”予以规定。2011年10月，《国务院办公厅关于印发安全生产“十二五”规划的通知》明确提出“实施卓越安全工程师教育培养计划。完善注册安全工程师职业资格制度，建立完善注册安全工程师使用管理配套政策”。2011年11月，《国务院关于坚持科学发展安全发展促进安全生产形势持续稳定好转的意见》明确要求“注重发挥注册安全工程师对企业安全状况诊断、评估、整改方面的作用”。

在此背景下，为了充分发挥注册安全工程师在安全生产工作中的作用，《安全生产法》于2014年修正时增加了有关注册安全工程师制度的内容。《安全生产法》第27条第3款规定：“危险物品的生产、储存、装卸单位以及矿山、金属冶炼单位应当有注册安全工程师从事安全生产管理工作。鼓励其他生产经营单位聘用注册安全工程师从事安全生产管理工作。……”据此规定，一方面，高危生产经营单位必须配备注册安全工程师。危险物品的生产、储存、装卸单位以及矿山、金属冶炼单位应当有注册安全工程师从事安全生产管理工作。这

---

① 阚珂、杨元元主编：《〈中华人民共和国安全生产法〉释义》，中国民主法制出版社2014年版，第88页。

② 2007年3月1日，《注册安全工程师管理规定》开始实施，《注册安全工程师注册管理办法》同时废止。

是法律的强制性规定，至于生产经营单位到底需要配备多少名注册安全工程师，或者应当何种岗位上配备注册安全工程师，则由生产经营单位根据自身实际情况予以确定。另一方面，其他非高危生产经营单位可以配备注册安全工程师。对于除危险物品的生产、储存、装卸单位以及矿山、金属冶炼单位以外的其他生产经营单位，法律鼓励其配备注册安全工程师，未作强制性要求。

此外，由于注册安全工程师制度尚处于不断探索和完善中，有许多制度设计尚未成熟，因此，《安全生产法》进行了授权性规定，其第 27 条第 3 款规定：“……注册安全工程师按专业分类管理，具体办法由国务院人力资源和社会保障部门、国务院应急管理部门会同国务院有关部门制定。”在实践中，2017 年 11 月，原国家安全生产监督管理总局、人力资源和社会保障部联合发布了《注册安全工程师分类管理办法》，专门对注册安全工程师的分类管理予以规定。2019 年 1 月，应急管理部、人力资源和社会保障部联合发布了《注册安全工程师职业资格制度规定》和《注册安全工程师职业资格考试实施办法》，对注册安全工程师制度的完善作出了进一步规定，为推动我国注册安全工程师制度的制度化、法制化发展奠定了坚实基础。

高危生产经营单位违反注册安全工程师的配置要求的，应当承担法律责任。根据新修正的《安全生产法》第 97 条规定，生产经营单位未按照规定配备注册安全工程师的，责令限期改正，可以处 10 万元以下的罚款；逾期未改正的，责令停产停业整顿，并处 10 万元以上 20 万元以下的罚款，对其直接负责的主管人员和其他直接责任人员处 2 万元以上 5 万元以下的罚款。

【延伸思考】

1.《安全生产法》第 25 条第 2 款规定：“生产经营单位可以设置专职安全生产分管负责人，协助本单位主要负责人履行安全生产管理职责。”这里的“安全生产分管负责人”与主要负责人、其他负责人、安全生产管理人员、专职安全生产管理人员之间是何种关系？在具体职责上有何区别？

2.《安全生产法》中对“从业人员”的相关要求进行了详细规定，其与《劳动法》《劳动合同法》《消防法》等法律中规定的“劳动者”“职工”等概念之间是何种关系？

第三节　安全设施、设备、标志

【本节导读】

本节主要对与安全生产保障中的安全设施、设备、标志相关的制度予以解析，明确生产经营单位应当承担的义务和责任，主要包括以下几个方面：第一，建设项目安全设施的“三同时”制度；第二，高危建设项目的安全评价制度；第三，建设项目安全设施设计和审查制度；第四，高危建设项目安全设施施工和竣工验收制度；第五，安全警示标志的设置要求；第六，安全设备的法定要求。

【主干法条】

第三十一条　生产经营单位新建、改建、扩建工程项目（以下统称建设项目）的安全设施，必须与主体工程同时设计、同时施工、同时投入生产和使用。安全设施投资应当纳入建设项目概算。

第三十二条　矿山、金属冶炼建设项目和用于生产、储存、装卸危险物品的建设项目，应当按照国家有关规定进行安全评价。

第三十三条　建设项目安全设施的设计人、设计单位应当对安全设施设计负责。

矿山、金属冶炼建设项目和用于生产、储存、装卸危险物品的建设项目的安全设施设计应当按照国家有关规定报经有关部门审查，审查部门及其负责审查的人员对审查结果负责。

第三十四条　矿山、金属冶炼建设项目和用于生产、储存、装卸危险物品的建设项目的施工单位必须按照批准的安全设施设计施工，并对安全设施的工程质量负责。

矿山、金属冶炼建设项目和用于生产、储存、装卸危险物品的建设项目竣工投入生产或者使用前，应当由建设单位负责组织对安全设施进行验收；

验收合格后，方可投入生产和使用。负有安全生产监督管理职责的部门应当加强对建设单位验收活动和验收结果的监督核查。

第三十五条　生产经营单位应当在有较大危险因素的生产经营场所和有关设施、设备上，设置明显的安全警示标志。

第三十六条　安全设备的设计、制造、安装、使用、检测、维修、改造和报废，应当符合国家标准或者行业标准。

生产经营单位必须对安全设备进行经常性维护、保养，并定期检测，保证正常运转。维护、保养、检测应当作好记录，并由有关人员签字。

生产经营单位不得关闭、破坏直接关系生产安全的监控、报警、防护、救生设备、设施，或者篡改、隐瞒、销毁其相关数据、信息。

餐饮等行业的生产经营单位使用燃气的，应当安装可燃气体报警装置，并保障其正常使用。

第三十七条　生产经营单位使用的危险物品的容器、运输工具，以及涉及人身安全、危险性较大的海洋石油开采特种设备和矿山井下特种设备，必须按照国家有关规定，由专业生产单位生产，并经具有专业资质的检测、检验机构检测、检验合格，取得安全使用证或者安全标志，方可投入使用。检测、检验机构对检测、检验结果负责。

第三十八条　国家对严重危及生产安全的工艺、设备实行淘汰制度，具体目录由国务院应急管理部门会同国务院有关部门制定并公布。法律、行政法规对目录的制定另有规定的，适用其规定。

省、自治区、直辖市人民政府可以根据本地区实际情况制定并公布具体目录，对前款规定以外的危及生产安全的工艺、设备予以淘汰。

生产经营单位不得使用应当淘汰的危及生产安全的工艺、设备。

【案例导入】

Y公司诉B区安全生产监督管理局、C市安全生产监督管理局行政处罚及行政复议案①

Y公司与J公司于2017年5月10日签订《工矿产品购销合同》一份，约

① 案例来源：重庆市高级人民法院（2019）渝行申337号行政裁定书。

定Y公司向J公司承建的项目提供消防及防排烟工程所需的防火卷帘门产品，安装及费用由Y公司负责，安装完毕时，由J公司负责组织验收，消防认可合格为准，申请验收时间在2017年10月30日内，超过此时间视为验收合格。合同签订后Y公司及J公司均按约履行各自义务。因J公司需进行消防自检，要求Y公司派员协助，2017年8月18日Y公司派其员工程某到J公司项目现场进行防火卷帘门调试，约15时35分许，程某按下卷帘门下降至底端，在卷帘门左边站立于金属人字梯上，手持木质板对卷帘布进行平整调试工作时，Z公司员工苟某放线至该卷帘门右边，因光线较暗未看到程某在左边进行调试工作，误按了卷帘门的起升启动按钮，卷帘门突然上升，将木质板、程某的左手及手臂和头部卷入，身体悬于半空窒息死亡。

2017年8月21日，B区安监局成立了某工程“8·18”机械伤害事故调查组。2017年9月29日，调查组作出事故调查报告并于2017年10月11日上报B区人民政府。B区政府于2017年10月15日作出《关于Y公司“8·18”机械伤害事故结案的批复》，批复：一、同意调查组对事故原因、性质及事故责任的认定。二、同意调查组对事故有关责任单位、责任人的处理建议。三、同意调查组提出的整改和防范措施。2017年10月27日，B区安监局作出《Y公司“8·18”机械伤害事故调查处理结案情况公示》。2017年10月30日，B区安监局对《Y公司“8·18”机械伤害事故》进行立案调查，经过送达、听证等程序，2018年1月26日，B区安监局作出行政处罚，认为Y公司没有按照公司《安全生产管理制度》要求开展安全教育，对工人安全教育不到位；在调试车库防火卷帘门时未在防火卷帘门开关处设置警示标志，违反了《安全生产法》第25条第1款（现第28条第1款）和第32条（现第35条）的规定，依据《安全生产法》第109条第1项（现第114条第1款第1项）的规定，决定对Y公司罚款280000元。Y公司不服，向法院提起行政诉讼。

一审法院认为：Y公司作为产品供应商有对产品进行测试及售后服务的义务，Y公司派员去现场配合购货方完成产品消防自检，无论是履行合同义务还是售后服务，其行为均属生产经营活动行为，负有安全生产管理的义务，Y公司认为不属于其生产经营行为缺乏依据，法院不予支持。B区安监局认定Y公司的违法事实有：没有按照本公司《安全生产管理制度》开展安全教育，对工人安全教育不到位；在调试车库防火卷帘门的时候未在防火卷帘门开关处设置警示标志。事故调查报告载明了事故发生的直接原因系Y公司单位员工程某在调试时未断电操作，且未按规定佩戴安全帽，未设警示标志。间接原因系Y公司教育培训不到位，履职不到位，现场协调不到位。故B区安监局认定的Y公司的违法事实成立。以上违法行为违反了《安全生产法》第25条（现第28条）、第32条（现第35条）的规定。

二审法院认为：各方当事人对于B区安监局享有对安全生产违法行为予以行政处罚的法定职责以及作出被诉处罚决定的程序均无异议。各方的争议焦点在于：一、认定Y公司系涉案事故的生产经营者是否正确；二、涉案事故的发生与Y公司的行为之间有无直接因果关系。关于争议焦点一：涉案事故系Y公司安排的从业人员在防火卷帘门调试作业过程中发生的一起机械伤害事故，根据Y公司与J公司签订的《工矿产品购销合同》的约定，防火卷帘门调试工作属于Y公司应当履行的合同义务，防火卷帘门调试作业明显属于Y公司的生产经营活动，故Y公司对其生产经营活动理应承担相应的安全生产责任。Y公司提出涉案事故的生产经营组织者系J公司，Y公司非该活动的法定“生产经营单位”的理由不成立。关于争议焦点二：经B区政府审批的事故调查报告已经认定此次事故的直接原因系Y公司员工违章操作、Y公司未设置警示标志；间接原因系Y公司教育培训不到位、J公司项目经理履职不到位、监理单位现场协调不到位。足以证实涉案事故的发生与Y公司的行为之间具有直接因果关系。Y公司提出事故的发生与Y公司的行为没有直接因果关系的理由不成立。现有证据足以证明Y公司存在没有按照本公司《安全生产管理制度》开展安全教育，对工人安全教育不到位；在调试车库防火卷帘门的时候未在防火卷帘门开关处设置警示标志，其行为违反了《安全生产法》第25条（现第28条）、第32条（现第35条）的规定。

再审裁定认为：本案中，B区应急管理局（原B区安监局）在一、二审中举示的证据足以证明Y公司存在没有按照其公司《安全生产管理制度》开展安全教育，对工人安全教育不到位；在调试车库防火卷帘门的时候未在防火卷帘门开关处设置警示标志，导致Y公司安排调试的工人伤亡的事实，其行为违反了《安全生产法》第25条（现第28条）、第32条（现第35条）的规定。关于Y公司是否系涉案事故的生产经营者的问题，依据Y公司与J公司签订的《工矿产品购销合同》第 9 条第 1 款的约定："货到现场安装及调试工作由娅鑫公司负责"，而又依据原国家安全监管总局于 2013 年 11 月 20 日印发的《关于生产安全事故调查处理中有关问题的规定》第 2 条的规定，《生产安全事故报告和调查处理条例》（国务院令第 493 号）第 2 条所称生产经营活动，是指在工作时间和工作场所，为实现某种生产、建设或者经营目的而进行的活动，包括与工作有关的预备性或者收尾性活动。《工矿产品购销合同》中约定的"货到现场安装及调试工作"显然属于此处所指的"收尾性活动"的范畴，因此，对防火卷帘门的调试作业属于 Y 公司的生产经营活动，其对自身生产经营活动理应承担相应的安全生产责任。Y 公司提出其因非生产经营单位而无法定义务履行安全管理和承担安全责任的理由不能成立。

上述案例涉及安全警示标志设置问题，对此，《安全生产法》第 35 条规定："生产经营单位应当在有较大危险因素的生产经营场所和有关设施、设备上，设置明显的安全警示标志。"上述案例中引发的具体问题是：第一，在同一作业区域内存在多个生产经营单位时，设置安全警示标志的责任如何划分？第二，如何理解《安全生产法》第 35 条中规定的"生产经营场所"，它是否就等同于生产经营单位的"住所地"或者"项目所在地"？从这个案例可以看出，尽管《安全生产法》已经对安全设施、安全设备、安全警示标志作出了规定，但是在安全生产实践中，生产经营单位在落实法律的要求时仍然存在一些误区，导致未能依法履行自身应当承担的安全生产管理责任，引发生产安全事故。因此，有必要结合有关法律法规、政策文件、司法案例，就《安全生产法》中对安全设施、安全设备、安全警示标志的规定进行详细解析。

【制度解析】

一、建设项目安全设施的"三同时"制度

生产安全事故的发生，很多是由于生产经营单位缺乏安全生产意识，在建设项目的设计和施工阶段忽视生产的安全要求，没有配备应有的安全措施，从而导致项目建成后，存在严重的设计性安全隐患，而消除这些隐患往往需

要付出巨大的代价。这种“先上车、后补票，上了车、不补票”的做法，往往造成严重的资金浪费甚至造成生产安全事故，这样的惨痛教训是很多的。为了确保生产经营单位建设项目安全设施的建设，《安全生产法》第 31 条规定：“生产经营单位新建、改建、扩建工程项目（以下统称建设项目）的安全设施，必须与主体工程同时设计、同时施工、同时投入生产和使用。安全设施投资应当纳入建设项目概算。”这便是所谓的“三同时”制度，是我国安全生产实践中长期坚持的一项重要制度。除了《安全生产法》以外，有关法律也对“三同时”制度进行了规定。例如，《矿山安全法》第 7 条规定：“矿山建设工程的安全设施必须和主体工程同时设计、同时施工、同时投入生产和使用。”《劳动法》第 53 条第 2 款规定：“新建、改建、扩建工程的劳动安全卫生设施必须与主体工程同时设计、同时施工、同时投入生产和使用。”

生产经营单位要严格落实“三同时”制度，需要准确理解如下几个概念。首先是“新建”，它是指从基础开始建造的建设项目，按照国家规定也包括原有基础很小，经扩大建设规模后，其新增固定资产价值超过原有固定资产价值 3 倍以上，并需要重新进行总体设计的建设项目；迁移厂址的建设工程（不包括留在原厂址的部分），符合新建条件的建设项目。其次是“改建”，它是指不增加建筑物或建设项目体量，在原有基础上，为提高生产效率，改进产品质量，改变产品方向，或改善建筑物使用功能、改变使用目的，对原有工程进行改造的建设项目。最后是“扩建”，它是指在原有基础上加以扩充的建设项目，包括扩大原有产品生产能力、增加新产品生产能力，以及为取得新的效益和使用功能而新建主要生产场所或工程的建设活动。

为加强建设项目安全管理，预防和减少生产安全事故，保障从业人员生命和财产安全，原国家安全生产监督管理总局专门制定了《建设项目安全设施“三同时”监督管理办法》。根据《建设项目安全设施“三同时”监督管理办法》的有关规定，建设项目安全设施的“三同时”应当达到如下要求：

第一，生产经营单位在建设项目初步设计时，应当委托有相应资质的设计单位对建设项目安全设施同时进行设计，编制安全设施设计。安全设施设计必须符合有关法律、法规、规章和国家标准或者行业标准、技术规范的规定，并尽可能采用先进适用的工艺、技术和可靠的设备、设施。安全设施设计单位、设计人应当对其编制的设计文件负责。

第二，建设项目安全设施的施工应当由取得相应资质的施工单位进行，并与建设项目主体工程同时施工。施工单位应当在施工组织设计中编制安全技术措施和施工现场临时用电方案，同时对危险性较大的分部分项工程依法编制专项施工方案，并附具安全验算结果，经施工单位技术负责人、总监理工程师签字后实施。施工单位应当严格按照安全设施设计和相关施工技术标准、规范施工，并对安全设施的工程质量负责。

第三，建设项目竣工投入生产或者使用前，生产经营单位应当组织对安全设施进行竣工验收，并形成书面报告备查。安全设施竣工验收合格后，方可投入生产和使用。

建设项目安全设施违反"三同时"有关规定的，需依法承担相应的法律责任。根据《建设项目安全设施"三同时"监督管理办法》第26条规定，建设项目安全设施未与主体工程同时设计、同时施工或者同时投入使用的，安全生产监督管理部门对与此有关的行政许可一律不予审批，同时责令生产经营单位立即停止施工、限期改正违法行为，对有关生产经营单位和人员依法给予行政处罚。第28条规定，生产经营单位对本办法第7条第1—4项规定的建设项目有下列情形之一的，责令停止建设或者停产停业整顿，限期改正；逾期未改正的，处50万元以上100万元以下的罚款，对其直接负责的主管人员和其他直接责任人员处2万元以上5万元以下的罚款；构成犯罪的，依照刑法有关规定追究刑事责任：（1）未按照本办法规定对建设项目进行安全评价的；（2）没有安全设施设计或者安全设施设计未按照规定报经安全生产监督管理部门审查同意，擅自开工的；（3）施工单位未按照批准的安全设施设计施工的；（4）投入生产或者使用前，安全设施未经验收合格的。

二、高危建设项目的安全评价制度

安全评价是按照科学的程序和方法，对系统中的危险因素、发生事故的可能性及损失与伤害程度进行调查研究与分析论证，并以既定的指数、等级或概率值做出表示。长期以来，"安全评价"一直受到我国安全生产实践的高度重视。《国务院关于进一步加强企业安全生产工作的通知》明确提出"严格安全生产准入前置条件"，要求"矿山建设项目和用于生产、储存危险物品的建设项目，应当分别按照国家有关规定进行安全条件论证和安全评价，严把安全生产准入关”。2014 年《安全生产法》进行修正时，将高危建设项目安全条件论证和安全评价两项审查事项合并为安全评价一项，减少安全案件认证环节，加强事中事后监管，减轻生产经营单位的负担。同时，针对当时金属冶炼事故、危险品装卸环节事故多发的情况，扩大了须进行安全评价的建设项目范围。根据《安全生产法》第 32 条的规定，“矿山、金属冶炼建设项目和用于生产、储存、装卸危险物品的建设项目，应当按照国家有关规定进行安全评价”。

从我国安全生产实践来看，《安全生产法》第 32 条所规定的“安全评价”主要是指在建设项目的可行性研究阶段的安全预评价，即根据建设项目可行性研究阶段报告的内容，运用科学的评价方法，分析和预测该建设项目存在的危险、危害因素的种类和危险、危害程度，提出合理可行的安全技术和管理对策，作为该建设项目初步设计中安全设计和建设项目安全管理、监察的重要依据。根据《建设项目安全设施“三同时”监督管理办法》第 7 条的规定，下列建设项目在进行可行性研究时，生产经营单位应当按照国家规定，进行安全预评价：（1）非煤矿矿山建设项目；（2）生产、储存危险化学品（包括使用长输管道输送危险化学品，下同）的建设项目；（3）生产、储存烟花爆竹的建设项目；（4）金属冶炼建设项目；（5）使用危险化学品从事生产并且使用量达到规定数量的化工建设项目（属于危险化学品生产的除外）；（6）法律、行政法规和国务院规定的其他建设项目。

从我国安全生产实践来看，《安全生产法》第 32 条中的“国家有关规定”主要是指有关矿山、金属冶炼建设项目和用于生产、储存、装卸危险物品的建设的安全评价的法规、规章和标准。例如，《危险化学品安全管理条例》第 12 条规定，新建、改建、扩建生产、储存危险化学品的建设项目（以下简称建设项目），应当由安全生产监督管理部门进行安全条件审查。建设单位应当对建设项目进行安全条件论证，委托具备国家规定的资质条件的机构对建设项目进行安全评价，并将安全条件论证和安全评价的情况报告报建设项目所在地设区的市级以上人民政府安全生产监督管理部门；安全生产监督管理部门应当自收到报告之日起 45 日内作出审查决定，并书面通知建设单位。具体办法由国务院安全生产监督管理部门制定。新建、改建、扩建储存、装卸危险化学品的港口建设项目，由港口行政管理部门按照国务院交通运输主管部门的规定进行安全条件审查。

安全评价一般由生产经营单位委托取得相应资质的为安全生产提供技术服务的机构承担。《安全生产法》第72条规定，承担安全评价职责的机构应当具备国家规定的资质条件，并对其作出的安全评价结果的合法性、真实性负责。《建设项目安全设施“三同时”监督管理办法》第8条进一步规定，生产经营单位应当委托具有相应资质的安全评价机构，对其建设项目进行安全预评价，并编制安全预评价报告。建设项目安全预评价报告应当符合国家标准或者行业标准的规定。

关于安全评价机构应当具备的“相应资质”，根据《安全评价检测检验机构管理办法》第6条的规定，申请安全评价机构资质应当具备下列条件：（1）独立法人资格，固定资产不少于800万元。（2）工作场所建筑面积不少于1000平方米，其中档案室不少于100平方米，设施、设备、软件等技术支撑条件满足工作需求。（3）承担矿山、金属冶炼、危险化学品生产和储存、烟花爆竹等业务范围安全评价的机构，其专职安全评价师不低于本办法规定的配备标准。（4）承担单一业务范围的安全评价机构，其专职安全评价师不少于25人；每增加一个行业（领域），按照专业配备标准至少增加5名专职安全评价师；专职安全评价师中，一级安全评价师比例不低于20%，一级和二级安全评价师的总数比例不低于50%，且中级及以上注册安全工程师比例不低于30%。（5）健全的内部管理制度和安全评价过程控制体系。（6）法定代表人出具知悉并承担安全评价的法律责任、义务、权利和风险的承诺书。（7）配备专职技术负责人和过程控制负责人；专职技术负责人具有一级安全评价师职业资格，并具有与所开展业务相匹配的高级专业技术职称，在本行业领域工作8年以上；专职过程控制负责人具有安全评价师职业资格。（8）正常运行并可以供公众查询机构信息的网站。（9）截至申请之日3年内无重大违法失信记录。（10）法律、行政法规规定的其他条件。

生产经营单位违反高危建设项目安全评价要求的，应当承担法律责任。根据《安全生产法》第98条的规定，生产经营单位未按照规定对矿山、金属冶炼建设项目或者用于生产、储存、装卸危险物品的建设项目进行安全评价的，责令停止建设或者停产停业整顿，限期改正，并处10万元以上50万元以下的罚款，对其直接负责的主管人员和其他直接责任人员处2万元以上5

万元以下的罚款；逾期未改正的，处 50 万元以上 100 万元以下的罚款，对其直接负责的主管人员和其他直接责任人员处 5 万元以上 10 万元以下的罚款；构成犯罪的，依照刑法有关规定追究刑事责任。

安全评价机构在从事安全评价过程中存在违法行为的，应当承担法律责任。根据《安全生产法》第 92 条规定，承担安全评价职责的机构出具失实报告的，责令停业整顿，并处 3 万元以上 10 万元以下的罚款；给他人造成损害的，依法承担赔偿责任。

承担安全评价的机构租借资质、挂靠、出具虚假报告的，没收违法所得；违法所得在 10 万元以上的，并处违法所得 2 倍以上 5 倍以下的罚款，没有违法所得或者违法所得不足 10 万元的，单处或者并处 10 万元以上 20 万元以下的罚款；对其直接负责的主管人员和其他直接责任人员处 5 万元以上 10 万元以下的罚款；给他人造成损害的，与生产经营单位承担连带赔偿责任；构成犯罪的，依照刑法有关规定追究刑事责任。对机构及其直接责任人员，吊销其相应资质和资格，5 年内不得从事安全评价工作；情节严重的，实行终身行业和职业禁入。

未取得相应资质的机构与人员擅自从事安全生产评价的，应当承担法律责任。根据《安全评价检测检验机构管理办法》第 29 条的规定，未取得资质的机构及其有关人员擅自从事安全评价、检测检验服务的，责令立即停止违法行为，依照下列规定给予处罚：（1）机构有违法所得的，没收其违法所得，并处违法所得 1 倍以上 3 倍以下的罚款，但最高不得超过 3 万元；没有违法所得的，处 5000 元以上 10000 元以下的罚款；（2）有关人员处 5000 元以上 10000 元以下的罚款。对有前款违法行为的机构及其人员，由资质认可机关记入有关机构和人员的信用记录，并依照有关规定予以公告。

三、建设项目安全设施设计和审查制度

安全设施的设计是工程施工提供据以遵循的技术依据，设计质量的好坏是决定整个安全设施质量的基础。如果设计质量存在问题，整个安全设施的质量也就没有保障。

（一）建设项目安全设施的设计责任

建设项目安全设施的设计是指设计单位、设计人员在设计建设项目的过

程中，依照《安全生产法》及其他有关安全生产的法律、法规、规章和标准，充分考虑建设项目的安全性、经济性，消除一切不可承受的安全风险的设计。建设项目安全设施是保证建设项目高效安全运行的物质基础，其质量的好坏直接影响项目运行安全。因此，建设项目安全设施的设计单位及其人员要以对安全设施质量高度负责的态度，认真做好设计工作，加强对设计过程的质量控制，确保设计工作的质量万无一失。

《安全生产法》第33条第1款规定："建设项目安全设施的设计人、设计单位应当对安全设施设计负责。"这里的"负责"有以下三层含义：第一，设计人、设计单位必须按照资质等级承担相应的安全设施设计任务，不得擅自超越资质等级及业务范围承接任务。第二，设计人、设计单位应当保证安全设施的设计质量。应当严格按照技术标准和合同约定进行设计，加强设计过程的质量控制，保证设计文件符合国家现行的有关法律、法规、工程设计技术标准和合同的规定。第三，设计人、设计单位对因安全设施问题造成的后果负责。对于因安全设施设计给生产经营单位造成损失的，应当承担赔偿责任；造成生产安全事故的，还应承担相应的行政责任；造成严重后果，构成犯罪的，依法承担刑事责任。

（二）高危建设项目安全设施设计的审查

与其他建设项目相比，矿山、金属冶炼建设项目和用于生产、储存、装卸危险物品的建设项目具有更大的风险性。近年来，冶金行业重大事故、危险物品装卸作业事故时有发生。例如，2013年6月2日，中国石油天然气股份有限公司大连石化分公司第一联合车间三苯罐区在动火作业过程中发生爆炸着火，造成4人死亡，直接经济损失697万元；[①] 2015年8月12日，位于天津市滨海新区天津港的瑞海国际物流有限公司危险品仓库发生火灾爆炸事故，造成165人遇难、8人失踪，798人受伤；[②] 2017年6月5日，山东省临沂市金誉石化有限公司装卸区的一辆运输石油液化气罐车，在卸车作业过程

---

① 《历史上六月发生的危险化学品事故》，载应急管理部官网，https://www.mem.gov.cn/fw/jsxx/202106/t20210601_386492.shtml，2021年6月28日访问。

② 《历史上八月发生的危险化学品事故》，载应急管理部官网，https://www.mem.gov.cn/fw/jsxx/202007/t20200730_357601.shtml，2021年6月28日访问。

中发生液化气泄漏爆炸着火事故，造成10人死亡、9人受伤；[①] 等等。

《安全生产法》2014年修正时，将金属冶炼项目和用于装卸危险物品的建设项目纳入安全设施设计审查范围。《安全生产法》第33条第2款规定："矿山、金属冶炼建设项目和用于生产、储存、装卸危险物品的建设项目的安全设施设计应当按照国家有关规定报经有关部门审查，审查部门及其负责审查的人员对审查结果负责。"这意味着矿山、金属冶炼建设项目和用于生产、储存、装卸危险物品的建设项目不仅要遵循《安全生产法》第32条规定的安全评价要求，还要按照《安全生产法》第33条规定进行安全设施设计审查。

有关主管部门对其安全设施的设计进行审查，主要是审查安全评价报告对建设项目提出的安全措施和要求，是否贯彻落实到建设项目安全设施的设计中，安全设施的设计是否符合有关法律、法规、规范、国家标准或者行业标准的规定等。只有符合这些规定并经审查同意的，方可施工。例如，《矿山安全法》第8条规定，矿山建设工程的设计文件，必须符合矿山安全规程和行业技术规范，并按照国家规定经管理矿山企业的主管部门批准；不符合矿山安全规程和行业技术规范的，不得批准。矿山建设工程安全设施的设计必须有劳动行政主管部门参加审查。《煤矿安全监察条例》第21条规定，煤矿建设工程设计必须符合煤矿安全规程和行业技术规范的要求。煤矿建设工程安全设施设计必须经煤矿安全监察机构审查同意；未经审查同意的，不得施工。煤矿安全监察机构审查煤矿建设工程安全设施设计，应当自收到申请审查的设计资料之日起30日内审查完毕，签署同意或者不同意的意见，并书面答复。

参加矿山、金属冶炼建设项目和用于生产、储存、装卸危险物品的建设项目的安全设施设计审查的有关部门及其负责审查的人员，应当坚持原则，认真履行各自审查职责。审查部门及审查人员应当依法履行职责，并对审查结果负责，若违反有关规定，将承担法律责任。根据《安全生产法》第90条规定，负有安全生产监督管理职责的部门的工作人员对不符合法定安全生产条件的涉及安全生产的事项予以批准或者验收通过的，给予降级或者撤职的

---

① 《历史上六月发生的危险化学品事故》，载应急管理部官网，https：//www. mem. gov. cn/fw/jsxx/202106/t20210601_ 386492. shtml，2021年6月28日访问。

处分；构成犯罪的，依照刑法有关规定追究刑事责任。

有关生产经营单位若违反建设项目安全设施设计审查要求的，应当承担法律责任。根据《安全生产法》第98条的规定，矿山、金属冶炼建设项目或者用于生产、储存、装卸危险物品的建设项目没有安全设施设计或者安全设施设计未按照规定报经有关部门审查同意的，责令停止建设或者停产停业整顿，限期改正，并处10万元以上50万元以下的罚款，对其直接负责的主管人员和其他直接责任人员处2万元以上5万元以下的罚款；逾期未改正的，处50万元以上100万元以下的罚款，对其直接负责的主管人员和其他直接责任人员处5万元以上10万元以下的罚款；构成犯罪的，依照刑法有关规定追究刑事责任。

四、高危建设项目安全设施施工和竣工验收制度

建设项目在施工过程中，在项目的勘察、设计质量都没有问题的前提下，整个项目的质量状况最终决定于施工质量。从安全生产实践来看，不少建设项目的质量问题，都发生在建设项目的施工阶段，高危建设项目尤其如此。对此，《安全生产法》第34条第1款规定："矿山、金属冶炼建设项目和用于生产、储存、装卸危险物品的建设项目的施工单位必须按照批准的安全设施设计施工，并对安全设施的工程质量负责。"据此规定，施工单位在落实"安全设施设计"时，应当注意以下几个问题：第一，安全设施的施工必须按照设计编制施工组织设计或方案，否则不准开工。第二，开工前必须编制分工计划，逐级向下进行施工组织设计交底，同时进行对有关部门和专业人员的横向交底，并有相应的交底记录。第三，加强施工全过程控制，分别对基础施工、结构施工和装修三个阶段，进行施工组织设计实施情况的中间检查。第四，工程完成时，必须及时按原安全设施设计作出技术总结，并上报原审批单位。

"对安全设施的工程质量负责"意味着对于因施工原因造成的质量问题，施工单位承担全部责任。这些责任包括由施工单位对项目存在的质量问题给予修复和赔偿所造成损失的民事责任；由有关主管部门对违法施工的单位给予行政处罚的行政责任；以及对造成重大质量事故，构成犯罪的，由司法机关依照刑法的有关规定追究的刑事责任。根据《安全生产法》第98条的规

定，矿山、金属冶炼建设项目或者用于生产、储存、装卸危险物品的建设项目的施工单位未按照批准的安全设施设计施工的，责令停止建设或者停产停业整顿，限期改正，并处 10 万元以上 50 万元以下的罚款，对其直接负责的主管人员和其他直接责任人员处 2 万元以上 5 万元以下的罚款；逾期未改正的，处 50 万元以上 100 万元以下的罚款，对其直接负责的主管人员和其他直接责任人员处 5 万元以上 10 万元以下的罚款；构成犯罪的，依照刑法有关规定追究刑事责任。

除对高危建设项目安全设施的施工予以规定外，《安全生产法》还对高危建设项目安全设施的验收进行了规定。一般认为，建设项目安全设施验收是指安全设施已经按照设计要求完成全部施工任务，准备交付生产经营单位使用时，依照有关法律、法规的规定，对该设施是否合乎设计要求和工程质量标准进行最后的检查、考核工作。《安全生产法》第 34 条第 2 款规定："矿山、金属冶炼建设项目和用于生产、储存、装卸危险物品的建设项目竣工投入生产或者使用前，应当由建设单位负责组织对安全设施进行验收；验收合格后，方可投入生产和使用。……"

在《安全生产法》2014 年修正之前，建设项目安全设施验收，有的是由建设单位自行组织验收，有的则是由法律、法规授权的有关部门组织验收。例如，《矿山安全法》第 12 条第 2 款规定，矿山建设工程安全设施竣工后，由管理矿山企业的主管部门验收，并须有劳动行政主管部门参加；不符合矿山安全规程和行业技术规范的，不得验收，不得投入生产；《危险化学品建设项目安全监督管理办法》第 3 条规定，建设项目安全设施竣工验收由建设单位负责依法组织实施。建设项目未经安全审查和安全设施竣工验收的，不得开工建设或者投入生产（使用）。2014 年《安全生产法》修正时，将组织验收的职责交由建设单位，建设单位负责组织对安全设施进行验收；验收合格后，方可投入生产和使用。

尽管建设项目安全设施验收责任不再由有关主管部门承担，但是这并不意味着可以放任不管，有关主管部门仍然应当采取相应的监管措施，确保安全设施符合相关法律法规的要求。对此，《安全生产法》第 34 条第 2 款规定："……负有安全生产监督管理职责的部门应当加强对建设单位验收活动和验收结果的监督核查。"这里的"监督核查"原则上参照《安全生产法》中有关

“监督检查”的规定，有些情况下则按照其他法律法规的有关规定进行。例如，《消防法》第13条规定，国务院住房和城乡建设主管部门规定应当申请消防验收的建设工程竣工，建设单位应当向住房和城乡建设主管部门申请消防验收。前款规定以外的其他建设工程，建设单位在验收后应当报住房和城乡建设主管部门备案，住房和城乡建设主管部门应当进行抽查。依法应当进行消防验收的建设工程，未经消防验收或者消防验收不合格的，禁止投入使用；其他建设工程经依法抽查不合格的，应当停止使用。

高危建设项目安全设施的竣工验收是生产经营单位的一项法定义务，若违反规定，应当承担相应的法律责任。根据《安全生产法》第98条的规定，矿山、金属冶炼建设项目或者用于生产、储存、装卸危险物品的建设项目竣工投入生产或者使用前，安全设施未经验收合格的，责令停止建设或者停产停业整顿，限期改正，并处10万元以上50万元以下的罚款，对其直接负责的主管人员和其他直接责任人员处2万元以上5万元以下的罚款；逾期未改正的，处50万元以上100万元以下的罚款，对其直接负责的主管人员和其他直接责任人员处5万元以上10万元以下的罚款；构成犯罪的，依照刑法有关规定追究刑事责任。

在“L公司诉B区综合行政执法局行政处罚案”中，[①] L公司主张其已经安监、消防等部门验收合格，不应对其处罚。法院最终认为，国家制定安全生产法律法规，其目的在于加强安全生产工作，防止和减少生产安全事故，保障人民群众生命和财产安全，促进经济社会持续健康发展。2014年修正的《安全生产法》第31条第2款（现第34条第2款）规定：“矿山、金属冶炼建设项目和用于生产、储存危险物品的建设项目竣工投入生产或者使用前，应当由建设单位负责组织对安全设施进行验收；验收合格后，方可投入生产和使用。安全生产监督管理部门应当加强对建设单位验收活动和验收结果的监督核查。”据此，建设单位项目建设完毕后，安全生产监督管理部门仍应持续加强对建设单位验收活动和验收结果的监督核查。L公司作为安全生产建设单位，即使已经相关单位验收合格，但若经核查，发现存在安全隐患问题的，相关职能部门仍可根据核查情况，作出相应整改措施并作出处罚决定。

① 案例来源：贵州省遵义市中级人民法院（2020）黔03行终401号行政判决书。

五、安全警示标志的设置要求

生产经营中的一些场所、设施和设备，往往存在一定程度的危险因素，容易被人忽视。针对这些场所、设备、设施，有必要制作和设置以图形、文字和色彩表示的安全警示标志。一方面，设置安全警示标志可以发挥提醒或警醒的作用，防止某些不安全行为，避免发生生产安全事故；另一方面，设置安全警示标志也是对从业人员知情权的保障，让从业人员充分知晓生产经营单位中存在的危险因素。对此，《安全生产法》第35条规定："生产经营单位应当在有较大危险因素的生产经营场所和有关设施、设备上，设置明显的安全警示标志。"这里的"危险因素"主要是指能对人造成伤亡或者对物造成突发性损害的各种因素。

除了《安全生产法》对设置安全警示标志予以规定外，还有一些相关的法律、法规及规章也对安全警示标志的设置予以规定。例如，《未成年人保护法》第56条规定，未成年人集中活动的公共场所应当符合国家或者行业安全标准，并采取相应安全保护措施。对可能存在安全风险的设施，应当定期进行维护，在显著位置设置安全警示标志并标明适龄范围和注意事项；必要时应当安排专门人员看管。《特种设备安全法》第21条规定，特种设备出厂时，应当随附安全技术规范要求的设计文件、产品质量合格证明、安装及使用维护保养说明、监督检验证明等相关技术资料和文件，并在特种设备显著位置设置产品铭牌、安全警示标志及其说明。《城镇燃气管理条例》第36条规定，任何单位和个人不得侵占、毁损、擅自拆除或者移动燃气设施，不得毁损、覆盖、涂改、擅自拆除或者移动燃气设施安全警示标志。任何单位和个人发现有可能危及燃气设施和安全警示标志的行为，有权予以劝阻、制止；经劝阻、制止无效的，应当立即告知燃气经营者或者向燃气管理部门、安全生产监督管理部门和公安机关报告。

为了对安全警示标志的设置提供更为细致的指引和操作指南，国家还发布了许多有关安全警示标志的国家标准或者行业标准，包括《安全标志及其使用导则》（GB 2894—2008）、《矿山安全标志》（GB 14161—2008）、《危险货物包装标志》（GB 190—2009）、《消防安全标志第1部分：标志》（GB 13495.1—2015）等。

在有较大危险因素的生产经营场所和有关设施、设备上，设置明显的安全警示标志，已经成为生产经营单位的一项法定义务，若生产经营单位违反有关规定，应当承担相应的法律责任。根据《安全生产法》第 99 条的规定，生产经营单位未在有较大危险因素的生产经营场所和有关设施、设备上设置明显的安全警示标志的，责令限期改正，处 5 万元以下的罚款；逾期未改正的，处 5 万元以上 20 万元以下的罚款，对其直接负责的主管人员和其他直接责任人员处 1 万元以上 2 万元以下的罚款；情节严重的，责令停产停业整顿；构成犯罪的，依照刑法有关规定追究刑事责任。

六、安全设备的法定要求

安全设备，是指为了保护从业人员等生产经营活动参与者的安全，防止生产安全事故发生以及在发生生产安全事故时用于救援而安装使用的机械设备和器械，如矿山使用的自救器、灭火设备以及各种安全检测仪器，如安全检测系统、瓦斯检测器、测风仪表、氧气检测仪、顶板压力监测仪器等。安全设备有的是作为生产经营装备的附属设备，需要与这些装备配合使用；有的则是能够在保证安全生产方面独立发挥作用。在实践中，因为安全设备的设计、制造、安装、使用、检测、维修、改造和报废不符合有关标准而导致发生生产安全事故或损失扩大的情况屡见不鲜。因此，必须加强对安全设备的监管。

安全设备通常涉及许多技术要求，因此，必须设定一定的技术标准，让安全设备在生产安全保障中发挥作用。《标准化法》第 10 条第 1 款规定，对保障人身健康和生命财产安全、国家安全、生态环境安全以及满足经济社会管理基本需要的技术要求，应当制定强制性国家标准。为此，《安全生产法》第 36 条第 1 款规定："安全设备的设计、制造、安装、使用、检测、维修、改造和报废，应当符合国家标准或者行业标准。"按照《标准化法》的规定，这里所提的"国家标准或者行业标准"应当属于强制性标准，这意味着这些标准必须强制执行，不允许使用单位结合自己的实际情况灵活选择。

安全设备发挥效用主要在于安装后投入使用的环节。安全设备在使用过程中，由于内在和外在的因素，不可避免地会出现各种各样的问题，因此，使用安全设备的生产经营单位必须对其进行经常性维护、保养，并定期检测，保证安全设备的正常运转和处于良好的状态，发挥保证安全的效用。对此，《安全生产法》第36条第2款规定："生产经营单位必须对安全设备进行经常性维护、保养，并定期检测，保证正常运转。维护、保养、检测应当作好记录，并由有关人员签字。"这里的"经常性""定期"主要是指"维护、保养、检测"的周期，因安全设备不同，"经常性""定期"的具体周期也不尽相同，生产经营单位应当结合自身的实际情况，制定相应的制度，使得安全设备的维护、保养、检测能够制度化运行。

新修正的《安全生产法》针对安全设备管理在安全生产实践中存在的新问题，对安全设备管理提出了一些新的要求，主要体现在两个方面：

一方面，《刑法》第134条之一中规定，在生产、作业中违反有关安全管理的规定，关闭、破坏直接关系生产安全的监控、报警、防护、救生设备、设施，或者篡改、隐瞒、销毁其相关数据、信息的，具有发生重大伤亡事故或者其他严重后果的现实危险的，处1年以下有期徒刑、拘役或者管制。为此，新修正的《安全生产法》第36条第3款规定："生产经营单位不得关闭、破坏直接关系生产安全的监控、报警、防护、救生设备、设施，或者篡改、隐瞒、销毁其相关数据、信息。"

另一方面，近年来，餐饮等场所燃气泄漏爆炸事故时有发生，教训十分深刻。2012年11月23日，山西省晋中市寿阳县喜羊羊火锅店发生液化石油气泄漏爆炸事故，并引发大火，造成14人死亡、47人受伤（其中17人重伤）。[①] 2012年3月6日，辽宁省盘锦市一烧烤店因钢瓶非法倒气严重超装，导致瓶体爆破引发爆炸，造成4人死亡、22人受伤（其中9人重伤）。[②] 基于此，2013年1月，《国务院安全生产委员会关于深入开展餐饮场所燃气安全专项治理的通知》明确提出"用气场所应当按照有关规定安装可燃气体浓度报警装置，配备干粉灭火器等消防器材"。全国餐饮场所量多面广，绝大多数规模小，安全生产条件差，容易发生燃气泄漏爆炸事故；且多位于人员密集场

① 武敌、吕梦琦：《山西寿阳火锅店爆炸事故死亡人数升至14人47人伤》，载中国政府网，http://www.gov.cn/jrzg/2012-11/24/content_2274591.htm，2021年6月28日访问。

② 秦逸：《辽宁盘锦燃气爆炸事故死亡人数上升为4人》，载中国新闻网，https://www.chinanews.com/sh/2012/03-07/3726145.shtml，2021年6月28日访问。

所，一旦发生事故，将造成严重的人员伤亡和财产损失，社会影响巨大。因此，在地方层面，很多地方均将安装可燃气体报警装置作为预防餐饮行业燃气泄漏事故的重要举措。新修正的《安全生产法》充分吸收了已有的实践经验，在第 36 条第 4 款规定："餐饮等行业的生产经营单位使用燃气的，应当安装可燃气体报警装置，并保障其正常使用。"

在开展生产经营活动中设置安全设备，并确保安全设备的正常使用，已经成为生产经营单位的一项法定义务，若生产经营单位违反有关规定，应当承担相应的法律责任。根据《安全生产法》第 99 条的规定，生产经营单位有下列行为之一的，责令限期改正，处 5 万元以下的罚款；逾期未改正的，处 5 万元以上 20 万元以下的罚款，对其直接负责的主管人员和其他直接责任人员处 1 万元以上 2 万元以下的罚款；情节严重的，责令停产停业整顿；构成犯罪的，依照刑法有关规定追究刑事责任：（1）安全设备的安装、使用、检测、改造和报废不符合国家标准或者行业标准的；（2）未对安全设备进行经常性维护、保养和定期检测的；（3）关闭、破坏直接关系生产安全的监控、报警、防护、救生设备、设施，或者篡改、隐瞒、销毁其相关数据、信息的；（4）餐饮等行业的生产经营单位使用燃气未安装可燃气体报警装置的。

【延伸思考】

1.《安全生产法》第 32 条规定："矿山、金属冶炼建设项目和用于生产、储存、装卸危险物品的建设项目，应当按照国家有关规定进行安全评价。"如何界定这里的"危险物品"，它是否等同于"危险化学品"？

2.《安全生产法》第 34 条第 2 款规定："矿山、金属冶炼建设项目和用于生产、储存、装卸危险物品的建设项目竣工投入生产或者使用前，应当由建设单位负责组织对安全设施进行验收；验收合格后，方可投入生产和使用。……"《消防法》第 13 条第 1 款规定："国务院住房和城乡建设主管部门规定应当申请消防验收的建设工程竣工，建设单位应当向住房和城乡建设主管部门申请消防验收。"请问《安全生产法》中的"自行组织验收"和《消防法》中的"申请消防验收"是何种关系？

第四节　风险管控与隐患治理

【本节导读】

本节主要是对安全生产保障中的风险管控和隐患治理进行解析，如何识别、评估、管控安全生产风险一直是安全生产工作的重点。本节主要根据《安全生产法》的有关规定，结合有关法律、行政法规、规章、政策文件、国家标准或行业标准、司法案例，对主要的安全风险管理制度予以解析，主要包括以下内容：第一，安全风险分级管控制度，这是本次《安全生产法》修正新增的内容；第二，重大危险源管控制度，本次《安全生产法》修正新增了有关重大危险源信息化管理的要求；第三，事故隐患排查治理制度，本次《安全生产法》修正着重强调生产经营单位如何“落实”事故隐患排查制度，同时增加了重大事故隐患排查治理情况报告制度；第四，危险作业安全管理制度，本次《安全生产法》修正对该制度也作了一些微调，拓展了危险作业的范围。

【主干法条】

第四十条　生产经营单位对重大危险源应当登记建档，进行定期检测、评估、监控，并制定应急预案，告知从业人员和相关人员在紧急情况下应当采取的应急措施。

生产经营单位应当按照国家有关规定将本单位重大危险源及有关安全措施、应急措施报有关地方人民政府应急管理部门和有关部门备案。有关地方人民政府应急管理部门和有关部门应当通过相关信息系统实现信息共享。

第四十一条　生产经营单位应当建立安全风险分级管控制度，按照安全风险分级采取相应的管控措施。

生产经营单位应当建立健全并落实生产安全事故隐患排查治理制度，采取技术、管理措施，及时发现并消除事故隐患。事故隐患排查治理情况应当如实记录，并通过职工大会或者职工代表大会、信息公示栏等方式向从业人员通报。其中，重大事故隐患排查治理情况应当及时向负有安全生产监督管理职责的部门和职工大会或者职工代表大会报告。

县级以上地方各级人民政府负有安全生产监督管理职责的部门应当将重大事故隐患纳入相关信息系统，建立健全重大事故隐患治理督办制度，督促生产经营单位消除重大事故隐患。

第四十二条 生产、经营、储存、使用危险物品的车间、商店、仓库不得与员工宿舍在同一座建筑物内，并应当与员工宿舍保持安全距离。

生产经营场所和员工宿舍应当设有符合紧急疏散要求、标志明显、保持畅通的出口、疏散通道。禁止占用、锁闭、封堵生产经营场所或者员工宿舍的出口、疏散通道。

第四十三条 生产经营单位进行爆破、吊装、动火、临时用电以及国务院应急管理部门会同国务院有关部门规定的其他危险作业，应当安排专门人员进行现场安全管理，确保操作规程的遵守和安全措施的落实。

【案例导入】

D水利公司诉D县应急管理局、C市应急管理局安全生产行政处罚及行政复议案①

2016年11月28日，D水利公司（承包人、乙方）与C水利投资公司（发包人、甲方）签订《水利水电工程标准施工合同》约定，经招投标，D水利公司系D县某隧洞施工工程的中标人，由D水利公司承建该工程；承包人项目经理李某，技术负责人汪某，安全负责人胡某；其中《C市水利工程建设安全生产合同》分合同约定，工程内容为某隧洞工程施工开挖、衬砌、洞内金属结构设备及安装，工程主要危险源为施工用电、爆破、坍塌、有毒气

① 案例来源：重庆市第三中级人民法院（2020）渝03行终1号行政判决书。

体，承包人应按发包人的指示，配置监测气体浓度所必须的仪器仪表，以及报警信号系统。2018 年 9 月 5 日，D 水利公司承建的某隧洞工程出口段在施工过程中发生一起瓦斯爆炸事故，造成 2 人死亡 2 人受伤。

2019 年 1 月 29 日，D 县应急管理局代调查组向 D 县人民政府请示对《D 县“9 · 5”一般瓦斯爆炸事故调查报告》予以审定。D 县政府于 2019 年 2 月 2 日作出《关于 D 县“9 · 5”一般瓦斯爆炸事故调查报告的批复》。2019 年 4 月 2 日，D 县应急管理局对 D 水利公司作出行政处罚决定书，载明：2018 年 9 月 5 日 8 时 20 分许，D 县某隧洞工程在建设施工过程中发生一起瓦斯爆炸事故，造成 2 人死亡 2 人受伤。现查明，D 水利公司是该工程的施工单位，存在以下行为：一是未严格执行《安全专项方案》中“每月至少一次对洞内空气进行取样分析”的规定；二是施工现场安全管理人员不具备相应资格且事发时缺位；三是事发当天隧洞内气体未经监测，气体浓度超标仍然作业；四是事故隐患整改不到位。D 县应急管理局认为，D 水利公司的上述行为违反了《安全生产法》第 41 条（现第 44 条）、第 38 条第 1 款（现第 41 条第 2 款）之规定，对本次事故负有责任，遂依据《安全生产法》第 109 条（现第 114 条）之规定，决定对 D 水利公司处以罚款人民币 30 万元的行政处罚。D 水利公司向法院提起行政诉讼。

一审法院认为：本案中，现有的证据能够证明以下事实：2018 年 9 月 5 日 8 时 20 分许，D 水利公司承建的某隧洞工程出口段在施工过程中发生一起瓦斯爆炸并造成二死二伤的事故。该起事故经事故调查组调查，分析了事故的直接原因是：（1）K4 + 825 ~ K4 + 960 段有少量煤线、地层、地层裂隙瓦斯突涌点，瓦斯浓度值达到爆炸范围；（2）扒渣机动力电机不具备防爆性能，电机启动产生的电火花有条件引发瓦斯爆炸。间接原因是：（1）D 水利公司主体责任落实不到位，如《安全专项方案》执行有差距，未执行“每月至少一次对洞内空气进行取样分析”的规定、施工现场安全管理人员不具备相应资格且事发前缺位、洞内气体浓度超标仍然作业、事故隐患整改不到位等；（2）H 咨询公司监理不到位；（3）C 公司业主责任落实不到位；（4）D 县水务局监管不到位等多个方面。后又经 D 县人民政府作出批复，同意了事故调查组的调查报告。由此，D 县应急管理局认定 D 水利公司存在未严格执行《安全专项方案》中“每月至少一次对洞内空气进行取样分析”的规定，施工现场安全管理人员不具备相应资格且事发时缺位，事发当天隧洞内气体未经监测，气体浓度超标仍然作业，事故隐患整改不到位的违法行为，属认定事实清楚。

二审法院认为：本案中，D县应急管理局提供调查组调查取得的证据，证实造成本案事故发生的间接原因之一，是施工单位D水利公司的主体责任落实不到位。这些证据，能够证明D水利公司“未严格执行《安全专项方案》中‘每月至少一次对洞内空气进行取样分析’的规定”“施工现场安全管理人员不具备相应资格且事发时缺位”“事发当天隧洞内气体未经监测，气体浓度超标仍然作业”“事故隐患整改不到位”的违法事实。其行为违反了《安全生产法》第38条第1款（现第41条第2款）、第41条（现第44条）的规定，对事故负有责任。因此，D县应急管理局依据《调查报告的批复》对事故责任单位立案审查，通过听证程序，采信调查组调查取得的证据，认定D水利公司的事故责任，并依照《安全生产法》第109条（现第114条）规定作出的案涉行政处罚决定，有事实根据和法律依据，且适用法律正确，程序合法，本院予以支持。

在本案中，D水利公司提出“《安全方案》中对危险源有‘瓦斯爆炸、瓦斯突出’‘对洞内空气成分每月至少取样分析一次’的表述系误写，是编制人员不够专业，将本属于地勘、设计单位的义务且是在铁路、公路隧道或瓦斯隧道条件下的预防瓦斯安全措施，编入非瓦斯隧洞工程的安全防范方案”“其按非瓦斯隧洞施工安全方案使用合格的便携式气体检测报警仪进行气体检测，没有违反法律法规和专业规范的规定”。对此，二审法院进行了如下评述：

第一，D水利公司《营业执照》显示，D水利公司系具有水利水电工程、建筑工程、地质灾害处理工程等施工资质的企业，在隧洞工程建设中应当具有相应的安全生产制度和从业经验。在某隧洞施工中，负有教育和督促从业人员严格执行安全生产规章制度和安全操作规程的义务。而《安全专项方案》系D水利公司针对某隧洞工程制定的安全施工制度和安全操作规程，D水利公司应当严格执行。若D水利公司在施工前或施工中，发现《安全专项方案》存在难以执行的安全事项（如预防瓦斯安全措施），可提出研究再行调整，最终目的应是保证安全生产制度的落实，确保施工安全。而事实上，在《安全专项方案》修改稿经专家组论证时，专家组即提出了“报告编制重点仍不突出、主次不明显，对施工放线、施工工艺等介绍较多，针对危险源进行的施工安全保障措施应进行详细介绍”的意见和建议。但D水利公司事后并未作相应调整。因此，即便是D水利公司所称编制人员不专业，错误地在《安全专项方案》中将“对隧洞内空气成分每月至少取样分析一次”以及危险源有“瓦斯爆炸、瓦斯突出”编入，也反映出D水利公司在制定安全生产规章制度和安全操作规程时，存在严重疏忽。

第二，根据《水利工程建设安全生产管理规定》第20条、第25条第1款规定，施工单位应当按照国家有关规定配备专职安全生产管理人员。施工现场必须有专职安全生产管理人员。专职安全生产管理人员应当经水行政主管部门对其安全生产知识和管理能力考核合格。而D水利公司的施工现场安全管理人员罗某，虽具备建筑安全员资格但未经水行政主管部门考核合格，也并非专职安全管理人员。且调查组询问笔录显示，现场施工人员夏某证实：“进洞前没有管理人员在，也没有人进洞内进行气体检测”；陈某、汪某、夏某证实：“工作期间每天都是在工人进洞工作后或出洞后，罗某再进洞内使用气体检测仪检测。”本案事故原因之一是瓦斯浓度值达到爆炸范围，施工人员在作业时发生瓦斯爆炸事故，显然存在“气体浓度超标仍然作业”的情形。

第三，根据《安全生产法》第38条第1款（现第41条第2款）规定，生产经营单位应当建立健全生产安全事故隐患排查治理制度，采取技术、管理措施，及时发现并消除事故隐患。事故隐患排查治理情况应当如实记录，并向从业人员通报。而D水利公司开挖隧洞前，勘测设计院已在施工图中提示“施工单位应加强施工期间洞内瓦斯检测”。工程开挖后，勘测设计院也在2018年5月、6月地质简报中建议“对发现的不明气体物质进行鉴定，对浓度实时监测预报，加强通风，确保安全前提下，方可进行下一循环施工”，实为安全预警。各参建单位均应对此建议予以高度重视，认真研究安全防范措施。特别是施工单位D水利公司，应当按照《安全生产法》第38条（现第41条）规定，采取技术、管理措施及时发现并消除事故隐患，在确保安全的前提下才可进行施工。因此，D水利公司提出的理由，缺乏充分依据支持，不能成立。

上述案例涉及生产经营单位如何落实事故隐患排查治理制度的相关要求，在这个案例中，双方争议较大的问题是：生产经营单位在建立事故隐患排查治理制度过程中因自身过错（为自己设定了更高的安全生产保障义务），导致最终无法实际执行事故隐患排查治理制度，并造成生产安全事故时，能否以此来主张自己不承担安全生产责任？上述问题的回答有赖于我们对安全生产保障中的风险管控与隐患治理制度进行详细解析。

【制度解析】

一、安全风险分级管控制度

安全生产保障重点在于防患于未然，将安全生产风险消灭在隐患形成之前，将隐患消灭在事故之前，从而避免生产安全事故的发生。2015 年 8 月 20 日，习近平总书记主持中央政治局常务委员会议并发表重要讲话，强调要加大安全监管执法力度，有效化解各类安全生产风险，坚决遏制重特大事故发生，促进安全生产形势实现根本好转，保障人民群众生命财产安全。① 2016 年 1 月 6 日，习近平总书记针对安全生产领域做出重要指示时指出："对易发重特大事故的行业领域采取风险分级管控、隐患排查治理双重预防性工作机制，推动安全生产关口前移。"②

长期以来，安全风险管控一直受到国家的高度重视。2011 年 11 月，《国务院关于坚持科学发展安全发展促进安全生产形势持续稳定好转的意见》明确提出"加强安全生产风险监控管理"，要求"充分运用科技和信息手段，建立健全安全生产隐患排查治理体系，强化监测监控、预报预警，及时发现和消除安全隐患。企业要定期进行安全风险评估分析，重大隐患要及时报安全监管监察和行业主管部门备案。各级政府要对重大隐患实行挂牌督办，确保监控、整改、防范等措施落实到位。各地区要建立重大危险源管理档案，实施动态全程监控"。2016 年 12 月 9 日，《中共中央国务院关于推进安全生产领域改革发展的意见》再次强调："构建风险分级管控和隐患排查治理双重预防

---

① 《习近平主持中央政治局常务委员会议并发表重要讲话》，载《人民日报》2015 年 8 月 21 日，第 1 版。

② 习近平：《坚定不移保障安全发展　坚决遏制重特大事故频发势头》，载新华网，http：//www.xinhuanet.com/politics/2016－01/06/c_ 1117691856.htm，2021 年 6 月 15 日访问。

工作机制，严防风险演变、隐患升级导致生产安全事故发生。”2017 年 1 月，《国家突发事件应急体系建设“十三五”规划》明确提出“完善突发事件风险管控体系”，要求“加强安全生产风险管控和隐患排查治理体系、安全生产监管信息化和监察监管能力建设。强化石油天然气管道、高压输电线路、特种设备等重要设施设备和铁路运输、水路运输、道路交通、城市公交和轨道交通、危险化学品、煤矿、非煤矿山和烟花爆竹等行业领域安全监管及风险管控”。2018 年 1 月，中共中央办公厅、国务院办公厅印发的《关于推进城市安全发展的意见》强调：“强化安全风险管控”，“加强施工前作业风险评估，强化检维修作业、临时用电作业、盲板抽堵作业、高空作业、吊装作业、断路作业、动土作业、立体交叉作业、有限空间作业、焊接与热切割作业以及塔吊、脚手架在使用和拆装过程中的安全管理，严禁违章违规行为，防范事故发生”。为了贯彻党中央、国务院的指示精神，2019 年 8 月 12 日，应急管理部组织制定印发了《化工园区安全风险排查治理导则（试行）》和《危险化学品企业安全风险隐患排查治理导则》。2020 年 2 月 21 日，经国务院同意，应急管理部、国家发展改革委、工业和信息化部、财政部、自然资源部、生态环境部、水利部和中国气象局联合印发了《防范化解尾矿库安全风险工作方案》等。这次新修正的《安全生产法》新增了有关安全风险分级管控的规定，其第 41 条第 1 款规定：“生产经营单位应当建立安全风险分级管控制度，按照安全风险分级采取相应的管控措施。”综上所述，建立安全风险分级管控制度已经成为生产经营单位的一项法定义务，其实施办法在实践中正不断完善。

在地方层面，许多地方均对安全生产风险防控予以专门规范，如江苏、山东、河南、河北等地方均通过地方政府规章的形式予以规范。例如，《山东省安全生产风险管控办法》第 3 条规定，安全生产风险管控工作应当坚持安全第一、预防为主、全面排查、综合管控和管行业必须管安全、管业务必须管安全、管生产经营必须管安全的原则。第 8 条规定，生产经营单位应当将风险管控纳入全员安全生产责任制，建立健全安全生产风险分级管控制度，明确风险点排查、风险评价、风险等级和确定风险管控措施的程序、方法和标准等内容。

为了加强对安全生产风险管控，新修正的《安全生产法》新增了有关安全风险分级管控的规定，其第41条第1款规定：“生产经营单位应当建立安全风险分级管控制度，按照安全风险分级采取相应的管控措施。”据此可知，建立安全风险分级管控制度已经成为生产经营单位的一项法定义务。不过，对于如何建立或实施“安全风险分级管控制度”，《安全生产法》并未作出进一步规定。对此，各地有关安全风险分级管控的实践经验或许可以为我们准确理解和把握“安全风险分级管控制度”提供参考。

以山东省为例，根据《山东省安全生产风险管控办法》的规定，生产经营单位应当根据风险因素辨识情况，按照国家和省有关标准、方法对风险点进行定性定量评价，确定风险等级。风险等级分为重大风险、较大风险、一般风险和低风险。风险点有下列情形之一的，应当确定为重大风险：（1）发生过死亡、重伤、重大财产损失事故，或者3次以上轻伤、一般财产损失事故，且发生事故的条件依然存在的；（2）涉及重大危险源的；（3）具有中毒、爆炸、火灾等危险因素的场所，且同一作业时间作业人员在10人以上的；（4）经评价确定的其他重大风险。风险点有下列情形之一的，应当确定为较大风险：（1）发生过1次以上不足3次的轻伤、一般财产损失事故，且发生事故的条件依然存在的；（2）具有中毒、爆炸、火灾等危险因素的场所，且同一作业时间作业人员在3人以上不足10人的；（3）经评价确定的其他较大风险。风险点发生生产安全事故的可能性与严重性较低，不构成重大风险和较大风险的，应当确定为一般风险或者低风险。

生产经营单位应当根据风险评价和风险因素辨识结果，编制风险分级管控清单，列明管控重点、管控机构、责任人员和技术改造、经营管理、培训教育、安全防护和应急处置等管控措施。根据《山东省安全生产风险管控办法》的规定，对重大风险的管控，除按照本办法第15条规定采取管控措施外，还应当采取下列措施：（1）制定专项管控方案；（2）实时进行监控或者实行24小时值班制度；（3）禁止无关人员进入并严格限制作业人员数量；（4）由生产经营单位主要负责人负责管控；（5）定期进行巡查、排查；（6）其他的必要措施。对较大风险的管控，除按照本办法第15条规定采取管控措施外，还应当采取下列措施：（1）制定专项管控方案；（2）严格限制人员进入并实行登记管理；（3）由生产经营单位分管负责人负责管控；（4）定期进行检查、排查；（5）其他的必要措施。

建立健全并落实安全风险分级管控制度已经成为生产经营单位的一项法定义务，若生产经营单位违反有关规定，应当承担相应的法律责任。新修正的《安全生产法》第 101 条规定，生产经营单位未建立安全风险分级管控制度或者未按照安全风险分级采取相应管控措施的，责令限期改正，处 10 万元以下的罚款；逾期未改正的，责令停产停业整顿，并处 10 万元以上 20 万元以下的罚款，对其直接负责的主管人员和其他直接责任人员处 2 万元以上 5 万元以下的罚款；构成犯罪的，依照刑法有关规定追究刑事责任。

二、重大危险源管控制度

在安全风险分级管控中，具有“重大风险”的“风险点”通常成为生产经营单位重点管控的对象，法律对这些“风险点”的管控要求也有更为严格的规定，而这些“风险点”大多就是所谓的“重大危险源”。根据《安全生产法》第 117 条第 2 款的规定，重大危险源是指长期地或者临时地生产、搬运、使用或者储存危险物品，且危险物品的数量等于或者超过临界量的单元（包括场所和设施）。

一般认为，重大危险源通常是危险物品大量聚集的地方，具有较大的危险性，一旦引发生产安全事故，很有可能对从业人员以及相关人员的人身安全和财产造成较大的损害。生产经营单位对重大危险源应当严格管理，采取有效的防护措施，定期检查，防止生产安全事故的发生。对此，《安全生产法》第 40 条规定：“生产经营单位对重大危险源应当登记建档，进行定期检测、评估、监控，并制定应急预案，告知从业人员和相关人员在紧急情况下应当采取的应急措施。生产经营单位应当按照国家有关规定将本单位重大危险源及有关安全措施、应急措施报有关地方人民政府应急管理部门和有关部门备案。有关地方人民政府应急管理部门和有关部门应当通过相关信息系统实现信息共享。”据此规定，生产经营单位在履行对重大危险源的管控责任和义务时，至少应当从以下几个方面切入：

第一，重大危险源的辨识。生产经营单位在对重大危险源进行管控之前，首先要能够精准地辨识本单位的重大危险源，即根据危险物质及其临界量标准确定重大危险源。所谓临界量，是指一个数值，当某种危险物品的数量达到或者超过这个数值时，就有可能发生危险。重大危险源中很大一部分是由危险化学品构成的。目前，我国已经颁布了《危险化学品重大危险源辨识》（GB 18218—2018）国家标准，对各种危险化学品的临界量作了明确规定，依据这些临界量，可以辨识某一危险品的聚集场所或设施是否构成重大危险源。《危险化学品重大危险源监督管理暂行规定》第 7 条规定，危险化学品单位应当按照《危险化学品重大危险源辨识》标准，对本单位的危险化学品生产、经营、储存和使用装置、设施或者场所进行重大危险源辨识，并记录辨识过程与结果。

第二，重大危险源的评估。生产经营单位在辨识重大危险源后，需要对重大危险源进行风险分析评价。《危险化学品重大危险源监督管理暂行规定》第 8 条规定，危险化学品单位应当对重大危险源进行安全评估并确定重大危险源等级。危险化学品单位可以组织本单位的注册安全工程师、技术人员或者聘请有关专家进行安全评估，也可以委托具有相应资质的安全评价机构进行安全评估。依照法律、行政法规的规定，危险化学品单位需要进行安全评价的，重大危险源安全评估可以与本单位的安全评价一起进行，以安全评价报告代替安全评估报告，也可以单独进行重大危险源安全评估。重大危险源根据其危险程度，分为一级、二级、三级和四级，一级为最高级别。

第三，重大危险源的管理。在对重大危险源进行准确辨识和评估后，生产经营单位就需要对重大危险源进行管理，即对每一个重大危险源制定严格的安全管理制度，通过技术措施和组织措施，对重大危险源进行严格的控制和管理。根据《安全生产法》第 40 条的规定，生产经营单位至少应当采取如下几个方面的措施来对重大危险源进行管理：

（1）登记建档。登记建档的目的是对重大危险源的情况有一个总体的掌握，做到心中有数，便于采取进一步的措施。《危险化学品重大危险源监督管理暂行规定》第 22 条规定，危险化学品单位应当对辨识确认的重大危险源及时、逐项进行登记建档。重大危险源档案应当包括下列文件、资料：①辨识、分级记录；②重大危险源基本特征表；③涉及的所有化学品安全技术说明书；④区域位置图、平面布置图、工艺流程图和主要设备一览表；⑤重大危险源安全管理规章制度及安全操作规程；⑥安全监测监控系统、措施说明、检测、检验结果；⑦重大危险源事故应急预案、评审意见、演练计划和评估报告；⑧安全评估报告或者安全评价报告；⑨重大危险源关键装置、重点部位的责任人、责任机构名称；⑩重大危险源场所安全警示标志的设置情况。

（2）定期检测、评估、监控。生产经营单位应当按照国家有关规定，定期对重大危险源的安全设施和安全监测监控系统进行检测、检验，并进行经常性维护、保养，保证重大危险源的安全设施和安全监测监控系统有效、可靠运行。维护、保养、检测应当作好记录，并由有关人员签字。生产经营单位应当明确重大危险源中关键装置、重点部位的责任人或者责任机构，并对重大危险源的安全生产状况进行定期检查，及时采取措施消除事故隐患。事故隐患难以立即排除的，应当及时制定治理方案，落实整改措施、责任、资金、时限和预案。

（3）制定应急预案。应急预案是关于发生紧急情况或者生产安全事故时的应对措施、处理办法、程序等的事先安排和计划。生产经营单位应当依法制定重大危险源事故应急预案，建立应急救援组织或者配备应急救援人员，配备必要的防护装备及应急救援器材、设备、物资，并保障其完好和方便使用；配合地方人民政府安全生产监督管理部门制定所在地区涉及本单位的危险化学品事故应急预案。

（4）告知应急措施。根据《危险化学品重大危险源监督管理暂行规定》第 19 条规定，生产经营单位应当将重大危险源可能发生的事故后果和应急措施等信息，以适当方式告知可能受影响的单位、区域及人员，这是生产经营单位的一项法定义务。告知从业人员和其他可能受到影响的相关人员在紧急情况下应当采取的应急措施，有利于从业人员和相关人员对自身安全的保护，也有利于他们在紧急情况下采取正确的应急措施，防止事故扩大或者减少事故损失。

第四，重大危险源的安全报告。生产经营单位应当在规定期限内，将已评价的重大危险源及有关安全措施、应急措施积极主动向政府主管部门报告，而政府部门之间应当通过信息系统共享有关重大危险源的信息。《危险化学品重大危险源监督管理暂行规定》第 23 条规定，危险化学品单位在完成重大危险源安全评估报告或者安全评价报告后 15 日内，应当填写重大危险源备案申请表，连同本规定第 22 条规定的重大危险源档案材料（其中第 2 款第 5 项规定的文件资料只需提供清单），报送所在地县级人民政府安全生产监督管理部门备案。在地方层面，一些地方也对重大危险源的安全报告进行了规定。例如，《江苏省工业企业安全生产风险报告规定》第 20 条规定，企业应当落实安全风险报告责任，通过全省统一的安全风险网上报告系统定期报告较大以上安全风险，接受负有安全生产监督管理职责的部门的管理。负有安全生产监督管理职责的部门应当督促企业按期、如实报告较大以上安全风险。

对重大危险源进行严格管控已经成为生产经营单位的一项法定义务，若生产经营单位违反有关规定，将承担相应的法律责任。新修正的《安全生产法》第 101 条规定，生产经营单位对重大危险源未登记建档，未进行定期检测、评估、监控，未制定应急预案，或者未告知应急措施的，责令限期改正，处 10 万元以下的罚款；逾期未改正的，责令停产停业整顿，并处 10 万元以上 20 万元以下的罚款，对其直接负责的主管人员和其他直接责任人员处 2 万元以上 5 万元以下的罚款；构成犯罪的，依照刑法有关规定追究刑事责任。

三、事故隐患排查治理制度

生产安全事故隐患是指生产经营单位违反安全生产法律、法规、规章、标准、规程和安全生产管理制度的规定，或者因其他因素在生产经营活动中存在可能导致事故发生的物的危险状态、人的不安全行为和管理上的缺陷。事故隐患是导致事故发生的主要根源之一。2013 年 11 月，《中共中央关于全面深化改革若干重大问题的决定》明确提出“深化安全生产管理体制改革，建立隐患排查治理体系和安全预防控制体系，遏制重特大安全事故”。在此背景下，《安全生产法》于 2014 年修正时专门增加了有关事故隐患排查治理的规定。《安全生产法》第 41 条第 2 款规定：“生产经营单位应当建立健全并落实生产安全事故隐患排查治理制度，采取技术、管理措施，及时发现并消除事故隐患。事故隐患排查治理情况应当如实记录，并通过职工大会或者职工代表大会、信息公示栏等方式向从业人员通报。其中，重大事故隐患排查治理情况应当及时向负有安全生产监督管理职责的部门和职工大会或者职工代表大会报告。”据此规定，生产经营单位在落实事故隐患排查治理的法定要求时，需要从以下几个方面着手：

第一，生产经营单位应当建立并落实生产安全事故隐患排查治理制度。对生产经营单位而言，事故隐患排查治理工作涉及每个部门和每个人，只有每个部门和每个人都做好本部门或者个人的事故隐患排查治理工作，生产经营单位的安全生产工作才能真正做好。《安全生产事故隐患排查治理暂行规定》第8条规定："生产经营单位是事故隐患排查、治理和防控的责任主体。生产经营单位应当建立健全事故隐患排查治理和建档监控等制度，逐级建立并落实从主要负责人到每个从业人员的隐患排查治理和监控责任制。"在安全生产实践中，一些生产经营单位虽然形式上建立了事故隐患排查治理制度，但却并未真正执行，导致生产安全事故时有发生。对此，新修正的《安全生产法》将"建立健全生产安全事故隐患排查治理制度"修改为"建立健全并落实生产安全事故隐患排查治理制度"，要求生产经营单位通过整改责任人、整改措施、整改资金、整改时限和应急预案等举措实际落实事故隐患排查治理制度。在本节提及的"D水利公司诉D县应急管理局、C市应急管理局安全生产行政处罚及行政复议案"中，D水利公司虽然建立了事故隐患排查治理制度，也制定了所谓的《安全专项方案》，但却并未严格落实"每月至少一次对洞内空气进行取样分析"等隐患排查措施，最终导致生产安全事故的发生，被应急管理局给予了行政处罚。

第二，生产经营单位应当采取技术、管理措施，及时发现并消除事故隐患。法律要求生产经营单位建立健全并落实事故隐患排查治理制度的根本目的是要消除事故隐患。对此，《安全生产法》要求生产经营单位"采取技术、管理措施，及时发现并消除事故隐患"。对于如何理解这里的"技术、管理措施"，根据《安全生产事故隐患排查治理暂行规定》的规定，生产经营单位应当保证事故隐患排查治理所需的资金，建立资金使用专项制度。生产经营单位应当定期组织安全生产管理人员、工程技术人员和其他相关人员排查本单位的事故隐患。生产经营单位应当建立事故隐患报告和举报奖励制度，鼓励、发动职工发现和排除事故隐患，鼓励社会公众举报。对发现、排除和举报事故隐患的有功人员，应当给予物质奖励和表彰。

第三，事故隐患排查治理情况应当如实记录。事故隐患排查治理记录是事故隐患排查治理工作和历史情况的记录，可以为事故隐患排查治理工作提供备查的依据。事故隐患排查治理记录有助于解决四个问题：一是什么情形属于事故隐患问题；二是谁来发现事故隐患问题；三是谁来治理事故隐患问题；四是事故隐患治理的结果如何。在当前的事故隐患排查治理工作中，对于是否属于事故隐患以及事故隐患在多大程度上得到了治理，在很大程度上是由生产经营单位的工作人员、监管部门的执法人员凭借自身的经验予以判断，具有较大的随意性，以至于在一些生产经营单位中同一事故隐患出现屡查屡犯、履改无效的现象。对此，《安全生产法》明确要求“事故隐患排查治理情况应当如实记录”，《安全生产事故隐患排查治理暂行规定》第10条亦规定“对排查出的事故隐患，应当按照事故隐患的等级进行登记，建立事故隐患信息档案，并按照职责分工实施监控治理”。

第四，事故隐患排查治理情况应当向从业人员、安全生产监督管理部门通报。事故隐患排查治理情况对于保障从业人员生命安全健康至关重要。从业人员有获得安全生产保障的权利，他们既是生产经营活动的实践者，也是生产安全事故的受害者，因此，事故隐患排查治理情况对他们而言最为重要。为了保障从业人员的安全生产知情权，让从业人员充分参与到安全生产监督中，督促生产经营单位严格落实事故隐患排查治理，生产经营单位有必要通过各种方式向从业人员通报事故隐患排查治理情况。例如，《矿山安全法》第21条规定，矿长应当定期向职工代表大会或者职工大会报告安全生产工作，发挥职工代表大会的监督作用。基于此，新修正的《安全生产法》将“并向从业人员通报”修改为“并通过职工大会或者职工代表大会、信息公示栏等方式向从业人员通报”。

由于重大事故隐患的风险性较高，稍有不慎就极有可能成为重大生产安全事故，因此，新修正的《安全生产法》规定“重大事故隐患排查治理情况应当及时向负有安全生产监督管理职责的部门和职工大会或者职工代表大会报告”。《安全生产事故隐患排查治理暂行规定》第14条规定，生产经营单位应当每季、每年对本单位事故隐患排查治理情况进行统计分析，并分别于下一季度15日前和下一年1月31日前向安全监管监察部门和有关部门报送书面统计分析表。统计分析表应当由生产经营单位主要负责人签字。对于重大事故隐患，生产经营单位除依照前款规定报送外，应当及时向安全监管监察部门和有关部门报告。重大事故隐患报告内容应当包括：（1）隐患的现状及其产生原因；（2）隐患的危害程度和整改难易程度分析；（3）隐患的治理方案。在“L公司诉C区安全生产监督管理局等行政处罚及行政复议案”中，①

① 案例来源：山东省青岛市中级人民法院（2017）鲁02行终79号行政判决书。

法院认为，L公司存在“未按规定上报2015年各季度事故隐患排查治理统计分析表”的行为，违反了《安全生产事故隐患排查治理暂行规定》第14条第1款的规定，C区安全生产监督管理局依据该《安全生产事故隐患排查治理暂行规定》第26条第2项的规定，对L公司作出警告并处罚款人民币3万元的行政处罚，适用法律并无不当。

对于事故隐患排查治理，《安全生产法》除了要求生产经营单位履行一系列义务和责任外，还专门规定了重大事故隐患督办制度。《安全生产法》第41条第3款规定：“县级以上地方各级人民政府负有安全生产监督管理职责的部门应当将重大事故隐患纳入相关信息系统，建立健全重大事故隐患治理督办制度，督促生产经营单位消除重大事故隐患。”关于具体的督办方式，《安全生产事故隐患排查治理暂行规定》第18条规定，地方人民政府或者安全监管监察部门及有关部门挂牌督办并责令全部或者局部停产停业治理的重大事故隐患，治理工作结束后，有条件的生产经营单位应当组织本单位的技术人员和专家对重大事故隐患的治理情况进行评估；其他生产经营单位应当委托具备相应资质的安全评价机构对重大事故隐患的治理情况进行评估。经治理后符合安全生产条件的，生产经营单位应当向安全监管监察部门和有关部门提出恢复生产的书面申请，经安全监管监察部门和有关部门审查同意后，方可恢复生产经营。申请报告应当包括治理方案的内容、项目和安全评价机构出具的评价报告等。

建立健全并落实事故隐患排查治理制度已经成为生产经营单位的一项法定义务，若生产经营单位违反有关规定，将承担相应的法律责任。新修正的《安全生产法》第101条规定，生产经营单位未建立事故隐患排查治理制度，或者重大事故隐患排查治理情况未按照规定报告的，责令限期改正，处10万元以下的罚款；逾期未改正的，责令停产停业整顿，并处10万元以上20万元以下的罚款，对其直接负责的主管人员和其他直接责任人员处2万元以上5万元以下的罚款；构成犯罪的，依照刑法有关规定追究刑事责任。第97条规定，生产经营单位未将事故隐患排查治理情况如实记录或者未向从业人员通报的，责令限期改正，处10万元以下的罚款；逾期未改正的，责令停产停业整顿，并处10万元以上20万元以下的罚款，对其直接负责的主管人员和其他直接责任人员处2万元以上5万元以下的罚款。

四、危险作业安全管理制度

危险作业具有较大的危险性，容易发生事故，而且一旦发生事故，将会对从业人员和有关人员造成比较大的伤害。相关作业活动之所以被称为危险作业，就是因为这些作业活动具有比其他作业活动更高的事故发生率。在实践中，因为危险作业管理失控引发生产安全事故的情况时有发生，为了有效管控危险作业风险，保证危险作业的安全进行，新修正的《安全生产法》第43条规定："生产经营单位进行爆破、吊装、动火、临时用电以及国务院应急管理部门会同国务院有关部门规定的其他危险作业，应当安排专门人员进行现场安全管理，确保操作规程的遵守和安全措施的落实。"

《安全生产法》在2014年修正之前，安全生产领域的危险作业在国家层面仅规定了爆破、吊装两类，除此以外，一些省区市将拆除作业、高压输电线路下作业、有限空间作业等列为地方性法规规定的危险作业范围。例如，《山东省安全生产条例》第24条规定，生产经营单位进行爆破、悬挂、挖掘、大型设备吊装、危险装置设备试生产、危险场所动火、有限空间、有毒有害、建筑物和构筑物拆除作业，以及临近油气管道、高压输电线路等危险作业，应当制定具体的作业方案和安全防范措施，确定专人进行现场作业的统一指挥，并指定安全生产管理人员进行现场安全检查和监督。2014年《安全生产法》修正时授权"国务院安全生产监督管理部门会同国务院有关部门"确定危险作业范围，严格管控危险作业，确保安全生产。2021年《安全生产法》修正时将"动火、临时用电"纳入危险作业范围，这里主要的考虑是，动火作业和临时用电涉及面广，发生生产安全事故的概率较高，必须作为重点风险环节加以管控，防止风险点管控不到位引发事故。同时，保留了国务院应急管理部门会同国务院有关部门确定危险作业范围的权力。

在安全生产实践中，由于在危险作业现场没有专门的安全管理人员进行协调、管理，导致作业人员错误操作，从而引发事故的情况时有发生。对此，《安全生产法》规定了"危险作业现场管控制度"，要求生产经营单位"应当安排专门人员进行现场安全管理，确保操作规程的遵守和安全措施的落实"。据此规定，一方面，现场管理人员要对作业现场各项安全措施落实情况进行检查，确认各项安全措施落实到位后，作业人员才能进行危险作业。另一方面，现场管理人员要监督危险作业人员是否严格按照有关操作规程进行操作，发现未按照规定操作规程进行作业时，应当立即制止。与此同时，现场管理人员还可以对作业现场的各种情况进行协调，发现作业现场存在事故隐患时应当及时采取措施予以消除。

依法对危险作业进行严格管控已经成为生产经营单位的一项法定义务，若生产经营单位违反有关规定，将承担相应的法律责任，包括行政责任、刑事责任和民事责任。

第一，行政责任。《安全生产法》第 101 条规定，进行爆破、吊装、动火、临时用电以及国务院应急管理部门会同国务院有关部门规定的其他危险作业，未安排专门人员进行现场安全管理的，责令限期改正，处 10 万元以下的罚款；逾期未改正的，责令停产停业整顿，并处 10 万元以上 20 万元以下的罚款，对其直接负责的主管人员和其他直接责任人员处 2 万元以上 5 万元以下的罚款；构成犯罪的，依照刑法有关规定追究刑事责任。

第二，刑事责任。《刑法修正案（十一）》专门增加了“危险作业罪”，即在生产、作业中违反有关安全管理的规定，有刑法规定情形之一的，具有发生重大伤亡事故或者其他严重后果的现实危险的行为。危险作业罪的设立，意味着在安全生产领域即使未发生重大伤亡事故，但只要行为人的行为使刑法保护的安全生产作业法益处于危险状态时，就会受到刑法的规制，行为人将被追究刑事责任。根据《刑法》第 134 条之一的规定，在生产、作业中违反有关安全管理的规定，有下列情形之一，具有发生重大伤亡事故或者其他严重后果的现实危险的，处 1 年以下有期徒刑、拘役或者管制：（1）关闭、破坏直接关系生产安全的监控、报警、防护、救生设备、设施，或者篡改、隐瞒、销毁其相关数据、信息的；（2）因存在重大事故隐患被依法责令停产停业、停止施工、停止使用有关设备、设施、场所或者立即采取排除危险的整改措施，而拒不执行的；（3）涉及安全生产的事项未经依法批准或者许可，擅自从事矿山开采、金属冶炼、建筑施工，以及危险物品生产、经营、储存等高度危险的生产作业活动的。

第三，民事责任。《民法典》第七编第八章专门对“高度危险责任”予以规定，其中，第 1236 条规定，从事高度危险作业造成他人损害的，应当承担侵权责任。第 1240 条规定，从事高空、高压、地下挖掘活动或者使用高速轨道运输工具造成他人损害的，经营者应当承担侵权责任；但是，能够证明损害是因受害人故意或者不可抗力造成的，不承担责任。被侵权人对损害的发生有重大过失的，可以减轻经营者的责任。

在“M公司诉X区应急管理局行政处罚案”中，① 法院认为，M公司未对员工刘某及雇工李某进行安全生产教育和培训，在进行建筑设备吊装的过程中，未督促作业人员采取安全措施，未对吊装现场进行安全监管，未对吊装过程中可能存在的危险因素采取有效的防范措施，从而导致杨某被砸伤致死事故的发生，违反了《安全生产法》第25条第1款（现第28条第1款）、第38条第1款（现第41条第2款）、第40条（现第43条）、第41条（现第44条）的规定，故由此产生的事故责任应由M公司承担。因本案建筑设备吊装活动造成一人死亡构成一般事故，X区应急管理局据此对M公司处以22万元罚款符合法律规定。

【延伸思考】

1.《安全生产法》第41条第2款规定：“生产经营单位应当建立健全并落实生产安全事故隐患排查治理制度，采取技术、管理措施，及时发现并消除事故隐患。……”如何理解这里的“技术、管理措施”，它与全员安全生产责任制之间是何种关系？

2.《安全生产法》第41条第2款规定“重大事故隐患排查治理情况应当及时向负有安全生产监督管理职责的部门和职工大会或者职工代表大会报告”，而《安全生产事故隐患排查治理暂行规定》第14条规定“生产经营单位应当每季、每年对本单位事故隐患排查治理情况进行统计分析，并分别于下一季度15日前和下一年1月31日前向安全监管监察部门和有关部门报送书面统计分析表。统计分析表应当由生产经营单位主要负责人签字”。“重大事故隐患排查治理情况报告”与“事故隐患排查治理情况统计分析报告”之间是何种关系？

---

① 案例来源：宁夏回族自治区银川市中级人民法院（2020）宁01行终287号行政判决书。

第三章　从业人员的安全生产权利义务

第一节　从业人员的安全生产权利

【本节导读】

从业人员的安全生产权利已在《安全生产法》第 6 条做出了明确规定："生产经营单位的从业人员有依法获得安全生产保障的权利，并应当依法履行安全生产方面的义务。"但该规定仅仅是一般性的宣示性条款，从业人员在安全生产治理中的地位具有一定的特殊性，在法律层面明确他们所享有的权利以及应承担的义务，这一方面体现了对劳动者的特殊保护，另一方面也是对安全生产工作的有力支撑。

本节所涉及的主要法律条文共 8 条，其中规定的从业人员（包括被派遣劳动者）的安全生产权利包括：关于生产经营单位与从业人员订立劳动合同的权利；了解其作业场所和工作岗位存在的危险因素防范措施及事故应急措施的知情权，以及对本单位的安全生产工作提出建议的权利；对本单位安全生产工作中存在的问题提出批评、检举、控告的监督权；拒绝违章指挥和强令冒险作业的权利；发现直接危及人身安全的紧急情况时，停止作业或者在采取可能的应急措施后撤离作业场所的处置权；享受社会保险的权利；因生产安全事故受到损害时要求赔偿的权利。同时，还规定了作为安全生产从业人员集合体的工会，在安全生产工作中的权利。

【主干法条】

第五十二条　生产经营单位与从业人员订立的劳动合同，应当载明有关保障从业人员劳动安全、防止职业危害的事项，以及依法为从业人员办理工伤保险的事项。

生产经营单位不得以任何形式与从业人员订立协议，免除或者减轻其对从业人员因生产安全事故伤亡依法应承担的责任。

第五十三条 生产经营单位的从业人员有权了解其作业场所和工作岗位存在的危险因素、防范措施及事故应急措施，有权对本单位的安全生产工作提出建议。

第五十四条 从业人员有权对本单位安全生产工作中存在的问题提出批评、检举、控告；有权拒绝违章指挥和强令冒险作业。

生产经营单位不得因从业人员对本单位安全生产工作提出批评、检举、控告或者拒绝违章指挥、强令冒险作业而降低其工资、福利等待遇或者解除与其订立的劳动合同。

第五十五条 从业人员发现直接危及人身安全的紧急情况时，有权停止作业或者在采取可能的应急措施后撤离作业场所。

生产经营单位不得因从业人员在前款紧急情况下停止作业或者采取紧急撤离措施而降低其工资、福利等待遇或者解除与其订立的劳动合同。

第五十六条 生产经营单位发生生产安全事故后，应当及时采取措施救治有关人员。

因生产安全事故受到损害的从业人员，除依法享有工伤保险外，依照有关民事法律尚有获得赔偿的权利的，有权提出赔偿要求。

第六十条 工会有权对建设项目的安全设施与主体工程同时设计、同时施工、同时投入生产和使用进行监督，提出意见。

工会对生产经营单位违反安全生产法律、法规，侵犯从业人员合法权益的行为，有权要求纠正；发现生产经营单位违章指挥、强令冒险作业或者发现事故隐患时，有权提出解决的建议，生产经营单位应当及时研究答复；发现危及从业人员生命安全的情况时，有权向生产经营单位建议组织从业人员撤离危险场所，生产经营单位必须立即作出处理。

工会有权依法参加事故调查，向有关部门提出处理意见，并要求追究有关人员的责任。

第六十一条 生产经营单位使用被派遣劳动者的，被派遣劳动者享有本法规定的从业人员的权利，并应当履行本法规定的从业人员的义务。

第一百零六条 生产经营单位与从业人员订立协议，免除或者减轻其对从业人员因生产安全事故伤亡依法应承担的责任的，该协议无效；对生产经营单位的主要负责人、个人经营的投资人处二万元以上十万元以下的罚款。

【案例导入】

黄某与L高尔夫制品有限公司生命权、健康权、身体权纠纷案[①]

黄某是L高尔夫制品有限公司的员工，在QA部门担任质检员工作。2014年12月1日，黄某经广州市职业病防治院诊断为“职业性慢性中度苯中毒（中性粒细胞减少症）”，建议避免从事苯及其他有毒物质作业的工作。2014年12月3日，广州市萝岗区人力资源和社会保障局（现为广州市黄埔区人力资源和社会保障局）作出《工伤认定决定书》，认定黄某受到的职业危害符合工伤认定的范围，确认为工伤。2016年10月28日，黄某与L公司就黄某的职业病及工伤的治疗、伤残待遇问题达成协议，协议中，黄某承诺不再就本次职业病（工伤）产生的所有问题起诉。后黄某以其遭受人身损害主张L公司赔偿残疾赔偿金、被扶养人生活费、营养费、精神损害抚慰金等费用为由提起民事诉讼。

一审判决认为：首先，根据《最高人民法院关于审理人身损害赔偿案件适用法律若干问题的解释》第12条第1款规定，黄某因工伤遭受人身损害，其应当按《工伤保险条例》的规定处理。其次，根据《最高人民法院关于适用〈中华人民共和国侵权责任法〉若干问题的通知》，黄某主张的被扶养人生活费应当计入残疾赔偿金。黄某已经领取一次性伤残补助金，黄某所主张的残疾赔偿金（含被扶养人生活费）与其已经领取的一次性伤残补助金在性质上是相同的，都是对其因患职业病而被鉴定为伤残等级五级而给予的补偿，现黄某要求L公司支付残疾赔偿金及被扶养人生活费，缺乏事实和法律依据，

---

① 案例来源：广东省高级人民法院（2020）粤民再205号民事判决书。

一审法院不予支持。最后，黄某与L公司尚未解除劳动关系，黄某确认已领取现有的工伤赔偿款。2016年10月28日双方达成的协议中，黄某承诺不再就本次职业病（工伤）产生的所有问题起诉。因此，黄某在本案中以其遭受人身损害为由主张L公司赔偿的理据不足，一审法院不予支持。

二审判决认为：第一，黄某与L公司签订的《协商协议》中有关黄某“不再就因本次职业病（工伤）产生的所有问题向相关部门申诉、起诉、仲裁”的约定，属于L公司免除自己的法定责任，排除黄某权利的情形，依照《劳动合同法》第26条的规定，该约定的内容无效，黄某有权要求L公司依法继续承担相应的责任。第二，黄某已领取一次性伤残补助金，停工期间也正常发工资，收入并未减少，L公司亦对黄某在停工留薪期完结后的工作和生活提供了相应的保障。虽然根据《职业病防治法》第58条的规定，职业病病人除依法享有工伤保险待遇外，依照有关民事法律，尚有获得赔偿的权利。但对于职业病病人在享有工伤保险待遇后具体还可以获得何种项目的民事赔偿，当前我国法律、法规等均未予以明确。但就本案整体而言，黄某根据《最高人民法院关于审理人身损害赔偿案件适用法律若干问题的解释》的规定，主张的残疾赔偿金及被扶养人生活费，均系法律为弥补黄某因其残疾而导致的收入减少或者生活来源丧失而设定的赔偿项目。而工伤保险待遇中的一次性伤残补助金和伤残津贴与上述项目的性质相同，均系对职业病病人基于其劳动能力丧失或者降低而导致收入损失的一种补偿，目的是要维持劳动者及劳动者依法应当承担扶养义务的被扶养人的正常生活水平。因同一损害获得重复赔偿有违民事法律“填平损害”的一般原则，故在黄某已经享受相应工伤保险待遇的情况下，一审法院对黄某关于残疾赔偿金及被扶养人生活费的请求不予支持，并无不当，依法予以维持。第三，关于营养费和精神损害抚慰金，工伤保险待遇并未包含该项内容，黄某身体受到伤害患上职业病，需要补充营养，且患有职业病必然对其健康、生活、情绪、交往等产生影响，故黄某诉请营养费、精神损害抚慰金可予支持。

再审判决认为：职业病患者以人身损害赔偿为由请求用人单位承担损害赔偿责任，属于侵害人身权益的情形，应适用《侵权责任法》的相关规定。职业病患者在获得工伤保险待遇外，要求用人单位支付残疾赔偿金、被扶养人生活费和住院伙食补助费等人身损害赔偿项目，虽然有些赔偿项目与工伤保险待遇属于同一性质，但是如果人身损害赔偿项目数额高于工伤保险待遇相同项目数额，根据填平原则和实际损失原则，用人单位仍应根据《侵权责任法》的规定赔偿相应的差额。本案中，职业病患者黄某除依法享有工伤保险待遇外，仍有权依照《侵权责任法》相关规定，要求L公司支付残疾赔偿金、被扶养人生活费与工伤保险待遇相同项目的相应差额。且本案L公司未严格落实职业病防治管理措施，对导致黄某患职业病存在过错，故L公司应承担侵权赔偿责任。

本案涉及的是生产经营单位从业人员因缺乏劳动防护而导致工伤后的待遇问题，核心争议是工伤保险待遇与民事赔偿的关系，即黄某能否以其遭受人身损害为由主张L公司在工伤保险之外继续承担相应的赔偿责任。根据《安全生产法》第56条第2款“因生产安全事故受到损害的从业人员，除依法享有工伤保险外，依照有关民事法律尚有获得赔偿的权利的，有权提出赔偿要求”的规定可知，工伤保险待遇与民事赔偿二者并非互斥的关系，在符合法定条件的情况下，当事人有权在享有工伤保险待遇之外进一步主张民事赔偿，具体的赔偿内容能否获得支持则要视当事人受到的权益损害情况、其主张赔偿项目的性质等而定。由此可见，《安全生产法》的这一规定旨在全面保护生产经营单位从业人员的合法权益，体现了该法重视劳动者权利保护的立法理念。

【制度解析】

《宪法》第42条第2款规定：“国家通过各种途径，创造劳动就业条件，加强劳动保护，改善劳动条件，并在发展生产的基础上，提高劳动报酬和福利待遇。”习近平总书记曾多次提及劳动者权益保障问题，如在2021年“五一”国际劳动节的讲话中提到：“各级党委和政府要充分调动广大劳动群众积极性、主动性、创造性，切实保障广大劳动群众合法权益，支持和激励广大劳动群众在新时代更好建功立业。”① 2021年《安全生产法》的修改，充分体

① 《在“五一”国际劳动节到来之际向全国广大劳动群众致以节日的祝贺和诚挚的慰问》，载求是网，http：//www. qstheory. cn/yaowen/2021 -04/30/c_ 1127399141. htm，2021年4月30日访问。

现了党和国家对劳动者权益的保障和人文关怀。结合此次法律修改的内容，从业人员享有的安全生产权利，可以梳理为如下几个方面。

一、关于生产经营单位与从业人员订立的劳动合同

为保障从业人员的安全和健康，《安全生产法》要求在劳动合同中明确有关劳动安全事项，并明确规定禁止订立非法协议免除或者减轻生产经营单位对从业人员因生产安全事故伤亡依法应承担的责任。对这一问题，修改后的《安全生产法》只是在条目序号上做出调整，即从原第 49 条调整为现第 52 条，而具体内容未作修改。对于这一规定，我们可做如下分析。

（一）劳动合同应当载明的事项

《安全生产法》第 52 条第 1 款规定，生产经营单位与从业人员订立的劳动合同应当载明保障劳动安全、防止职业危害和工伤保险事项。安全事项、社会保险事项是劳动合同中的必备内容。根据《劳动法》第 16 条规定："劳动合同是劳动者与用人单位确立劳动关系，明确双方权利和义务的协议。建立劳动关系应当订立劳动合同。"签订劳动合同，也是从业人员与生产经营单位确立劳动关系的基本形式。由于劳动合同的内容直接关系到从业人员的切身利益，为了规范劳动合同的订立，切实保障从业人员的合法权益，《劳动法》《劳动合同法》等法律对劳动合同应当具备的条款做了明确规定，包括：劳动合同期限；工作内容和工作地点；劳动保护和劳动条件及社会保险；劳动报酬；劳动纪律；劳动合同终止的条件；违反劳动合同的责任；职业危害及其防护等。根据《劳动合同法》的规定，用人单位招用劳动者时，应当如实告知劳动者工作内容、工作条件、工作地点、职业危害、安全生产状况等情况；建立劳动关系，应当订立书面劳动合同。劳动合同应当具备劳动保护、劳动条件和职业危害防护、社会保险等条款。如果生产经营单位提供的劳动合同文本不具备上述必备条款，由劳动行政部门责令改正，给劳动者造成损害的，依法承担赔偿责任。

为了切实保障从业人员在安全生产方面的权利，《安全生产法》第 52 条第 1 款规定："生产经营单位与从业人员订立的劳动合同，应当载明有关保障从业人员劳动安全、防止职业危害的事项，以及依法为从业人员办理工伤保

险的事项。”这是对有关法律规定的进一步强调和重申。具体而言，《安全生产法》从保护从业人员劳动安全、维护从业人员安全生产合法权益的角度规定了劳动合同应当载明的三个法定事项：

一是劳动合同应当载明有关保障从业人员劳动安全的事项。为了保证从业人员在劳动中的人身安全，明确责任，在劳动合同中必须对劳动安全条件、劳动防护用品的配备等有关劳动安全的事项予以明确。从业人员的劳动总是在各种具体环境、条件下进行的，在生产经营过程中存在着各种不安全、产生职业危害的因素，如果不采取相应保护措施，则可能发生事故，危害从业人员的安全和健康，这些都涉及从业人员的切身利益。在实践中，大部分劳动者并不知道生产经营单位是否采取保障劳动安全的措施，特别是进入私营企业、乡镇企业务工的农民，由于他们的文化水平较低，普遍缺乏自我保护意识、知识和能力，而一些生产经营单位为了节省成本，隐瞒工作场所缺少劳动安全保障措施的真相，在与劳动者签订劳动合同时不履行劳动安全保障的告知义务。因此，《安全生产法》第 52 条第 1 款针对这种情况作出了强制性规定，将其确定为生产经营单位必须履行的一项义务，是从业人员享有的一项重要权利。

二是劳动合同中必须载明有关防止职业危害的事项。职业危害是指从业人员在劳动过程中因接触有毒有害物品和遇到各种不安全因素而有损于健康的危害。一般包括：（1）在生产过程中的危害。可分为化学因素的危害，如有毒物质和生产性粉尘的侵害；物理因素的危害，如高温高压、低温低压、电离辐射、非电离辐射、噪声、振动等；生物因素的危害，如生产劳动过程中的疫病、细菌、病毒感染等。（2）与劳动状况有关的危害。包括作业时间过长，劳动负荷过重，从业人员生理状况不适应或个别生理器官或系统过度紧张，长时间采用同一不良体位等。（3）与生产环境有关的危害。如厂房狭小、通风和照明不合理，缺乏防寒取暖和防暑降温等设施，卫生防护装置不健全等。为防止职业危害，生产经营单位应采取各种有效措施，并将这些措施载明在劳动合同中。此外，还应在劳动合同中载明对从事有职业危害的从业人员按国家规定定期进行健康检查，其间所占用的生产、工作时间，应当按正常出勤处理等内容。

三是劳动合同应当载明依法为从业人员办理工伤保险的事项。社会保险是政府通过立法强制实施，保障劳动者基本生活需求的社会保障制度。《社会保险法》第 2 条规定："国家建立基本养老保险、基本医疗保险、工伤保险、失业保险、生育保险等社会保险制度，保障公民在年老、疾病、工伤、失业、生育等情况下依法从国家和社会获得物质帮助的权利。"前述"办理工伤保险的事项"，是指劳动者在职业活动中因工作原因受到事故伤害或者患职业病，经工伤认定而享受的社会保险待遇，这种社会保险与商业保险的不同之处就在于其法定的强制性。根据《社会保险法》的规定，职工应当参加工伤保险，由用人单位缴纳工伤保险费，职工不缴纳工伤保险费。也就是说，从业人员应当参加工伤社会保险，生产经营单位应当依法为从业人员缴纳工伤保险费，不管生产经营单位是否愿意。工伤社会保险是一种社会保险，目的是保护劳动者的合法权益。工伤保险使得从业人员在从事生产劳动或与之相关的工作时，若遭受事故伤害或者患职业病，有权获得医疗救治和经济补偿。工伤保险制度对于有效降低生产经营单位生产经营风险和从业人员职业风险，稳定从业人员队伍，调动从业人员的劳动积极性，促进安全生产，都具有重大意义。生产经营单位必须参加工伤保险，为从业人员缴纳保险费，这些事项都必须在合同中载明。在劳动合同中载明依法为从业人员办理工伤社会保险的事项，确保了从业人员的知情权，维护了从业人员的合法权益，也有利于对生产经营单位的监督。

（二）劳动合同不得免除或者减轻的责任

《安全生产法》第 52 条第 2 款规定，禁止生产经营单位以任何形式与从业人员订立免除或者减轻其对从业人员因生产安全事故伤亡依法应承担的责任的协议。在实践中，曾出现采矿业、建筑业的一些生产经营单位强迫劳动者与其订立违反法律规定、逃避安全事故责任的"生死合同"，约定"工伤、死亡概不负责"等，企图免除或者减轻其对从业人员因生产安全事故伤亡依法应承担的责任。一旦发生人身伤亡事故，生产经营单位只给受害人或者其家属很有限的赔偿，之后就试图不再承担任何责任。从业人员由于缺乏相关法律知识或者急于就业，往往在不知情或者被迫的情况下签订此类协议。这种情况在实践中并不少见。这些协议有些是诱骗从业人员订立的，有些是胁迫从业人员订立的，其目的是牺牲从业人员的正当权利，逃避安全生产事故责任，对抗国家的安全生产监督管理，破坏安全生产秩序。这样做严重损害了从业人员的合法权益，是对生命尊严的践踏，社会影响恶劣，必须予以禁止。因此，《安全生产法》第 52 条第 2 款作出了有针对性的规定，明确规定生产经营单位不得以任何形式与从业人员订立协议，免除或者减轻其对从业人员因生产安全事故伤亡依法应承担的责任。这项规定明确了以下几层意思：一是禁止订立这种违法的协议；二是任何形式的此类协议都在禁止之列，比如一度猖獗的“生死合同”；三是订立了这种合同的，并不能免除或者减轻生产安全事故的责任，即从法律上不承认这种合同是合法的、有效的。《劳动合同法》第 26 条第 1 款第 2 项规定，用人单位免除自己的法定责任、排除劳动者权利的劳动合同无效。无效的劳动合同，从订立的时候起就没有法律约束力。同时，《安全生产法》对这种违法行为规定了相应的法律责任，即生产经营单位与从业人员订立协议，免除或者减轻其对从业人员因生产安全事故伤亡依法应承担的责任的，该协议无效；对生产经营单位的主要负责人、个人经营的投资人，还要处以 2 万元以上 10 万元以下的罚款。

从业人员因生产安全事故受到伤害获得赔偿权利，是一项根本性的权利，任何单位和个人都无权剥夺。生产经营单位与从业人员签订的包含“工伤概不负责”之类内容的任何协议，都属于违反法律强制性规定、没有法律效力的协议。即使签订了此类协议，生产经营单位仍应承担责任。例如，2002 年 5 月 12 日国务院发布的《使用有毒物品作业场所劳动保护条例》第 38 条第 2 款规定：“用人单位应当保障劳动者行使前款所列权利。禁止因劳动者依法行使正当权利而降低其工资、福利等待遇或者解除、终止与其订立的劳动合同。”这里所说的前款权利，包括：获得职业卫生教育、培训；获得职业健康检查、职业病诊疗、康复等职业病防治服务；了解工作场所产生或者可能产生的职业中毒危害因素、危害后果和应当采取的职业中毒危害防护措施；要求用人单位提供符合防治职业病要求的职业中毒危害防护设施和个人使用的职业中毒危害防护用品，改善工作条件；对违反职业病防治法律、法规，危及生命、健康的行为提出批评、检举和控告；拒绝违章指挥和强令进行没有职业中毒危害防护措施的作业；参与用人单位职业卫生工作的民主管理，对职业病防治工作提出意见和建议。

二、从业人员的知情权和建议权

知情权和建议权是从业人员重要的安全生产权利，这些权利的行使是保护从业人员生命健康权的重要方式，有必要在法律中作出明确规定。

（一）从业人员的有关知情权

作业场所是从业人员进行生产劳动的区域，包含三种不同的空间范围：人体在规定位置上进行作业时所必需的空间，也称作业接触空间，人们完成生产任务时大部分工时主要在此空间内度过；人体在作业时或进行其他活动时，自由活动所需的空间，即作业活动空间（如进出工作岗位或暂时休息等）；为保障人体安全，避免人体与危险源直接接触所需的安全防护空间。由于生产经营活动的特点，作业场所和工作岗位必然存在一定的危险因素。从业人员有权了解作业场所和工作岗位存在的危险因素，如易燃易爆、有毒有害、辐射性物质等危险物品及其可能对人体造成的伤害，机械设备运转时存在的危险因素等。防范措施，是指为了防止、避免危险因素对从业人员人身安全造成危害而应当采取的技术上、操作上的措施。事故应急措施是指生产经营单位根据本单位实际情况，针对可能发生的事故的类别、性质、特点和范围制定的事故发生时应当采取的组织、技术措施和其他应急措施。从业人员有权了解这些防范措施和应急措施，这不仅是从业人员的权利，也是有效预防事故发生和将事故损失降低到最低限度的需要，同时还是从业人员实现自我保护的有效途径。

根据《安全生产法》第53条规定，生产经营单位的从业人员有权了解其作业场所和工作岗位与安全生产有关的三方面情况：一是存在的危险因素；二是防范措施；三是事故应急措施。根据2009年发布的国家标准《生产过程危险和有害因素分类与代码》，生产过程危险和有害因素是指可对人造成伤亡、影响人的身体健康甚至导致疾病的因素，包括人的因素、物的因素、环境因素和管理因素。知情权是劳动者的一项重要权利，其他法律也都有相应的规定，例如《劳动合同法》第4条第4款规定："用人单位应当将直接涉及劳动者切身利益的规章制度和重大事项决定公示，或者告知劳动者。"其第8条又规定："用人单位招用劳动者时，应当如实告知劳动者工作内容、工作条件、工作地点、职业危害、安全生产状况、劳动报酬，以及劳动者要求了解的其他情况；用人单位有权了解劳动者与劳动合同直接相关的基本情况，劳动者应当如实说明。”又如，《职业病防治法》第 33 条第 1 款、第 2 款规定：“用人单位与劳动者订立劳动合同（含聘用合同，下同）时，应当将工作过程中可能产生的职业病危害及其后果、职业病防护措施和待遇等如实告知劳动者，并在劳动合同中写明，不得隐瞒或者欺骗。劳动者在已订立劳动合同期间因工作岗位或者工作内容变更，从事与所订立劳动合同中未告知的存在职业病危害的作业时，用人单位应当依照规定，向劳动者履行如实告知的义务，并协商变更原劳动合同相关条款。”再如，根据国务院《使用有毒物品作业场所劳动保护条例》第 38 条第 1 款第 3 项的规定，劳动者享有了解工作场所产生或者可能产生的职业中毒危害因素、危害后果和应当采取的职业中毒危害防护措施的权利。其第 39 条规定，劳动者有权在正式上岗前从用人单位获得下列资料：（1）作业场所使用的有毒物品的特性、有害成分、预防措施、教育和培训资料；（2）有毒物品的标签、标识及有关资料；（3）有毒物品安全使用说明书；（4）可能影响安全使用有毒物品的其他有关资料。

从业人员了解危险因素、防范措施及事故应急措施，对于其提高防范意识和自我保护能力，有针对性地采取防范措施，预防和减少可能受到的伤害，将事故损失降低到最小程度，十分必要。由于生产经营活动的复杂性和多样性，作业场所和工作岗位存在的危险因素往往是隐蔽的，不易觉察，而危险因素的防范措施和事故应急措施又往往具有一定的专业性和技术性，仅靠从业人员自身难以掌握。因此，《安全生产法》第 53 条规定从业人员具有知情权，即有权向本单位了解上述情况。生产经营单位应当如实告知，不得隐瞒，更不得欺骗从业人员。

在女性劳动者的特殊保护方面也有相应规定，《女职工劳动保护特别规定》第 4 条规定：“用人单位应当遵守女职工禁忌从事的劳动范围的规定。用人单位应当将本单位属于女职工禁忌从事的劳动范围的岗位书面告知女职工。女职工禁忌从事的劳动范围由本规定附录列示。国务院安全生产监督管理部门会同国务院人力资源社会保障行政部门、国务院卫生行政部门根据经济社会发展情况，对女职工禁忌从事的劳动范围进行调整。”第 10 条规定：“女职工比较多的用人单位应当根据女职工的需要，建立女职工卫生室、孕妇休息室、哺乳室等设施，妥善解决女职工在生理卫生、哺乳方面的困难。”第 11 条规定：“在劳动场所，用人单位应当预防和制止对女职工的性骚扰。”第 14 条规定：“用人单位违反本规定，侵害女职工合法权益的，女职工可以依法投诉、举报、申诉，依法向劳动人事争议调解仲裁机构申请调解仲裁，对仲裁裁决不服的，依法向人民法院提起诉讼。”

（二）从业人员对本单位安全生产工作的建议权

从业人员是劳动者，一方面会关注生产经营单位的经营状况，因为这关系到他们的收入问题；另一方面他们更会关注安全生产问题，因为这关系到其生命安全和健康。从业人员尤其是工作在第一线的劳动者，对于如何保证安全生产、改善劳动条件及作业环境，具有优先发言权，其意见、观点往往更切合实际。因此，从业人员有权参与用人单位安全生产方面的民主管理。从业人员通过参与安全生产中的民主管理，可以充分调动其积极性与主动性，充分发挥其聪明才智，对安全生产工作提出意见与建议，和管理者共同做好本单位的安全生产工作。

从业人员是生产经营活动的直接承担者，也是生产经营活动中各种危险因素的直接面对者，对本单位的安全生产工作有切身的感受和体会，并且往往能够提出一些合理化的、有针对性的建议。赋予从业人员对本单位安全生产工作提出建议的权利，可以充分调动从业人员在安全生产管理方面的主动性和积极性，体现安全生产管理的民主性，减少生产经营单位安全生产工作的失误，保障安全生产工作的科学性、合理性，有效防止生产安全事故的发生。生产经营单位的主要负责人应当为从业人员充分行使上述权利提供机会，创造条件。要重视和尊重从业人员的意见和建议，并对他们的建议及时作出答复。生产经营单位对从业人员提出的建议应当区别对待：合理的应当采纳；不合理的应当给予解释；暂时办不到的，应当加以说明，并积极创造条件，争取尽早落实有关建议。

三、从业人员有权进行监督并受到保护

批评、检举、控告权以及拒绝违章指挥、强令冒险作业权是从业人员安全生产的重要权利，法律对此作出明确规定，并加以保护。

（一）从业人员有权对安全生产工作进行监督

《安全生产法》第 54 条第 1 款规定了从业人员在安全生产方面享有批评、检举、控告的权利和拒绝违章指挥、强令冒险作业的权利。

1. 批评、检举、控告权是从业人员的重要权利。从业人员直接从事生产经营活动，对生产经营单位安全生产工作中存在的问题有最直观的感受。赋予从业人员对本单位安全生产工作中存在的问题提出批评的权利，有利于从业人员对安全生产工作进行监督，使生产经营单位主管人员能经常倾听群众意见，不断改进安全生产工作。同时，对安全生产工作中存在的问题，如管理制度不健全、资金投入不到位、隐患不及时处理等，从业人员还有权向负有安全生产监督管理职责的部门、监察机关、有关地方人民政府等进行检举、控告。特别是在生产经营单位有关负责人不接受批评意见、不采取改进措施的情况下，赋予从业人员进行检举、控告的权利，更具有现实意义。规定从业人员的这一权利，也有利于有关部门及时了解、掌握生产经营单位安全生产工作中存在的问题，采取措施制止和查处生产经营单位违反安全生产法律、法规的行为，保障安全生产，防止生产安全事故的发生。

其他一些法律对此也有相应规定。如《劳动法》第 56 条第 2 款规定："劳动者对用人单位管理人员违章指挥、强令冒险作业，有权拒绝执行；对危害生命安全和身体健康的行为，有权提出批评、检举和控告。"《劳动合同法》第 32 条第 2 款规定："劳动者对危害生命安全和身体健康的劳动条件，有权对用人单位提出批评、检举和控告。"再如，《使用有毒物品作业场所劳动保护条例》第 38 条第 1 款第 5 项也规定了劳动者对违反职业病防治法律、法规，危及生命、健康的行为提出批评、检举和控告的权利。法律规定上述权利，有利于从业人员对生产经营单位进行群众监督，促使生产经营单位不断改进本单位的安全生产工作。这里规定的批评权，是指从业人员对本单位安全生产工作中存在的问题提出批评的权利；这里规定的检举权、控告权，是指从业人员对本单位及有关人员违反安全生产法律、法规的行为，有权向主管部门和司法机关进行检举和控告的权利。检举可以署名，也可以不署名；可以用书面形式，也可以用口头形式。但是，从业人员在行使这一权利时，应注意检举和控告的情况必须真实，要实事求是，否则，要承担相应的民事甚至是刑事法律责任。

2. 从业人员享有拒绝违章指挥、强令冒险作业权，这是旨在保护从业人员生命安全和健康的一项重要权利。《劳动法》第56条第2款规定："劳动者对用人单位管理人员违章指挥、强令冒险作业，有权拒绝执行……"这里规定的违章指挥，主要是指生产经营单位的负责人、生产管理人员和工程技术人员违反有关安全生产的法律法规和有关规章制度，不顾从业人员的生命安全和健康，指挥从业人员进行生产活动的行为。强令冒险作业是指生产经营单位管理人员，对于存在危及作业人员人身安全的危险因素而又没有相应的安全保护措施的作业，不顾从业人员的生命安全和健康，强迫命令从业人员进行作业，明知开始或者继续作业会有重大危险的，仍然强迫从业人员进行作业的行为。这些违法行为都对从业人员生命安全和健康构成极大威胁，为了保护自己的生命安全和健康，对于生产经营单位的这些行为，劳动者有权予以拒绝。生产经营单位违章指挥、强令冒险作业，侵犯了从业人员的合法权益，是严重的违法行为，也是直接导致很多生产安全事故的重要原因。实践中，许多生产安全事故的发生都与违章指挥、强令冒险作业有关。因此，规定从业人员有权拒绝违章指挥和强令冒险作业，对于维护正常的生产秩序、有效地防止生产安全事故发生、保护从业人员自身的人身安全，具有十分重要的意义。

（二）对从业人员行使监督权的保护

《安全生产法》第54条第2款规定，禁止生产经营单位因从业人员行使第54条第1款规定的权利而降低其工资、福利等待遇或者解除与其订立的劳动合同。这一规定包含四项含义：一是生产经营单位不得因从业人员对本单位安全生产工作提出批评、检举、控告而降低其工资、福利等待遇；二是生产经营单位不得因从业人员对本单位安全生产工作提出批评、检举、控告而解除与其订立的劳动合同；三是生产经营单位不得因从业人员拒绝违章指挥、强令冒险作业而降低其工资、福利等待遇；四是生产经营单位不得因从业人员拒绝违章指挥、强令冒险作业而解除与其订立的劳动合同。

从业人员享有的上述批评、检举、控告权和拒绝权，是法律赋予的，生产经营单位应当保障从业人员行使，任何人不得侵犯从业人员依法享有的权利。如果生产经营单位因为从业人员依法行使法律规定的权利，比如，当从业人员发现生产经营单位有违反安全生产的法律、法规以及危及生命安全和健康的行为时，对本单位提出批评或者到有关部门进行检举、控告，生产经营单位便对该从业人员通过降低其工资、福利待遇等方式，对其进行打击报复，或者因此解除与该从业人员订立的劳动合同，就是对劳动者依法行使正当权利的侵犯。对这类打击报复的行为，《安全生产法》明确予以禁止。

对于从业人员的检举、控告，有关部门应当查清事实，认真处理，任何人不得压制和打击报复。检举、控告人不愿公开自己姓名的，有关部门应当采取切实可行的措施，为其保密。

需要进一步说明的是，生产经营单位不得因从业人员拒绝违章指挥、强令冒险作业而解除与其订立的劳动合同。而在实践中，一方面，生产经营单位可能因为上述原因主张劳动者违反约定，从而与其解除劳动合同；另一方面还会以解除劳动合同威胁劳动者服从其违章指挥和强令冒险作业。按照法律规定，此类行为皆属无效。根据《劳动合同法》第 32 条第 1 款规定："劳动者拒绝用人单位管理人员违章指挥、强令冒险作业的，不视为违反劳动合同。"进一步地，用人单位违章指挥、强令冒险作业危及劳动者人身安全的，劳动者可以主动且立即解除劳动合同，同时不需事先告知用人单位。

在实践中，一些生产经营单位把对本单位安全生产工作提出批评、检举、控告或者拒绝违章指挥、强令冒险作业的从业人员视为"刺头"，认为其"闹事""不听话"，对其打击报复，致使从业人员心存顾虑，不敢或者不能充分行使上述权利。因此，在赋予从业人员上述权利的同时，《安全生产法》第 54 条规定生产经营单位不得对从业人员行使上述权利进行打击报复。具体包括：

1. 不得降低从业人员的工资、福利等待遇。工资是从业人员依法取得的作为劳动报酬的一定数额的货币。它包括标准工资，如计时工资、结构工资等；各种奖金，如全勤奖、超额奖；津贴，如工龄津贴、岗位津贴；补贴，如物价补贴；等等。工资是从业人员的主要生活来源，也是从业人员实现劳动力再生产的重要条件。保证从业人员定期获得工资，对于从业人员个人及维持整个社会的劳动再生产都有着极为重要的意义。福利是用人单位为从业人员提供的工资之外的各种物质或者精神上的便利。如食堂、澡堂、托儿所等集体生活福利设施；文化宫、图书馆、体育场馆等文化娱乐设施；生活困难补贴、冬季取暖补贴、卫生费等福利补贴。工资和福利都是从业人员的合法利益，从业人员付出劳动，依照合同约定和国家法律规定取得劳动报酬是其权利，而及时足额地向从业人员支付劳动报酬是生产经营单位的义务。生产经营单位不得因从业人员对本单位安全生产工作存在的问题提出批评、检举、控告或者拒绝违章指挥和强令冒险作业，就降低从业人员的工资和福利补贴，也不能降低其他待遇，如停止为从业人员办理工伤保险等。

2. 不得解除劳动合同。劳动合同是生产经营单位与从业人员确立劳动关系、明确双方权利和义务的协议，一经依法签订即具有法律约束力，当事人必须履行合同规定的义务。解除劳动合同应当依照法定条件进行，根据《劳动合同法》第39条的规定，除与从业人员协商一致外，生产经营单位解除劳动合同的条件是：（1）从业人员在试用期间被证明不符合录用条件；（2）从业人员严重违反用人单位的规章制度；（3）从业人员严重失职，营私舞弊，给用人单位利益造成重大损害；（4）从业人员同时与其他用人单位建立劳动关系，对完成本单位的工作任务造成严重影响，或者经用人单位提出，拒不改正的；（5）以欺诈、胁迫的手段或者乘人之危，使对方在违背真实意思的情况下订立或者变更劳动合同，致使劳动合同无效的；（6）从业人员被依法追究刑事责任。根据第40条的规定，有下列情形之一的，用人单位提前30日以书面形式通知从业人员本人或者额外支付从业人员1个月工资后，可以解除劳动合同：（1）从业人员患病或非因工负伤，医疗期满后，不能从事原工作，也不能从事用人单位另行安排的工作；（2）从业人员不能胜任工作，经过培训、调整工作岗位，仍不能胜任工作；（3）劳动合同订立时所依据的客观情况发生重大变化，致使原劳动合同无法履行，经与从业人员协商未能就变更劳动合同达成协议。此外，用人单位依照《企业破产法》进行重整或者生产经营发生严重困难等确需裁减人员的，经提前30日向工会或者全体职工说明情况，听取工会或者职工的意见，并经向劳动行政部门报告后，可以裁减人员。除以上原因外，生产经营单位不得单方面解除劳动合同，更不得因从业人员行使了批评、检举、控告的权利或者拒绝违章指挥、强令冒险作业而解除与其订立的劳动合同。

从业人员享有的批评、检举、控告权和拒绝违章指挥、强令冒险作业的权利是法律所赋予的，生产经营单位因从业人员行使上述权利而对其进行打击报复的，必须承担相应的法律责任。与此相反，一些生产经营单位鼓励从业人员对安全生产提出批评、建议，并对治理隐患、防止事故的职工予以奖励的做法应当支持和推广。

四、从业人员紧急情况的处置权及其保护

习近平总书记指出，要“始终把人民生命安全和身体健康摆在第一位”。[①] 因此，在生产经营活动中，赋予从业人员以特定情况下的紧急情况处置权是十分必要的。法律对此作出了明确规定，并对从业人员行使紧急处置权加以保护。

（一）从业人员在紧急情况下的处置权

《安全生产法》第 55 条第 1 款规定：“从业人员发现直接危及人身安全的紧急情况时，有权停止作业或者在采取可能的应急措施后撤离作业场所。”这是在法律所限定的特定情况下，法律赋予从业人员采取特定措施的权利，简称紧急撤离权，目的是保护从业人员的人身安全。法律所限定的特定情况是“发现直接危及人身安全的紧急情况”，这是从业人员行使紧急撤离权的前提条件，也就是从业人员紧急撤离权，需要在法律所限定的特定情况下行使，即发现直接危及人身安全的紧急情况，如果不撤离会对其生命安全和健康造成直接的威胁。在此情况下，法律赋予从业人员采取特定措施的权利，即停止作业或者在采取可能的应急措施后撤离作业场所。例如，在矿山井下开采中，发生矿压活动显现激烈、巷道（或工作面、采场）底板突然鼓起、支架破坏、煤（岩）层变软、湿润等沼气喷出的预兆时，井下作业人员在此情况下有权停止作业，及时撤离。人的生命是最宝贵的，法律对从业人员的紧急撤离权作出规定十分必要。需要注意的是，行使权利的选择权在从业人员，不要求从业人员应当在采取可能的应急措施后或者在征得有关负责人员同意后撤离作业场所。当然，在条件允许的情况下，从业人员可以事先报告或者采取可能的应急措施后再撤离作业场所。要加强对从业人员紧急撤离权的宣

---

① 习近平：《携手抗疫 共克时艰》，载人民网，http：//cpc. people. com. cn/n1/2020/0327/c64094-31650097. html，2021 年 5 月 27 日访问。

传，以最大限度减少生产安全事故中的人员伤亡。在实践中，如何判断“直接危及人身安全的紧急情况”，什么样的措施算是“可能的应急措施”，都需要根据具体情况做出判断。从业人员应当正确判断险情危及人身安全的程度，行使这一权利既要积极，又要慎重。

对于从业人员紧急情况的处置权及其保护，在其他法律、法规、规章中也有所体现。如《使用有毒物品作业场所劳动保护条例》第 37 条规定：“从事使用有毒物品作业的劳动者在存在威胁生命安全或者身体健康危险的情况下，有权通知用人单位并从使用有毒物品造成的危险现场撤离。用人单位不得因劳动者依据前款规定行使权利，而取消或者减少劳动者在正常工作时享有的工资、福利待遇。”又如，《建筑施工特种作业人员管理规定》第 18 条规定：“在施工中发生危及人身安全的紧急情况时，建筑施工特种作业人员有权立即停止作业或者撤离危险区域，并向施工现场专职安全生产管理人员和项目负责人报告。”

（二）对从业人员行使紧急处置权的保护

《安全生产法》第 55 条第 2 款规定：“生产经营单位不得因从业人员在前款紧急情况下停止作业或者采取紧急撤离措施而降低其工资、福利等待遇或者解除与其订立的劳动合同。”从业人员在前款规定的紧急情况下行使紧急撤离权，不得因此受到对自己的不利处分。生产经营单位应当遵循以人为本的理念，正确对待这种权利，对于依法行使这种权利的从业人员不得降低其工资、福利等待遇或者解除与其订立的劳动合同。

生产经营单位如果降低从业人员的工资、福利等待遇或者解除与其订立的劳动合同，则该类行为归于无效，应将降低的工资补发给从业人员，并恢复相关福利待遇。原因在于，劳动合同的解除必须符合法定情形。《劳动法》第 25 条规定：“劳动者有下列情形之一的，用人单位可以解除劳动合同：（一）在试用期间被证明不符合录用条件的；（二）严重违反劳动纪律或者用人单位规章制度的；（三）严重失职，营私舞弊，对用人单位利益造成重大损害的；（四）被依法追究刑事责任的。”因此，从业人员在紧急情况下停止作业或者采取紧急撤离措施不属于解除劳动合同的法定情形，生产经营单位若因前述原因解除劳动合同，属无效行为，原劳动合同依然具有法律效力。

五、从业人员享受社会保险和民事赔偿的权利

为进一步保护从业人员的权利，从业人员因生产安全事故受到损害的，有权依有关民事法律进一步要求赔偿。《安全生产法》第 56 条第 2 款规定："因生产安全事故受到损害的从业人员，除依法享有工伤保险外，依照有关民事法律尚有获得赔偿的权利的，有权提出赔偿要求。"这一规定的实质在于，如果劳动者在事故中所受的损害过于严重，使工伤保险难以补偿其受到的全部损害，此时劳动者既有享受工伤保险待遇的权利，又有进一步主张民事赔偿的权利。从业人员在依法行使相关权利时，用人单位不得无故推诿、拒绝承担其依法应当承担的法律责任。这里的"有关民事法律"，原指废止前的《民法通则》《合同法》《侵权责任法》等，现主要指《民法典》。赔偿责任，是指行为人因其行为导致他人财产或人身受到损害时，行为人以自己的财产补偿受害人损失的责任，这是承担民事责任最普遍、最广泛的方式。赔偿的范围，原则上应当包括受害人所受的全部实际损失。具体到生产安全事故，如果工伤保险不能补偿从业人员因事故受到的全部损害，同时生产经营单位对事故的发生负有责任的，则从业人员除依法享有工伤保险外，还有权向本单位提出赔偿要求。实践中有一种观点认为，享受了工伤保险就不能再要求民事赔偿，这是不正确的。在上述"黄某与 L 高尔夫制品有限公司生命权、健康权、身体权纠纷案"中，对于职业病病人在享有工伤保险待遇后具体还可以获得何种项目的民事赔偿，当前我国法律、法规等均未予以明确。黄某以生命权、健康权、身体权为案由，请求 L 公司赔偿残疾赔偿金、被扶养人生活费、营养费、精神损害抚慰金等人身损害损失，而工伤保险待遇中的一次性伤残补助金和伤残津贴与残疾赔偿金及被扶养人生活费的性质相同，是对职业病病人基于其劳动能力丧失或者降低而导致收入损失的一种补偿。因同一损害获得重复赔偿有违民事法律"填平损害"的一般原则，故对黄某关于上述相同性质的赔偿项目请求，法院未予支持。至于营养费、精神损害抚慰金，工伤保险待遇并未包含该项内容，且黄某是因工作环境的影响导致患职业病，身体受到伤害，需要加强营养，所遭受的心理及肉体上的无形痛苦需要安抚和慰藉，故对于黄某诉请营养费、精神损害抚慰金，法院予以支持。

工伤保险是为了保障因工作遭受事故伤害或者患职业病的从业人员获得医治和经济补偿，促进工伤预防和职业康复，分散生产经营单位风险的一种制度。根据《社会保险法》和《工伤保险条例》的有关规定，职工因工作原因受到事故伤害且经工伤认定的，享受工伤保险待遇。具体而言，从业人员由于下列情形之一负伤、致残、死亡的，应当认定为工伤，依法享受工伤保险待遇：（1）在工作时间和工作场所内，因工作原因受到事故伤害的；（2）工作时间前后在工作场所内，从事与工作有关的预备性或者收尾性工作受到事故伤害的；（3）在工作时间和工作场所内，因履行工作职责受到暴力等意外伤害的；（4）患职业病的；（5）因工外出期间，由于工作原因受到伤害或者发生事故下落不明的；（6）在上下班途中，受到非本人主要责任的交通事故或者城市轨道交通、客运轮渡、火车事故伤害的；（7）法律、行政法规规定应当认定为工伤的其他情形。此外，职工有下列情形之一的，也应视同工伤，依法享受工伤保险待遇：（1）在工作时间和工作岗位，突发疾病死亡或者在48小时之内经抢救无效死亡的；（2）在抢险救灾等维护国家利益、公共利益活动中受到伤害的；（3）职工原在军队服役，因战、因公负伤致残，已取得革命伤残军人证，到用人单位后旧伤复发的。

职工参加工伤保险，不仅是《安全生产法》第56条的要求，也体现在其他法律法规和《安全生产法》的其他规定当中。《社会保险法》第33条规定："职工应当参加工伤保险，由用人单位缴纳工伤保险费，职工不缴纳工伤保险费。"《安全生产法》第51条第1款也规定："生产经营单位必须依法参加工伤保险，为从业人员缴纳保险费。"工伤保险制度既有利于分散生产经营单位的经营风险，又可以为从业人员提供一定的保障。从业人员因安全生产事故受到损害的，如果经过工伤认定构成工伤，可以依法享受相应的工伤保险待遇。根据《社会保险法》的规定，工伤保险待遇包括治疗工伤的医疗费用和康复费用，住院伙食补助费，到统筹地区以外就医的交通食宿费，安装配置伤残辅助器具所需费用，生活不能自理的还可以获得生活护理费，伤残的可以获得相应的一次性伤残补助金等，终止或者解除劳动合同时可获得一次性医疗补助金，因工死亡的包括丧葬补助金、供养亲属抚恤金和因公死亡补助金等。工伤保险制度对解决劳动者工伤情况下的相关费用发挥了很大的作用，但用人单位为劳动者参加工伤保险，并不意味着绝对排除了其在劳动者遭受工伤时的民事赔偿责任。由于工伤保险待遇项目有确定的范围，有的项目赔偿标准也不高，有些情况下劳动者通过工伤保险并不能得到充分救济，而侵权损害赔偿可以更好填补受害人及其亲属的相关损失。例如，《民法典》第1183条第1款规定："侵害自然人人身权益造成严重精神损害的，被侵权人有权请求精神损害赔偿。"再如，根据《最高人民法院关于审理人身损害赔偿案件适用法律若干问题的解释》的相关规定，受害人死亡的，赔偿义务人应当赔偿受害人亲属办理丧葬事宜支出的交通费、住宿费和误工损失等合理费用，这些赔偿项目都不属于工伤保险待遇范围。在此值得一提的是，针对安全生产事故造成职工死亡的赔偿问题，《国务院关于进一步加强企业安全生产工作的通知》第23条提出了"提高工伤事故死亡职工一次性赔偿标准"的要求，从2011年1月1日起，依照《工伤保险条例》的规定，对因生产安全事故造成的职工死亡，其一次性工亡补助金标准调整为按全国上一年度城镇居民人均可支配收入的20倍计算，发放给工亡职工近亲属。同时，依法确保工亡职工一次性丧葬补助金、供养亲属抚恤金的发放。另外，工伤保险对劳动者就医的医院以及治疗所使用的药品范围等都有比较多的限制，对有关费用需要劳动者通过向用人单位主张侵权损害赔偿获得救济。

关于安全从业人员的工伤保险待遇实现流程，《工伤保险条例》第30条作出了详细规定："职工因工作遭受事故伤害或者患职业病进行治疗，享受工伤医疗待遇。职工治疗工伤应当在签订服务协议的医疗机构就医，情况紧急时可以先到就近的医疗机构急救。治疗工伤所需费用符合工伤保险诊疗项目目录、工伤保险药品目录、工伤保险住院服务标准的，从工伤保险基金支付，工伤保险诊疗项目目录、工伤保险药品目录、工伤保险住院服务标准，由国务院社会保险行政部门会同国务院卫生行政部门、食品药品监督管理部门等部门规定。职工住院治疗工伤的伙食补助费，以及经医疗机构出具证明，报经办机构同意，工伤职工到统筹地区以外就医所需的交通、食宿费用从工伤保险基金支付，基金支付的具体标准由统筹地区人民政府规定。工伤职工治疗非工伤引发的疾病，不享受工伤医疗待遇，按照基本医疗保险办法处理。工伤职工到签订服务协议的医疗机构进行工伤康复的费用，符合规定的，从工伤保险基金支付。"

六、工会在安全生产工作中享有的权利

习近平总书记在2020年全国劳动模范和先进工作者表彰大会上指出："我国工运事业是在党的领导下发展起来的，我国工会是中国共产党领导的工人阶级群众组织，是党联系职工群众的桥梁和纽带，是社会主义国家政权的重要社会支柱。"① 在安全生产领域，工会的作用至关重要。工会是群众的"职工之家"，工会干部是职工群众最可信赖的"娘家人"。各级党委和政府要加强和改善对工会的领导，支持工会开展工作。在安全生产领域，工会必须负担并有效履行其法定的监督职责。充分发挥工会在安全生产工作中的监督作用，既是工会的性质所决定的，也是建立安全生产综合治理格局的客观需要。

（一）工会对本单位建设项目的安全设施有提出意见的权利

安全设施是指对生产经营活动的安全具有直接保障作用的设施，是生产经营单位建设项目的重要组成部分。《安全生产法》第60条第1款规定了工会有权对建设项目的安全设施提出意见。从业人员从事生产劳动，必须有相应的劳动条件和安全设施，以确保从业人员的生产安全和健康，这是劳动安全的基本要求，国务院及其有关部门对各行各业职工的劳动安全都作出了具体明确的规定。为了确保建设项目的安全设施与主体工程配套，真正发挥作用，《安全生产法》第31条也规定："生产经营单位新建、改建、扩建工程项目（以下统称建设项目）的安全设施，必须与主体工程同时设计、同时施工、同时投入生产和使用。安全设施投资应当纳入建设项目概算。""三同时"制度对于确保安全设施发挥作用具有重要意义。根据《工会法》第23条的规定："工会依照国家规定对新建、扩建企业和技术改造工程中的劳动条件和安全卫生设施与主体工程同时设计、同时施工、同时投产使用进行监督。……"为了保证这项制度的落实，《安全生产法》第60条第1款规定："工会有权对建设项目的安全设施与主体工程同时设计、同时施工、同时投入生产和使用进行监督，提出意见。"工会的监督贯穿安全设施设计阶段、施工阶段和投产

---

① 《习近平在全国劳动模范和先进工作者表彰大会上的讲话》，载人民网，http：//jhsjk.people.cn/article/31943690，2021年6月22日访问。

使用前的竣工验收阶段，对不符合“三同时”要求的建设项目，无论是设计阶段、施工阶段还是竣工验收阶段，工会都有权向生产经营单位和有关设计、施工、验收单位提出意见。有关单位对工会提出的意见，应当认真研究处理，并将研究处理结果书面通知工会。由此可见，工会既可以在设计阶段、施工阶段对建设项目的安全设施提出意见，也可以在投产前的检查验收中提出意见；既可以要求生产经营单位按照国家规定增加或者补建安全设施，也可以要求依法改善劳动条件，还可以建议停止施工、投产，待安全设施配套时再行施工等。生产经营单位对工会提出的意见，应当认真处理，对确有法律依据的，应当按照工会的意见处理。对未按照工会的意见处理的，工会还可以向有关主管部门反映，或者向上一级工会反映，要求解决。

（二）工会有对违法行为要求纠正和对安全生产工作提出建议的权利

《安全生产法》第 60 条第 2 款规定了工会对生产经营单位违反安全生产法律、法规，侵犯从业人员合法权益的行为有要求纠正的权利，以及对生产经营单位的安全生产工作有提出建议的权利。《工会法》第 6 条第 1 款规定：“维护职工合法权益是工会的基本职责。工会在维护全国人民总体利益的同时，代表和维护职工的合法权益。”从业人员相对于生产经营单位处于弱势地位，在这种情况下，必须强化和维护从业人员的合法权益。在我国，维权是现阶段工会工作的核心内容。《安全生产法》从安全生产的角度进一步重申了工会在这方面的权利，强调工会对生产经营单位违反有关安全生产的法律、法规，侵犯从业人员合法权益的行为有要求纠正的权利。《工会法》第 25 条还进一步规定：“工会有权对企业、事业单位侵犯职工合法权益的问题进行调查，有关单位应当予以协助。”

当前，一些生产经营单位无视有关安全生产法律、法规的规定，存在较为严重的侵犯从业人员合法权益的现象，如不向从业人员提供符合国家标准或者行业标准的劳动防护用品，不对从业人员进行必要的安全生产教育和培训，不如实告知从业人员生产经营场所和工作岗位存在的危险因素和防护措施，不为从业人员缴纳工伤保险费，等等。这些行为不仅侵犯了从业人员的合法权益，也给安全生产带来严重威胁。为了监督生产经营单位遵守安全生产有关法律法规，切实维护从业人员的合法权益，《安全生产法》第 60 条第 2

款规定："工会对生产经营单位违反安全生产法律、法规，侵犯从业人员合法权益的行为，有权要求纠正。……"生产经管单位对工会要求纠正的事项应当认真研究，采取措施解决、纠正，并向工会反馈处理结果。

违章指挥和强令冒险作业是直接导致事故的重要原因，由于从业人员处于相对弱势地位，实践中往往难以抵制违章指挥和强令冒险作业。重大事故隐患对生产经营单位的安全生产构成严重威胁，但生产经营单位有时心存侥幸，不及时采取措施消除隐患。为了有效解决上述问题，依照《安全生产法》第 60 条第 2 款的规定，工会发现生产经营单位违章指挥、强令工人冒险作业或者发现事故隐患时，有权提出解决的建议。生产经营单位应当及时研究工会的意见，不得推诿，并将处理结果通知工会。工会发现危及从业人员生命安全的情况时，例如矿山开采出现透水事故苗头时，有权向生产经营单位建议组织从业人员撤离危险场所，生产经营单位必须立即果断地作出处理决定，避免伤亡事故的发生。需要说明的是，依照《安全生产法》第 60 条和《工会法》第 24 条的规定，工会对纠正生产经营单位的违章指挥，对组织从业人员撤离危险场所，都是向生产经营单位提出建议，而不是去直接制止或者组织撤离。这样规定是因为生产经营管理权是生产经营单位主要负责人的职责，保障安全生产也是单位负责人的职责，涉及生产的指挥和组织问题应当由生产经营单位做出决定。工会为了维护从业人员的生命安全和健康，有提出解决问题的建议权。工会的建议权与生产经营单位的经营管理权目标是一致的，因为如果发生了事故，不仅会造成从业人员生命安全和健康的损害，而且会给生产经营单位造成损失。工会行使这一权利，防患于未然，不仅保证了从业人员的生命安全和健康，而且保护了生产经营单位的利益不受损害，提高了从业人员安全生产的自觉性。

工会发现危及从业人员生命安全的情况时，有权向生产经营单位建议组织从业人员撤离危险场所。生产经营单位负责人或者现场指挥人员应当立即做出处理，对确需立即组织从业人员撤离作业场所的，立即组织执行；对尚不需要撤离从业人员，但需要采取必要的安全措施的，应当立即采取保证安全的措施，并将有关情况告知工会。

（三）工会有参加安全生产事故调查处理的权利

事故调查处理是安全生产工作的重要组成部分，工会在这方面同样享有一定的监督权利。首先，工会有权依法参加事故调查处理。这里的依法，是指依照《安全生产法》《工会法》《生产安全事故报告和调查处理条例》等法律、行政法规。这些法律、行政法规规定了工会参加事故调查处理的权利、程序等。其次，工会有权向有关部门提出关于事故处理的意见，并可以在查清事故原因、分清事故责任的基础上，要求追究有关人员的责任。

《安全生产法》第 60 条第 3 款是关于工会参加安全生产事故调查处理权利的规定。生产安全事故的调查处理，直接关系到职工的利益，工会作为职工群众组织，有权关心和参加事故的调查处理工作。任何组织和个人都不得阻挠工会参加调查。工会根据调查的实际情况，提出处理意见，对造成事故的直接负责的主管人员和其他直接责任人员，有权要求追究其法律责任。对此，《工会法》第 26 条进一步规定："职工因工伤亡事故和其他严重危害职工健康问题的调查处理，必须有工会参加。工会应当向有关部门提出处理意见，并有权要求追究直接负责的主管人员和有关责任人员的责任。对工会提出的意见，应当及时研究，给予答复。"

七、被派遣劳动者的权利

2012 年《劳动合同法》的修改进一步规范了劳务派遣制度，强调维护被派遣劳动者享有与用工单位的劳动者同工同酬的权利。对被劳务派遣者的保护日益引起社会的高度关注。《安全生产法》第 61 条规定的主要目的是配合《劳动合同法》的贯彻落实，在安全生产领域进一步保护生产经营单位被派遣劳动者的合法权利。

（一）生产经营单位使用被派遣劳动者

劳务派遣是《劳动合同法》规范的一项重要内容，它存在三个法律主体，分别为劳务派遣单位、被派遣劳动者和用工单位。劳务派遣单位是被派遣劳动者的用人单位，其向社会招用劳动者为其成员，并对应招合格的劳动者进行派遣，行使对劳动者的人事管理权，包括劳动者的录用、辞退、岗前培训、工资支付、社会保险费缴纳等方面的管理。劳务派遣单位与被派遣劳动者之间因签订劳动合同而存在劳动关系。用工单位是指接受劳务派遣用工的单位。劳务派遣单位派遣劳动者应当与用工单位订立劳务派遣协议。劳务派遣协议应当约定派遣岗位和人员数量、派遣期限、劳动报酬和社会保险费的数额与支付方式以及违反协议的责任等涉及被派遣劳动者权益的内容。《安全生产法》第61条中所表述的使用被派遣劳动者的生产经营单位，指的就是用工单位。

在实践中，劳务派遣是生产经营合法化、规范化过程中遇到的一个重大问题。目前，我国劳务派遣单位数量和劳务派遣用工规模都十分巨大。人数的剧增伴随着各方面的突出问题：一是劳务派遣单位过多过滥，经营不规范；二是许多用工单位长期大量使用被派遣劳动者，有的用工单位甚至把劳务派遣作为用工主渠道；三是被派遣劳动者的合法权益得不到有效保障，同工不同酬、不同保障待遇的问题比较突出，参与企业民主管理和参加工会组织等权利得不到很好的落实，一些被派遣劳动者长期没有归属感，心理落差较大。劳务派遣用工制度的滥用不仅损害了劳动者的合法权益，也对常规的用工方式和劳动合同制度造成较大冲击。随着越来越多的生产经营单位开始使用被派遣劳动者，一系列问题也相继产生。由于被派遣劳动者与用工的生产经营单位之间只有用工关系，不存在劳动合同关系，因此一些生产经营单位认为，被派遣劳动者不是本单位正式员工，仅仅把使用被派遣劳动者当作降低成本的手段，不依法保障其合法权益，造成同工不同酬、福利待遇差别大等问题。特别是在安全生产方面，有的生产经营单位对被派遣劳动者也“另眼相看”，表现为不保障被派遣劳动者在安全生产方面的权利。有的被派遣劳动者也认为自己在身份上比正式员工“低人一等”，没有归属感，不知道或者不敢、不会维护自己在安全生产方面的权利。这些问题的存在，不仅损害了被派遣劳动者的合法权益，而且直接危及安全生产。基于上述原因，2012年，第十一届全国人大常委会第二十七次会议在严格限制劳务派遣用工岗位范围、对设立劳务派遣单位实施行政许可、切实维护被派遣劳动者享有与用工单位的劳动者同工同酬的权利等方面，对《劳动合同法》进行了修改。在《劳动合同法》的实施过程中，劳务派遣的许多问题仍然存在，甚至十分突出。为保障被派遣劳动者的合法权益，保障安全生产，《安全生产法》第61条明确规定：“生产经营单位使用被派遣劳动者的，被派遣劳动者享有本法规定的从业人员的权利，并应当履行本法规定的从业人员的义务。”这就从法律上进一步明确了被派遣劳动者与正式员工在安全生产方面的权利和义务完全平等。

（二）被派遣劳动者享有的权利

法律对用工单位使用被派遣劳动者作出特殊规定。《劳动合同法》第 62 条规定："用工单位应当履行下列义务：（一）执行国家劳动标准，提供相应的劳动条件和劳动保护；（二）告知被派遣劳动者的工作要求和劳动报酬；（三）支付加班费、绩效奖金，提供与工作岗位相关的福利待遇；（四）对在岗被派遣劳动者进行工作岗位所必需的培训；（五）连续用工的，实行正常的工资调整机制。用工单位不得将被派遣劳动者再派遣到其他用人单位。"有关行政法规、部门规章也对被派遣劳动者的使用做出明确规定。如《国务院办公厅关于进一步加强煤矿安全生产工作的意见》第 14 条规定："规范煤矿劳动用工管理。在一定区域内，加强煤矿企业招工信息服务，统一组织报名和资格审查、统一考核、统一签订劳动合同和办理用工备案、统一参加社会保险、统一依法使用劳务派遣用工，并加强监管。严格实施工伤保险实名制；严厉打击无证上岗、持假证上岗。"

《安全生产法》规定的从业人员的权利，主要是指《安全生产法》第三章的有关内容。"被派遣劳动者享有本法规定的从业人员的权利"，具体包括：（1）从业人员与生产经营单位订立的劳动合同应当载明与从业人员劳动安全有关的事项，生产经营单位不得以协议免除或者减轻安全事故伤亡责任；（2）从业人员对危险因素、防范措施及事故应急措施的知情权和建议权；（3）对安全问题的批评、检举和控告权，并有权拒绝违章指挥和强令冒险作业；（4）有权在发现直接危及人身安全的紧急情况时停止作业或者在采取可能的应急措施后撤离作业场所；（5）享受社会保险，并享有因生产安全事故而遭受损害时要求赔偿的权利。

【延伸思考】

1.《安全生产法》在此次修正中将原第 53 条（现第 56 条第 2 款）"因生产安全事故受到损害的从业人员，除依法享有工伤保险外，依照有关民事法律尚有获得赔偿的权利的，有权向本单位提出赔偿要求"中"本单位"一词删去了。那么，除了本单位，从业人员对于所受到的损害还有可能向谁主张赔偿?

2. 在实践中，很多冒险作业行为并没有一个“强令”的过程，而是隐瞒相关危险因素，直接组织劳动者作业。那么，此种情况可否解释为法律上规定的“强令冒险作业”?

第二节　从业人员的安全生产义务

【本节导读】

权利与义务是相对应的。不存在无义务的权利，也不存在无权利的义务，本节内容将介绍从业人员的安全生产义务。本节涉及的主要法律条文共 5 条，其规定的从业人员（包括被派遣劳动者）安全生产义务包括：在作业过程中，严格落实岗位安全责任，严格遵守本单位的安全生产规章制度和操作规程，服从管理，正确佩戴和使用劳动防护用品的义务；接受安全生产教育和培训的义务；及时报告事故隐患或者其他不安全因素的义务。同时，还规定了工会在生产经营单位安全生产管理中的工作职责、从业人员违章操作的法律责任。

【主干法条】

第五十七条　从业人员在作业过程中，应当严格落实岗位安全责任，遵守本单位的安全生产规章制度和操作规程，服从管理，正确佩戴和使用劳动防护用品。

第五十八条　从业人员应当接受安全生产教育和培训，掌握本职工作所需的安全生产知识，提高安全生产技能，增强事故预防和应急处理能力。

第五十九条　从业人员发现事故隐患或者其他不安全因素，应当立即向现场安全生产管理人员或者本单位负责人报告；接到报告的人员应当及时予以处理。

第六十一条　生产经营单位使用被派遣劳动者的，被派遣劳动者享有本法规定的从业人员的权利，并应当履行本法规定的从业人员的义务。

第一百零七条　生产经营单位的从业人员不落实岗位安全责任，不服从管理，违反安全生产规章制度或者操作规程的，由生产经营单位给予批评教育，依照有关规章制度给予处分；构成犯罪的，依照刑法有关规定追究刑事责任。

【案例导入】

李某犯重大责任事故罪致白某死亡案①

2020年7月3日7时许，李某在章丘市黄河水利水电工程有限公司官庄分公司上班后，安排并带领本单位职工白某进行拌缸清理工作。李某和白某两人进入拌缸内，用工具清理拌缸内壁、搅拌臂以及拌叶上凝固的物料，清理一部分物料后，两人从拌缸内出来，白某站在拌缸南侧的平台上，李某到操作室尝试启动拌缸，试了两次拌缸没能启动。李某在操作室内向拌缸观察，没有看到白某，随后再次启动拌缸电源开关，随即听到拌缸内白某的喊叫声，李某立即关闭电源，爬上拌缸东侧的设备平台，发现白某在拌缸内，下半身已经被卡在搅拌臂之间。李某当即招呼其他工友一起把白某从拌缸内拉出来，现场人员拨打120急救电话，医护人员到达现场后将白某送往医院，白某经抢救无效死亡。经事故调查认定，李某在清理拌缸时违反《机械安全危险能量控制方法上锁/挂牌》及本公司《水稳拌合站安全操作规程》相关规定，进入拌缸内未采取断电、上锁、挂牌安全措施，在未确认拌缸内情况下启动设备，对事故负有直接责任。

法院经审理认为：李某在生产、作业中违反有关安全管理规定，对重大伤亡事故的发生负有直接责任，犯重大责任事故罪，判处有期徒刑一年，缓刑一年六个月。

---

①　案例来源：山东省济南市章丘区人民法院（2021）鲁0114刑初56号刑事判决书。

本案涉及的核心问题是从业人员未严格履行遵章守制义务，由于违章操作导致事故而应承担的法律责任。本案中，李某未严格履行遵章守制义务，未严格执行相关的安全生产规程，违规操作，对白某的死亡负有直接责任。如果李某能够严格履行其应履行的义务，严格按照相关安全生产规程生产操作，那本案中的危害结果则很有可能不会发生，这充分体现了从业人员在安全生产作业过程中严格落实岗位安全责任的重要性。

【制度解析】

一、从业人员应当遵章守制、服从管理、佩戴和使用劳动防护用品

从业人员在作业过程中应当严格遵守本单位的安全生产规章制度和操作规程，服从管理，正确佩戴和使用劳动防护用品。在上述“李某犯重大责任事故罪致白某死亡案”中，正是因为李某进入拌缸内未采取断电、上锁、挂牌安全措施，才直接导致白某死亡的后果。

（一）从业人员应当严格遵守本单位的安全生产规章制度和操作规程

安全生产规章制度是生产经营单位根据本单位的实际情况，依照国家法律、法规和规章的要求所制定的有关安全生产的具体制度。操作规程是生产经营单位为保障安全生产而对各工种、各岗位、各环节的操作规范和具体程序所做的规定，是具体指导从业人员进行安全生产的重要技术准则。在上述案件当中，《机械安全危险能量控制方法上锁/挂牌》和该公司《水稳拌合站安全操作规程》就属于本单位安全生产规章制度和操作规程。由于安全生产规章制度和操作规程是根据本单位的实际制定的，针对性较强，对保障安全生产有特殊的意义。生产经营单位的安全生产规章制度是企业规章制度的重要组成部分。生产经营单位安全生产管理方面的规章制度包括安全生产责任制、安全技术措施管理、安全生产教育、安全生产检查、伤亡事故报告、各类事故管理、劳动保护设施管理、要害岗位管理、安全值日制度、安全生产竞赛办法、安全生产奖惩办法、劳动防护用品的发放管理办法等。安全操作规程是指在生产活动中，为消除能导致人身伤亡或造成设备、财产破坏以及

危害环境而制定的具体技术要求和实施程序的统一规定。

对从业人员来说，是否遵守安全生产规章制度和操作规程，直接决定着能否保障安全生产。因此，从业人员除应严格遵守有关安全生产的法律、法规外，还应当严格遵守生产经营单位的安全生产规章制度和操作规程。从业人员必须增强遵章守纪意识，不折不扣地遵守安全生产规章制度和操作规程，从维护国家利益、集体利益和自身利益出发，把遵章守纪、按章操作落实到具体的作业活动中，确保安全生产的实现。《安全生产法》第 57 条规定："从业人员在作业过程中，应当严格落实岗位安全责任，遵守本单位的安全生产规章制度和操作规程……" 其中"严格落实岗位安全责任"是新增内容。《劳动法》第 56 条第 1 款规定："劳动者在劳动过程中必须严格遵守安全操作规程。"生产经营单位的安全生产规章制度是保证劳动者的安全和健康，保证生产活动顺利进行的手段，没有健全和严格执行的安全生产规章制度，企业的安全生产就没有保障。可以说，安全寓于生产的全过程之中，安全生产需要生产经营单位的每一个人、每一道工序相互配合和衔接。生产经营单位的每一个从业人员都从不同的角度为企业的安全生产担负责任，每个人是否尽责直接影响生产经营单位安全生产的成效。因此，生产经营单位的从业人员在作业过程中应当遵守本单位的安全生产规章制度和操作规程，服从管理。这样才能保证生产经营单位的活动安全、有序地进行。

（二）从业人员应当服从管理

这里所说的"服从管理"，是指服从生产经营单位有关负责人以及安全生产管理人员在安全生产方面的管理。从业人员服从管理，是保持生产经营活动秩序，保障本单位安全生产各项要求得到落实，有效避免、减少生产安全事故发生的基本条件。同时，对生产经营单位的从业人员不服从管理，违反安全生产规章制度或者操作规程的，《安全生产法》规定了法律责任，由生产经营单位给予批评教育，依照有关规章制度给予处分；构成犯罪的依照刑法有关规定追究刑事责任。当然，从业人员应当服从的是正当、合理的管理，对于违章指挥、强令冒险作业，从业人员有权拒绝。

（三）从业人员应当正确佩戴和使用劳动防护用品

劳动防护用品是保护从业人员安全和健康所采取的必不可少的辅助措施。

从一定意义上讲，它是从业人员防止职业毒害和伤害的最后一项有效的措施。同时，劳动防护用品又与从业人员的福利待遇以及为保证产品质量、产品卫生和生活卫生所需要的非防护性的工作用品有着原则区别。在劳动条件差、危害程度高或者集体防护措施起不到作用的情况下，如在抢修或者检修设备、野外露天作业、处理事故或者隐患，以及生产工艺、设备一时跟不上等情况下，个人防护用品就会成为劳动保护的主要措施。在劳动过程中，劳动防护用品是必不可少的生产性装备，对生产经营单位来讲要按照有关规定充足发放，不得任意削减，作为从业人员要爱惜并正确佩戴和认真用好劳动防护用品。从业人员在作业过程中，必须按照安全生产规章制度和劳动防护用品使用规则，正确佩戴和使用劳动防护用品；未按规定佩戴和使用劳动防护用品的，不得上岗作业。

劳动防护用品是生产经营单位为保障从业人员在生产劳动过程中的安全和健康而提供给从业人员使用的保护性用品。不同的劳动防护用品有其特定的佩戴和使用规则、方法，只有正确佩戴和使用，方能真正起到防护作用。生产经营单位应当为从业人员提供符合国家标准或者行业标准的劳动防护用品，但如果从业人员不正确佩戴和使用，仍然不能真正发挥劳动防护用品的作用，达不到保护从业人员健康和安全的目的。实践中，因从业人员不正确佩戴和使用劳动防护用品而导致受到伤害的现象普遍存在。因此，从业人员在作业过程中必须提高安全生产意识，按照规则和要求正确佩戴和使用劳动防护用品。这既是保护从业人员自身安全和健康的需要，也是实现安全生产的客观需要。

不同职业的劳动防护用品使用差别比较大，所以需要有关部门分门别类地对其使用方法做出具体规定。在特殊时期，有关劳动防护用品的使用还会有一些特殊规定。例如，2020 年 7 月 10 日国务院发布的《关于印发外卖配送和快递从业人员新冠肺炎疫情健康防护指南的通知》第 2 条规定："保障员工每日防护用品。定期为工作人员分发口罩、手套、消毒剂等防疫物品，按照每工作 4—6 小时更换一次的频率进行发放。每日登记员工健康状况，测量体温，提醒员工如身体不适及时就医。"第 3 条规定："开展防疫知识培训宣传。外卖配送和快递从业人员知悉防疫要求，具备个人防护意识，熟悉应急处置流程，主动配合疫情防控工作。"第 4 条规定："员工做好自我健康管理。外卖配送和快递从业人员要及时了解外卖配送或所负责收发快递区域的疫情风险等级。上岗前检查工作服、口罩、手套和手消毒剂等个人防护用品的数量和质量，并测量体温，如出现体温异常，应当报告单位并及时就医。”

二、从业人员接受安全生产教育和培训

生产经营活动的复杂性和多样性决定了安全生产知识和安全生产技能的复杂性和多样性。要保障安全生产，从业人员必须具备安全生产知识、技能以及事故预防和应急处理能力。而要达到这个目的，就必须接受安全生产教育和培训。因此，《安全生产法》第 28 条规定了生产经营单位对从业人员接受安全生产教育和培训的义务。但是，从从业人员的角度看，如果其拒不接受教育和培训，就不可能取得预期的效果。有鉴于此，第 58 条明确规定，从业人员应当接受安全生产教育和培训，这既是从业人员的权利，也是其法定义务。实践中，对于不接受安全生产教育和培训的从业人员，生产经营单位有权拒绝安排其上岗作业。

同时，从业人员应当通过安全生产教育和培训，掌握本职工作所需要的安全生产知识，提高安全生产技能，增强事故预防和应急处理能力。做到“不伤害自己，不伤害他人，不被他人伤害”。具体而言，应当掌握以下知识和技能：有关安全生产的法律、法规以及本单位安全生产规章制度和安全操作规程；本单位安全生产形势、厂区布局及特殊危险场所（地点）的位置、有毒有害因素及必须遵守的安全事项；劳动防护用品的性能及正确使用方法；通用安全技术（主要是电气和机械安全技术）知识；事故预防和应急处理知识；等等。这是现代社会从业人员应当具备的基本素质。

（一）关于安全教育和培训宏观层面的基本内容

伤亡事故的发生，不外乎人的不安全行为和物的不安全状态两种原因，其中控制人的不安全行为是减少伤亡事故的主要措施。而对从业人员进行安全生产教育，是控制人的不安全行为的有效方法，是安全生产管理工作中的一个重要组成部分，是提高从业人员安全素质和自我保护能力，防止事故发生，保证安全生产的重要手段。从业人员应当有主动接受安全生产教育和培

训的意识。安全教育培训的基本内容包括安全意识、安全知识和安全技能教育。

1. 安全意识教育。安全意识教育是安全教育的重要组成部分，是搞好安全生产的关键环节。它包括思想认识教育和劳动纪律教育两方面内容。从业人员通过思想认识教育要提高对劳动保护和安全生产重要性的认识，奠定安全生产的思想基础。劳动纪律教育是提高企业管理水平和安全生产条件，减少工伤事故，保障安全生产的必要前提。

2. 安全知识教育。从业人员接受安全知识教育是提高其安全技能的重要手段，其内容包括生产经营单位的基本生产概况、生产过程、作业方法或者工艺流程；生产经营单位内特别危险的设备和区域；专业安全技术操作规程；安全防护基本知识和注意事项；有关特种设备的基本安全知识；有关预防生产经营单位常发生事故的基本知识；个人防护用品的构造、性能和正确使用的有关常识等。

3. 安全技能教育。安全技能教育是巩固从业人员安全知识的必要途径，其内容包括设备的性能、作用和一般的结构原理；事故的预防和处理及设备的使用、维护和修理。接受安全生产教育培训的人员应当达到相应要求，如对生产经营单位主要负责人和技术负责人来说，在安全生产教育培训后，要懂得安全生产技术的基本理论；能制定、审查灾害预防处理计划和实施措施；能正确组织、指挥抢救事故；具备检查、处理事故隐患，分析安全情况和提出改善安全措施的能力。

（二）关于安全教育和培训实践层面的具体要求

1. 岗前培训。根据《生产经营单位安全培训规定》的相关规定，厂（矿）级岗前安全培训内容应当包括：本单位安全生产情况及安全生产基本知识；本单位安全生产规章制度和劳动纪律；从业人员安全生产权利和义务；有关事故案例等。煤矿、非煤矿山、危险化学品、烟花爆竹等生产经营单位厂（矿）级安全培训除包括上述内容外，应当增加事故应急救援、事故应急预案演练及防范措施等内容。班组级岗前安全培训内容应当包括：岗位安全操作规程；岗位之间工作衔接配合的安全与职业卫生事项；有关事故案例；其他需要培训的内容。

需要注意的是，从业人员在本生产经营单位内调整工作岗位或离岗一年以上重新上岗时，应当重新接受车间（工段、区、队）和班组级的安全培训；生产经营单位实施新工艺、新技术或者使用新设备、新材料时，应当对有关从业人员重新进行有针对性的安全培训。

2. 特种作业人员的培训。生产经营单位的特种作业人员，必须按照国家有关法律、法规的规定接受专门的安全培训，经考核合格，取得特种作业操作资格证书后，方可上岗作业。

3. 应急管理部门的监管职责。各级应急管理部门对生产经营单位安全培训及其持证上岗的情况进行监督检查，主要包括以下内容：安全培训制度、计划的制定及其实施的情况；煤矿、非煤矿山、危险化学品、烟花爆竹、金属冶炼等生产经营单位主要负责人和安全生产管理人员安全培训以及安全生产知识和管理能力考核的情况；其他生产经营单位主要负责人和安全生产管理人员培训的情况；特种作业人员操作资格证持证上岗的情况；建立安全生产教育和培训档案，并如实记录的情况；对从业人员现场抽考本职工作的安全生产知识；其他需要检查的内容。

安全生产监管监察部门在检查中发现安全生产教育和培训责任落实不到位、有关从业人员未经培训合格的，应当视为生产安全事故隐患，责令生产经营单位立即停止违法行为，限期整改，并依法予以处罚。

4. 安全培训的方式和管理制度。对从业人员的安全培训，具备安全培训条件的生产经营单位应当以自主培训为主，也可以委托具备安全培训条件的机构进行安全培训。不具备安全培训条件的生产经营单位，应当委托具有安全培训条件的机构对从业人员进行安全培训。生产经营单位委托其他机构进行安全培训的，保证安全培训的责任仍由本单位负责。生产经营单位应当建立安全培训管理制度，保障从业人员安全培训所需经费，对从业人员进行与其所从事岗位相应的安全教育培训；从业人员调整工作岗位或者采用新工艺、新技术、新设备、新材料的，应当对其进行专门的安全教育和培训。未经安全教育和培训合格的从业人员，不得上岗作业。

5. 对被派遣劳动者与实习学生的教育和培训。生产经营单位使用被派遣劳动者的，应当将被派遣劳动者纳入本单位从业人员统一管理，对被派遣劳动者进行岗位安全操作规程和安全操作技能的教育和培训。劳务派遣单位应当对被派遣劳动者进行必要的安全生产教育和培训。生产经营单位接收中等职业学校、高等学校学生实习的，应当对实习学生进行相应的安全生产教育和培训，提供必要的劳动防护用品。学校应当协助生产经营单位对实习学生进行安全生产教育和培训。

（三）安全教育培训的形式

从业人员接受安全教育培训的形式多种多样，如组织专门的安全教育培训班；班前班后交代安全注意事项，讲评安全生产情况；施工和检修前进行安全措施交底；各级负责人和安全员在作业现场工作时进行安全宣传教育、督促安全法规和制度的贯彻执行；组织安全技术知识讲座、竞赛；召开事故分析会、现场会，分析造成事故的原因、责任、教训，制定事故防范措施；组织安全技术交流，安全生产展览，张贴宣传画、标语，设置警示标志，以及利用广播、电影、电视、录像等方式进行安全教育；通过由安全技术部门召开的安全例会、专题会、表彰会、座谈会或者采用安全信息、简报、通报等形式，总结、评比安全生产工作，达到安全教育的目的。从业人员要积极参加上述形式的安全教育培训。

三、从业人员对不安全因素的报告义务

（一）生产安全事故隐患

根据《安全生产事故隐患排查治理暂行规定》第 3 条规定："本规定所称安全生产事故隐患（以下简称事故隐患），是指生产经营单位违反安全生产法律、法规、规章、标准、规程和安全生产管理制度的规定，或者因其他因素在生产经营活动中存在可能导致事故发生的物的危险状态、人的不安全行为和管理上的缺陷。事故隐患分为一般事故隐患和重大事故隐患。一般事故隐患，是指危害和整改难度较小，发现后能够立即整改排除的隐患。重大事故隐患，是指危害和整改难度较大，应当全部或着局部停产停业，并经过一定时间整改治理方能排除的隐患，或者因外部因素影响致使生产经营单位自身难以排除的隐患。"例如，《国务院关于预防煤矿生产安全事故的特别规定》第 8 条第 2 款规定："煤矿有下列重大安全生产隐患和行为的，应当立即停止生产，排除隐患：（一）超能力、超强度或者超定员组织生产的；（二）瓦斯

超限作业的；（三）煤与瓦斯突出矿井，未依照规定实施防突出措施的；（四）高瓦斯矿井未建立瓦斯抽放系统和监控系统，或者瓦斯监控系统不能正常运行的；（五）通风系统不完善、不可靠的；（六）有严重水患，未采取有效措施的；（七）超层越界开采的；（八）有冲击地压危险，未采取有效措施的；（九）自然发火严重，未采取有效措施的；（十）使用明令禁止使用或者淘汰的设备、工艺的；（十一）年产六万吨以上的煤矿没有双回路供电系统的；（十二）新建煤矿边建设边生产，煤矿改扩建期间，在改扩建的区域生产，或者在其他区域的生产超出安全设计规定的范围和规模的；（十三）煤矿实行整体承包生产经营后，未重新取得安全生产许可证和煤炭生产许可证，从事生产的，或者承包方再次转包的，以及煤矿将井下采掘工作面和井巷维修作业进行劳务承包的；（十四）煤矿改制期间，未明确安全生产责任人和安全管理机构的，或者在完成改制后，未重新取得或者变更采矿许可证、安全生产许可证、煤炭生产许可证和营业执照的；（十五）有其他重大安全生产隐患的。”

（二）从业人员的报告义务

《安全生产法》第 3 条规定：“安全生产工作坚持中国共产党的领导。安全生产工作应当以人为本，坚持人民至上、生命至上，把保护人民生命安全摆在首位，树牢安全发展理念，坚持安全第一、预防为主、综合治理的方针，从源头上防范化解重大安全风险。安全生产工作应当实行管行业必须管安全、管业务必须管安全、管生产经营必须管安全，强化和落实生产经营单位主体责任与政府监管责任，建立生产经营单位负责、职工参与、政府监管、行业自律和社会监督的机制。”生产安全事故虽然有意外性、偶然性和突发性的特点，但它又有一定的规律，可以通过采取有效措施尽可能加以预防。从业人员处于安全生产的第一线，最有可能及时发现事故隐患或者其他不安全因素，因此，《安全生产法》第 59 条对从业人员发现事故隐患或者其他不安全因素规定了报告义务，这也符合职工参与安全生产工作的机制要求。其报告义务有两点要求：一是在发现上述情况后，应当立即报告，因为安全生产事故的特点之一是突发性，如果拖延报告，则使事故发生的可能性加大，发生了事故则更是悔之晚矣。二是接受报告的主体是现场安全生产管理人员或者本单位的负责人，以便于对事故隐患或者其他不安全因素及时作出处理，避免事故的发生。接到报告的人员须及时进行处理，以防止延误消除事故隐患的时机。

从业人员直接承担具体的作业活动，更容易发现事故隐患或者其他不安全因素。在实践中，有的从业人员对单位的安全生产以及自己和他人的生命财产安全严重不负责任，麻木不仁，对事故隐患和其他不安全因素熟视无睹；或者心存侥幸，认为不会出问题，对发现的事故隐患和其他不安全因素不及时报告，以致造成严重后果。为了提高从业人员的安全生产意识，增强其责任心，确保事故隐患或者其他不安全因素能够及时得到处理，防止和减少生产安全事故，《安全生产法》第59条明确规定了从业人员报告发现的事故隐患或者其他不安全因素的义务。从业人员一旦发现事故隐患或者其他不安全因素，应当立即向现场安全生产管理人员或者本单位负责人报告，不得隐瞒不报或者拖延报告。从业人员及时报告，对生产经营单位及时消除事故隐患和其他不安全因素，采取必要的安全防范措施，具有十分重要的意义。可以说，从业人员报告得越早，事故隐患或者其他不安全因素造成危害的可能性就越小。因此，报告事故隐患和其他不安全因素，贵在及时，重在及时。当然，从业人员发现事故隐患或者其他不安全因素后，应当如实报告，既不能夸大事实，也不能大事化小，以免影响对事故隐患或者其他不安全因素的正确判断和处置。

（三）现场安全生产管理人员或者本单位负责人的及时处理义务

接到报告的现场安全生产管理人员或者单位负责人应当根据具体情况及时处理，对能够立即消除的隐患或者其他不安全因素要立即消除；不能立即消除的，要采取措施限期消除；情况紧急需要暂时停产停业的，要及时做出决定。

《安全生产法》第41条规定，对于事故隐患，生产经营单位应当建立安全风险分级管控制度，按安全风险分级采取相应的管控措施；建立健全生产安全事故隐患排查治理制度，采取技术、管理措施，及时发现并消除事故隐患。第21条规定，生产经营单位的主要负责人具有督促、检查本单位的安全生产工作，及时消除生产安全事故隐患的职责。第46条规定，生产经营单位的安全生产管理人员对检查中发现的安全问题，应当立即处理；不能处理的，应当及时报告本单位有关负责人，有关负责人应当及时处理。检查及处理情况应当如实记录在案。在法律责任方面，《安全生产法》第102条规定：“生产经营单位未采取措施消除事故隐患，责令立即消除或者限期消除，处五万元以下的罚款；生产经营单位拒不执行的，责令停产停业整顿，对其直接负责的主管人员和其他直接责任人员处五万元以上十万元以下的罚款；构成犯罪的，依照刑法有关规定追究刑事责任。”

（四）生产经营单位从业人员安全生产举报处理规定

为鼓励安全生产从业人员履行上报义务，并统一规范安全生产从业人员的上报流程和提升上报效率。2020年9月16日应急管理部发布的《生产经营单位从业人员安全生产举报处理规定》作出了以下几点规定：

1. 举报方式。生产经营单位从业人员举报其所在单位的重大事故隐患、安全生产违法行为时，应当提供真实姓名以及真实有效的联系方式；否则，应急管理部门可以不予受理。

2. 对举报的奖励。应急管理部门对受理的生产经营单位从业人员安全生产举报，以及信息员提供的线索，按照安全生产领域举报奖励有关规定核查属实的，应当给予举报人或者信息员现金奖励。奖励标准在安全生产领域举报奖励有关规定的基础上按照一定比例上浮，具体标准由各省级应急管理部门、财政部门根据本地实际情况确定。因生产经营单位从业人员安全生产举报，或者信息员提供的线索直接避免了伤亡事故发生或者重大财产损失的，应急管理部门可以给予举报人或者信息员特殊奖励。举报人领取现金奖励时，应当提供身份证件复印件以及签订的有效劳动合同等可以证明其生产经营单位从业人员身份的材料。

3. 对举报人的保护。生产经营单位应当保护举报人和信息员的合法权益，不得对举报人和信息员实施打击报复。生产经营单位对举报人或者信息员实施打击报复的，除依法予以严肃处理外，应急管理部门还可以按规定对生产经营单位及其有关人员实施联合惩戒。

4. 举报人的义务和责任。举报人和信息员应当对其举报内容的真实性负责，不得捏造、歪曲事实，不得诬告、陷害他人和生产经营单位，不得故意诱导生产经营单位实施安全生产违法行为；否则，一经查实，依法追究法律责任。

四、被派遣劳动者的义务

《安全生产法》第 61 条明确规定：“生产经营单位使用被派遣劳动者的，被派遣劳动者享有本法规定的从业人员的权利，并应当履行本法规定的从业人员的义务。”这就从法律上进一步明确了被派遣劳动者与正式员工在安全生产方面的权利和义务完全平等，这里使用被派遣劳动者的生产经营单位，即《劳动合同法》上的用工单位。

《安全生产法》规定的被派遣劳动者应履行的义务有：遵守安全生产法律法规以及规章制度，照章操作；接受安全生产教育和培训；对事故隐患或者不安全因素进行报告；以及违章操作后所应承担的法律责任等。

五、从业人员违章操作的法律责任

（一）承担法律责任的主体

《安全生产法》第 107 条规定的承担法律责任的主体是生产经营单位的从业人员，包括生产经营单位的主要负责人、安全生产管理人员、特种作业人员和其他从业人员。

（二）承担法律责任的违法行为

《安全生产法》第 107 条规定的承担法律责任的违法行为是从业人员不服从管理，违反安全生产规章制度或者操作规程的行为。《安全生产法》第 57 条规定：“从业人员在作业过程中，应当严格落实岗位安全责任，遵守本单位的安全生产规章制度和操作规程，服从管理，正确佩戴和使用劳动防护用品。”这是对从业人员规定的义务，也是保障安全生产的一个必要条件，从业人员必须遵守，如果违反了法律所规定的这项义务，就要依照《安全生产法》第 107 条的规定承担相应的法律责任。

（三）《安全生产法》第 107 条规定的法律责任

按照《安全生产法》第 107 条规定，对于从业人员不落实岗位安全责任，不服从管理，违反安全生产规章制度或者操作规程的，应当从以下几方面进行处理：

1. 由生产经营单位予以批评教育

即由生产经营单位对该从业人员违反安全生产规章制度或者操作规程的行为进行批评，同时对其进行有关安全生产知识等方面的教育，使其认识到严格遵守安全生产规章和操作规程的重要性，以及违反安全生产规章制度或者操作规程可能造成的严重后果和依法应当承担的法律责任，确保其不再违法。

严格来说，批评教育不属于法律责任，其目的是针对从业人员违反安全生产规章制度或者操作规程的行为及时进行教育，使其认识到自己的行为的错误和可能造成的危害后果，以提高其安全生产意识和安全生产知识水平，避免再次发生类似行为，造成严重后果。从这个意义上来讲，《安全生产法》第 107 条规定的批评教育措施，更多的还是指向生产经营单位应尽的教育义务。

2. 依照有关规章制度予以处分

这里的“规章制度”，主要是指生产经营单位依法制定的内部惩戒制度，给予从业人员处分的主体是从业人员所属的生产经营单位。2008 年《企业职工奖惩条例》被废止，相关法律规范由《劳动法》和《劳动合同法》代替。该条例被废止后，国家不再直接干预企业对其职工的奖惩，对职工的奖惩问题由企业自己决定，企业根据自身特点和需要自行制定奖惩方面的规章制度体现了企业的经营自主权。企业的规章制度是企业内部管理的主要依据，可以直接用于员工的日常管理，相当于其内部的“法律”。根据《劳动合同法》第 39 条第 2 项的规定，劳动者严重违反用人单位的规章制度的，用人单位可以解除劳动合同。需要注意的是，企业规章制度的内容不能违反法律法规的规定，规章制度的制定程序也要符合法律的要求。根据《劳动合同法》第 4 条第 2 款规定：“用人单位在制定、修改或者决定有关劳动报酬、工作时间、休息休假、劳动安全卫生、保险福利、职工培训、劳动纪律以及劳动定额管理等直接涉及劳动者切身利益的规章制度或者重大事项时，应当经职工代表大会或者全体职工讨论，提出方案和意见，与工会或者职工代表平等协商确定。”用人单位应当将直接涉及劳动者切身利益的规章制度和重大事项决定公示，或者告知劳动者。用人单位的规章制度违反法律、法规的规定，损害劳动者权益的，劳动者可以解除劳动合同，并要求用人单位支付经济补偿。用人单位直接涉及劳动者切身利益的规章制度违反法律、法规规定的，由劳动行政部门责令改正，予以警告；给劳动者造成损害的，应当承担赔偿责任。

3. 构成犯罪的，依照刑法有关规定追究刑事责任

这里讲的构成犯罪，主要是指构成《刑法》第 134 条第 1 款规定的重大责任事故罪。其规定是：“在生产、作业中违反有关安全管理的规定，因而发生重大伤亡事故或者造成其他严重后果的，处三年以下有期徒刑或者拘役；情节特别恶劣的，处三年以上七年以下有期徒刑。”构成重大责任事故罪，必须具备以下条件：一是行为人在生产、作业中实施了违反有关安全管理规定的行为。二是因违反安全管理规定造成重大伤亡事故或者其他严重后果，违反规定的行为与重大伤亡事故或者其他严重后果之间存在刑法上的因果关系。对于何为“重大伤亡事故或者其他严重后果”，根据《最高人民法院、最高人民检察院关于办理危害生产安全刑事案件适用法律若干问题的解释》第 6 条第 1 款规定：“……具有下列情形之一的，应当认定为‘造成严重后果’或者‘发生重大伤亡事故或者造成其他严重后果’，对相关责任人员，处三年以下有期徒刑或者拘役：（一）造成死亡一人以上，或者重伤三人以上的；（二）造成直接经济损失一百万元以上的；（三）其他造成严重后果或者重大安全事故的情形。”上述“李某犯重大责任事故罪致白某死亡案”中，白某的死亡就构成了重大伤亡事故，而原因就在于李某的违规操作。除了承担刑事责任以外，白某的家属还可向李某提出民事赔偿。在 2020 年《刑法修正案（十一）》通过之后，这里讲的构成犯罪还可能指其新增的“危险作业罪”（第 134 条之一）。其规定是：“在生产、作业中违反有关安全管理的规定，有下列情形之一，具有发生重大伤亡事故或者其他严重后果的现实危险的，处一年以下有期徒刑、拘役或者管制：（一）关闭、破坏直接关系生产安全的监控、报警、防护、救生设备、设施，或者篡改、隐瞒、销毁其相关数据、信息的；（二）因存在重大事故隐患被依法责令停产停业、停止施工、停止使用有关设备、设施、场所或者立即采取排除危险的整改措施，而拒不执行的；（三）涉及安全生产的事项未经依法批准或者许可，擅自从事矿山开采、金属冶炼、建筑施工，以及危险物品生产、经营、储存等高度危险的生产作业活动的。”不同于作为结果犯的“重大责任事故罪”，“危险作业罪”是危险犯，即该罪名的成立不

需要现实危害结果的实际发生，只要存在“发生重大伤亡事故或者其他严重后果的现实危险”即可定罪量刑。

【延伸思考】

1.《安全生产法》第 4 条第 2 款增加规定：“平台经济等新兴行业、领域的生产经营单位应当根据本行业、领域的特点，建立健全并落实全员安全生产责任制，加强从业人员安全生产教育和培训，履行本法和其他法律、法规规定的有关安全生产义务。”那么，平台经济等新兴业态的从业人员所享有的安全生产权利和所承担的安全生产义务和传统业态下的从业人员是否有所不同？如果有，主要体现在哪些方面？

2.《安全生产法》上所说的“从业人员”范围是否包括生产经营单位的“主要负责人”？对于主要负责人而言，除了需要履行、承担《安全生产法》专门为其规定的义务和责任之外，是否还需要履行、承担该法对从业人员规定的义务和责任？

第四章　安全生产的监督管理

第一节　监督检查

【本节导读】

安全生产监督检查与一般性的行政监督检查有很多共通之处，是有权机关在法定职权范围内履行监管职责的体现。但是，安全生产领域的监督检查也有一些特殊性，例如，由于安全生产执法任务较重，承担监督管理职责的部门会制定并按照安全生产年度监督检查计划，对生产经营单位实施监督检查；在监督检查方式上，多部门联合检查的方式被广泛运用；在具体措施上，安全生产行政执法工作常常运用当场纠正、责令立即排除等现场处理措施来纠正或消除检查中发现的安全生产违法行为和事故隐患。此外，对于生产经营单位拒不执行责令停产停业等行政决定的，有关部门还可以采取一些特别的措施来达到强制执行的目的。然而，实践中对于上述执法方式和执法措施的性质和效力等问题的理解存在一些争议，特别是安全生产年度监督检查计划是否与责任追究相挂钩，安全生产现场处理措施是否可诉等问题，存在不同观点。理论上的认识不清会给执法实践造成一定困扰，也会影响安全生产监督检查的效果。鉴于此，本节内容将对上述问题进行阐释，以期为执法实践提供帮助。

【主干法条】

第六十二条　县级以上地方各级人民政府应当根据本行政区域内的安全

生产状况，组织有关部门按照职责分工，对本行政区域内容易发生重大生产安全事故的生产经营单位进行严格检查。

应急管理部门应当按照分类分级监督管理的要求，制定安全生产年度监督检查计划，并按照年度监督检查计划进行监督检查，发现事故隐患，应当及时处理。

第六十五条　应急管理部门和其他负有安全生产监督管理职责的部门依法开展安全生产行政执法工作，对生产经营单位执行有关安全生产的法律、法规和国家标准或者行业标准的情况进行监督检查，行使以下职权：

（一）进入生产经营单位进行检查，调阅有关资料，向有关单位和人员了解情况；

（二）对检查中发现的安全生产违法行为，当场予以纠正或者要求限期改正；对依法应当给予行政处罚的行为，依照本法和其他有关法律、行政法规的规定作出行政处罚决定；

（三）对检查中发现的事故隐患，应当责令立即排除；重大事故隐患排除前或者排除过程中无法保证安全的，应当责令从危险区域内撤出作业人员，责令暂时停产停业或者停止使用相关设施、设备；重大事故隐患排除后，经审查同意，方可恢复生产经营和使用；

（四）对有根据认为不符合保障安全生产的国家标准或者行业标准的设施、设备、器材以及违法生产、储存、使用、经营、运输的危险物品予以查封或者扣押，对违法生产、储存、使用、经营危险物品的作业场所予以查封，并依法作出处理决定。

监督检查不得影响被检查单位的正常生产经营活动。

第六十六条　生产经营单位对负有安全生产监督管理职责的部门的监督检查人员（以下统称安全生产监督检查人员）依法履行监督检查职责，应当予以配合，不得拒绝、阻挠。

第六十七条　安全生产监督检查人员应当忠于职守，坚持原则，秉公执法。

安全生产监督检查人员执行监督检查任务时，必须出示有效的行政执法证件；对涉及被检查单位的技术秘密和业务秘密，应当为其保密。

第六十八条　安全生产监督检查人员应当将检查的时间、地点、内容、发现的问题及其处理情况，作出书面记录，并由检查人员和被检查单位的负责人签字；被检查单位的负责人拒绝签字的，检查人员应当将情况记录在案，并向负有安全生产监督管理职责的部门报告。

第六十九条 负有安全生产监督管理职责的部门在监督检查中，应当互相配合，实行联合检查；确需分别进行检查的，应当互通情况，发现存在的安全问题应当由其他有关部门进行处理的，应当及时移送其他有关部门并形成记录备查，接受移送的部门应当及时进行处理。

第七十条 负有安全生产监督管理职责的部门依法对存在重大事故隐患的生产经营单位作出停产停业、停止施工、停止使用相关设施或者设备的决定，生产经营单位应当依法执行，及时消除事故隐患。生产经营单位拒不执行，有发生生产安全事故的现实危险的，在保证安全的前提下，经本部门主要负责人批准，负有安全生产监督管理职责的部门可以采取通知有关单位停止供电、停止供应民用爆炸物品等措施，强制生产经营单位履行决定。通知应当采用书面形式，有关单位应当予以配合。

负有安全生产监督管理职责的部门依照前款规定采取停止供电措施，除有危及生产安全的紧急情形外，应当提前二十四小时通知生产经营单位。生产经营单位依法履行行政决定、采取相应措施消除事故隐患的，负有安全生产监督管理职责的部门应当及时解除前款规定的措施。

【案例导入】

S食品公司诉Y市安监局确认行政行为违法案[1]

2016年1月10日，S食品公司（乙方）与Z农业科技有限公司（甲方）签订《场地、设备、品牌租赁协议》，约定甲方为乙方提供冰淇淋厂房、设施、设备、办公用品、场所等并协助办理变更手续，租赁期限为三年。同年9月1日，甲乙双方又签订《补充协议》，约定甲方将氨机房、冷库及配电房租赁给乙方，租赁期限为五年。2018年6月16日，Y市安监局对S食品公司进

[1] 案例来源：湖南省岳阳市中级人民法院（2019）湘06行终98号行政判决书。

行安全生产现场检查，发现了 12 个安全问题，该局当场对 S 食品公司作出《责令限期整改指令书》，要求该公司对检查中发现的问题限期整改。当日，Y 市安监局还就现场检查中发现的“冷饮制品车间空气罐、氨压缩机厂房的压力容器、压力管道及其安全附件（包括压力表、安全阀等）未定期检验”事故隐患，依据《国务院安委会关于深入开展涉氨制冷企业液氨使用专项治理的通知》第 2 条第 2 项第 5 目的规定，作出《现场处理措施决定书》，决定 S 食品公司立即责令停产停业整改。S 食品公司不服，提起行政诉讼，请求确认 Y 市安监局作出上述《现场处理措施决定书》的行政行为违法。

一审法院认为，根据《安全生产法》第 62 条（现第 65 条）第 1 款第 3 项之规定，Y 市安监局负有依法开展安全生产行政执法工作的权力。根据《国务院安委会关于深入开展涉氨制冷企业液氨使用专项治理的通知》的规定，“凡达不到以下要求的涉氨制冷企业，立即责令停产停业整改，并经政府有关部门验收合格后方可生产经营：……5. 压力容器、压力管道及其安全附件应定期检验。……”Y 市安监局经检查认定存在重大安全隐患时，有权对 S 食品公司采取立即停产停业整改的决定，该行政行为正确，符合法律规定，予以支持。

二审法院认为，根据《安全生产法》第 62 条（现第 65 条）及《国务院安委会关于深入开展涉氨制冷企业液氨使用专项治理的通知》的相关规定，Y 市安监局有权对涉氨制冷企业 S 食品公司依法开展安全生产行政执法检查，并有权对安全生产检查中发现的事故隐患依法作出相应处理措施。本案中，Y 市安监局在检查中发现 S 食品公司存在重大事故隐患，依法作出了责令停产停业整改现场处理措施决定，待重大事故隐患排除后经审查同意，恢复生产经营。Y 市安监局在本次监督检查中作出现场处理措施决定时，制作了现场检查记录，S 食品公司的生产负责人李某在现场检查记录上签署“以上情况属实”，认可该公司存在重大事故隐患的事实，故该局作出的《现场处理措施决定书》有事实依据和法律根据，实体合法。程序方面，《行政强制法》第 3 条第 2 款规定：“发生或者即将发生自然灾害、事故灾难、公共卫生事件或者社会安全事件等突发事件，行政机关采取应急措施或者临时措施，依照有关法律、行政法规的规定执行。”本案行政机关作出的《现场处理措施决定书》是行政机关认为即将发生事故灾难时采取的临时性应急措施，既不是行政强制，也不是行政处罚，Y 市安监局是依照《安全生产法》采取相关措施，该法对临时性应急措施的执法程序并未作出明确规定，且是紧急状态下采取的措施，故 Y 市安监局作出的现场处理措施程序上并无不当。S 食品公司虽不是本案压力容器、压力管道及安全附件的所有人，但是实际使用人，Y 市安监局作为安全生产的监督管理机关，有权对有重大事故隐患设备的实际使用人实施相应安全措施。上诉人 S 食品公司的上诉意见不能成立，不予支持。

在本案中我们发现，行政机关在安全生产现场检查中作出的现场处理措施并不同于一般性的行政强制措施，其具有即时性、强制性、程序上的特殊性等特点。那么，安全生产现场处理措施的性质究竟是什么？在实际执法运用中有何注意事项？下文将予以详细分析。

【制度解析】

一、安全生产年度监督检查计划

安全生产监督检查是安全生产监管的关键环节，对于及早消除事故隐患、提高安全生产水平具有至关重要的作用。《安全生产法》第 62 条除了规定县级以上地方各级人民政府应当组织有关部门对容易发生重大生产安全事故的单位进行严格检查之外，也对应急管理部门的日常安全生产监督检查行为提出了要求，即坚持“分类分级监督管理”。其中，“分类”是指根据生产经营单位危险性质的不同，划分不同的行业或者领域类别；“分级”是指根据生产经营单位存在的可能引发生产安全事故的风险程度，对其进行等级评估，确定事故风险等级。[①] 而安全生产年度监督检查计划既是科学合理安排安全生产监督检查的重要依据，也是有效实现分类分级监督管理这一监管理念的重要方式。

早在 2009 年，原国家安监总局发布的《安全生产监管监察职责和行政执法责任追究的暂行规定》（该规定经 2013 年和 2015 年两次修正，已更名为

---

① 参见阚珂、杨元元主编：《〈中华人民共和国安全生产法〉释义》，中国民主法制出版社 2014 年版，第 157 页。

《安全生产监管监察职责和行政执法责任追究的规定》）第 6 条就对安全监管执法工作计划的制定和实施予以了明确规定。2014 年修正的《安全生产法》新增了第 59 条第 2 款，将安全生产年度监督检查计划正式写入了法律。2015 年《国务院办公厅关于加强安全生产监管执法的通知》进一步强调了“各级安全生产监督管理部门要制定年度执法计划，明确重点监管对象、检查内容和执法措施，并根据安全生产实际情况及时进行调整和完善，确保执法效果”。此后，原国家安监总局于 2017 年印发了《安全生产年度监督检查计划编制办法》，对年度监督检查计划的编制原则、主要内容、编制程序等作出了更加具体的规定。2021 年《应急管理部关于加强安全生产执法工作的意见》进一步强调了“完善执法计划制度，地方各级应急管理部门要将矿山、危险化学品、烟花爆竹、金属冶炼、涉爆粉尘等重点行业领域安全风险等级较高的企业纳入年度执法计划，确定为重点检查企业，每年至少进行一次‘全覆盖’执法检查，其他企业实行‘双随机、一公开’执法抽查”。

安全生产年度监督检查计划是行政执法计划的一种，行政执法计划是指行政机关为实现一定的行政管理目的，对其职责范围内的行政执法任务进行的一种有步骤、有次序的安排。作为行政机关的一种有意识的组织和安排，行政执法计划在安全生产、市场监管、环境保护等领域得到广泛运用，其中在安全生产领域应用得尤为突出，已成为实践中行政机关开展安全生产执法工作的重要抓手之一。一方面，以年度为单位编制的监督检查计划为安全生产监管工作的稳步开展指引了方向，使安全生产监督检查任务层次分明、重点突出，科学合理的计划编制有助于实现执法资源配置的“最优化”，增强了安全生产监管的针对性和实效性。另一方面，安全生产年度监督检查计划是在遵循行政机关法定职责分工的基础上对监督检查任务的进一步分解和细化，这种有计划、有步骤的执法安排与运动式执法所固有的突击性、非专业性等弊端形成鲜明对比，符合现代社会发展对政府监管行为提出的趋于精细化、科学化的要求。此外，安全生产年度监督检查计划也为安全生产监管部门及其执法人员的履职提供了一个可参照的“章程”，因为监督检查计划能够将执法任务安排到具体的单位和个人，促使其认真履职。2015 年原国家安监总局发布的部门规章《安全生产监管监察职责和行政执法责任追究的规定》中第 19 条和第 20 条的规定明确将年度监督检查计划列为对安全监管部门及其内设机构和行政执法人员追责和免责的依据之一。那么，安全生产年度监督检查计划是否具备厘定责任的制度功能呢？对此问题的回答需要我们回归到对其性质和法律效力的考察。

前文已述，行政机关制定安全生产年度监督检查计划的行为属于一种在其职权范围内对安全生产执法任务的再安排，之所以需要这样做是由安全生产监管面临的形势和现实条件所决定的。首先，安全生产工作具有普遍性、高度的复杂性和潜在的危险性，生产安全事故的爆发会严重威胁人民群众的生命财产安全，也会给国家利益和社会公共利益造成严重影响，这决定了安全生产监管部门面临的监管形势要比其他领域严峻复杂得多，监管涉及面广，执法任务普遍较重。面对事项多、任务重的安全生产执法需求，监管部门的行政执法资源却是有限的，执法资源和执法任务之间常常难以等量匹配。由于难以对各级各类执法对象同时展开全面监管，行政机关通过编制年度监督检查计划，按照职责分工有重点有步骤地推进执法，从而分领域分期限地达到监管全覆盖的目的。据此，行政机关编制安全生产年度监督检查计划实质上是对其法定职责的再组织和再筛选，其正当性基础就在于，对于某些行政活动，在法律制定和法律执行之间需要行政机关的政治判断来进行有效衔接。正如在安全生产执法领域，以法律的形式规定行政机关的安全生产监管职责是很容易的，但由于客观上存在安全生产执法任务体量庞大和执法资源有限等因素，想要在执法中完全实现这种监管职责几乎是不可能的。此时，行政机关有权力凭借其专业性将有限的执法资源优先配置在特定领域，这种区分轻重缓急的执法安排是行政机关基于其政治责任作出的一种选择。

其次，在安全生产领域，不同行业、领域的生产经营单位的生产经营活动性质和危险程度、安全生产条件、管理水平等存在很大差别，“平均用力”“一刀切”的监督检查方式难以取得良好效果。① 有鉴于此，按照有限执法资源优先配置的原则，安全生产年度监督检查计划的编制通过综合考虑执法人员的数量和能力、重点检查的行业领域及生产经营单位状况、安全生产风险程度等因素，对不同的生产经营单位匹配一般检查、重点检查和“双随机、

---

① 参见国务院法制办公室工交商事法制司、国家安全生产监督管理总局政策法规司主编：《中华人民共和国安全生产法读本》，中国市场出版社2014年版，第146页。

一公开”的随机抽查等差异化的监督检查方式，从而实现分类分级监督管理的目的。因此，行政机关编制安全生产年度监督检查计划的目的在于通过科学合理的任务分配和安排更好地履行法定职责，而非在具体执法过程中重新厘定法律责任。习近平总书记在山东省青岛市“11·22”中石化东黄输油管道泄漏爆炸特别重大事故现场考察时曾指出：“要采用不发通知、不打招呼、不听汇报、不用陪同和接待，直奔基层、直插现场，暗查暗访，特别是要深查地下油气管网这样的隐蔽致灾隐患。要加大隐患整改治理力度，建立安全生产检查工作责任制，实行谁检查、谁签字、谁负责，做到不打折扣、不留死角、不走过场，务必见到成效。”[①] 2021 年《应急管理部关于加强安全生产执法工作的意见》也提出，“对典型事故等暴露出的严重违法行为或落实临时性重点任务以及通过投诉举报、转办交办、动态监测等发现的问题，要及时开展执法检查，不受执法计划、固定执法时间和对象限制，确保执法检查科学有效”。

在法律效力上，行政执法人员实施安全生产年度监督检查计划的过程就是其具体履行职责的过程，是通过一个个具体的监督检查行为与执法对象发生法律关系。从这个层面上看，年度监督检查计划对于执法人员是具有内部约束力的。对于行政相对人而言，本就是在计划安排内的监督检查对象，不管监督检查计划存在与否，其都需要依法接受监管部门的监督检查，这种义务并不以监督检查计划为转移。但是，对于计划之外的监督检查对象，也并不能因为其不在计划安排内就免除了监管义务，否则将会使大量生产经营单位放松安全生产警惕。安全生产年度监督检查计划的制定和执行是为了更好地实现依法履职，依计划履职虽然是依法履职的重要内容，却不能完全等同，否则不仅无法提高执法实效，反而可能造成事实上的监管盲区。然而，我们也的确不能忽视监督检查计划对于监管部门及其工作人员落实监管责任的促进作用。我们认为，在监管部门及其执法人员严格按照监督检查计划履行职责的情况下，依计划履职可以作为从轻、减轻或者免除责任的重要参考依据，但不能将其绝对化，还要综合考虑其他执法因素，最终仍要以法律、法规、规章设定的监管权责作为责任判定的依据。

---

① 习近平：《认真吸取教训注重举一反三　全面加强安全生产工作》，载《人民日报》2013 年 11 月 25 日，第 1 版。

二、安全生产现场处理措施

《安全生产法》第 65 条规定了监管部门在安全生产监督检查中可以具体采取的行政执法措施，其中诸如调阅资料、了解情况、作出行政处罚决定、查封或扣押等措施都是常规性的行政执法手段。值得注意的是，该条第 1 款第 2 项、第 3 项中规定了当场予以纠正或者要求限期改正，针对一般事故隐患责令立即排除，针对重大事故隐患责令从危险区域内撤出从业人员，责令暂时停产停业或者停止使用线管设施、设备等措施，这些都是安全生产领域比较特殊的执法措施，统称为“安全生产现场处理措施”。2021 年《应急管理部关于加强安全生产执法工作的意见》强调“对重大事故隐患排除前或者排除过程中无法保证安全的依法采取现场处理措施，对依法应当给予行政处罚的要及时立案，全面客观公正开展调查、收集证据”。

除《安全生产法》的有关规定外，《安全生产违法行为行政处罚办法》第 14 条第 1 款、第 2 款规定：“安全监管监察部门及其行政执法人员在监督检查时发现生产经营单位存在事故隐患的，应当按照下列规定采取现场处理措施：（一）能够立即排除的，应当责令立即排除；（二）重大事故隐患排除前或者排除过程中无法保证安全的，应当责令从危险区域撤出作业人员，并责令暂时停产停业、停止建设、停止施工或者停止使用相关设施、设备，限期排除隐患。隐患排除后，经安全监管监察部门审查同意，方可恢复生产经营和使用。”《安全生产监管监察职责和行政执法责任追究的规定》第 9 条规定：“安全监管监察部门在监督检查中，发现生产经营单位存在安全生产违法行为或者事故隐患的，应当依法采取下列现场处理措施：（一）当场予以纠正；（二）责令限期改正、责令限期达到要求；（三）责令立即停止作业（施工）、责令立即停止使用、责令立即排除事故隐患；（四）责令从危险区域撤出作业人员；（五）责令暂时停产停业、停止建设、停止施工或者停止使用相关设备、设施；（六）依法应当采取的其他现场处理措施。”可见，安全生产现场处理措施是指负有安全生产监管职责的部门在监督检查过程中，发现生产经营单位存在安全生产违法行为或者事故隐患而采取的执法措施，从表现形式上看，此类措施大都表现为责令类行为。

安全生产现场处理措施在执法实践中被广泛运用，但在性质认定上却存在较大争议。有观点认为，现场处理措施属于行政处罚行为，因为《安全生产违法行为行政处罚办法》第5条就将责令停产停业整顿、责令停产停业、责令停止建设、责令停止施工明确列为安全生产违法行为行政处罚的种类。但是，责令类行为并不都是行政处罚，责令停产停业、责令关闭之所以属于法定的行政处罚种类,[①] 是由于它们符合“制裁性”这一行政处罚制度的核心特征，即会使行政相对人的利益状态比违法行为发生前恶化，因为责令停产停业和责令关闭会造成正常生产经营行为的中断，事实上减损了行政相对人的权益。[②] 而现场处理措施所包含的责令改正、责令立即排除等行为仅仅是对违法行为的一种即时纠正，目的是使利益状态恢复到违法行为之前的状态，并不产生减损权益或者增加新的不利负担的法律效果，因而不属于行政处罚行为。

另有观点认为现场处理措施属于事实行为，因为这些措施直接在现场作出，未经法定的行政执法程序并作出正式的行政决定，只是一种现场发出命令的事实状态。这种观点也是错误的，因为现场处理措施虽然是现场作出，但一般都会有现场处理措施决定书作为行政决定的书面载体，且安全生产现场处理措施是行政机关通过行使法定的监督检查权，要求行政相对人作出一定行为以实现纠正违法行为、避免危害发生、控制危险扩大等行政管理目的，其具有产生法律效果的意思表示，也会对行政相对人的权利义务产生影响，因而并非事实行为而属于一种行政行为，这意味着安全生产现场处理措施具有可诉性。还有观点认为，现场处理措施是一种行政处罚的附带行为，不能独立存在。不可否认，行政处罚行为的实施有时的确需要附随责令改正、责令停止等措施，正如《行政处罚法》第28条第1款规定的“行政机关实施行政处罚时，应当责令当事人改正或者限期改正违法行为”。但这并不代表现场处理措施不具有独立的法律性质，也不意味着现场处理措施就不能单独适用，《安全生产法》第65条规定的现场处理措施就可以单独适用。

我们认为，安全生产现场处理措施在性质上属于一种即时性的行政强制措施。

首先，根据《行政强制法》第2条的规定，行政强制措施是指行政机关

---

① 参见《行政处罚法》(2021年修订) 第9条。

② 参见王贵松：《论行政处罚的制裁性》，载《法商研究》2020年第6期。

在行政管理过程中，为制止违法行为、防止证据损毁、避免危害发生、控制危险扩大等情形，依法对公民的人身自由实施暂时性限制，或者对公民、法人或者其他组织的财物实施暂时性控制的行为，具有预防性、暂时性、非惩罚性等特征。而安全生产现场处理措施正是为了预防、制止或者控制生产安全事故的发生而采取的对有关生产经营单位及其人员的财产和行为自由加以暂时性限制的手段，这符合行政强制措施的行为要件。

其次，安全生产现场处理措施具有即时性的特点，因为安全生产现场处理措施是有关部门在行政检查过程中采取的措施，针对的是发现的生产安全事故隐患，这些事故隐患需要立即排除，客观上也能够当场纠正，并不影响正常生产经营活动的开展。即时性意味着安全生产现场处理措施将意思表示的作出和意思表示的实现合为一体，实现了行政措施作出和执行的一体化。

再次，事故隐患如果不立即排除很容易会转化为事故灾难，因此现场处理措施的采取需要以情况的紧迫性为条件。在本节开头引入的“S 食品公司诉 Y 市安监局确认行政行为违法案”中，法院以《行政强制法》第 3 条第 2 款规定作为依据，将行政机关作出的现场处理措施决定认定为一种临时性应急措施。应当看到，现场处理措施的紧急性并不等同于应急措施的紧急性，后者是在行政应急状态下才能采取的措施，而前者在平常状态下就可采取。

最后，安全生产现场处理措施在程序上具有特殊性，可以当场作出行政决定，当场送达并当场执行。尽管省略了作出前向行政机关负责人报告并经批准等行政强制措施的一般实施程序，但根据《安全生产监管监察职责和行政执法责任追究的规定》第 15 条的规定，安全生产监管部门在作出现场处理措施之前应当充分听取当事人的陈述和申辩，对其提出的事实、理由和证据应当进行复核，同时要依法制作有关法律文书并按规定送达当事人。这表明安全生产现场处理措施的采取仍应遵循正当法律程序，保障行政相对人的基本程序权利。

三、安全生产联合检查机制

《安全生产法》第 69 条确立了安全生产联合检查机制，根据该条的规定，安全生产监督检查原则上实行联合检查，在分别进行检查时也应当互通情况，对于发现的安全问题要及时移送并记录备查。安全生产多部门联合检查机制与此次《安全生产法》修正第 10 条新增的“负有安全生产监督管理职责的部门应当相互配合、齐抓共管、信息共享、资源共用，依法加强安全生产监督管理工作”这一规定形成了制度呼应，是安全生产监管部门实现协作监管、齐抓共管的重要方式。同时，在深化行政执法体制改革的大背景下，2020 年 9 月中共中央办公厅、国务院办公厅联合印发的《关于深化应急管理综合行政执法改革的意见》指出，“地方各级应急管理部门内设机构和综合行政执法队伍应建立协调联动机制，联合实施行政检查，减少检查频次，提高监管执法效能”，“加强应急管理执法检查跨部门协同配合，建立完善联合执法机制，增强执法合力”。2021 年《应急管理部关于加强安全生产执法工作的意见》进一步提出建立联合执法机制，“加强地方应急管理部门与消防救援机构的协调联动，创新执法方式，强化优势互补，建立安全生产执法与消防执法联合执法机制，加强信息共享，形成执法合力”。行政检查是一种重要的行政执法活动，完善安全生产行政检查制度对于防范和化解安全生产风险具有重要作用，建立安全生产联合检查机制更是深入推进应急管理综合执法、提高安全生产监管效能的必然要求。

安全生产领域推行联合执法的现实原因在于我国现行错综复杂的安全生产政府监管体制。正如本书第一章所探讨的那样，行政机关中有很多负有安全生产监管职责的部门，它们的职责分工颇为复杂，实践中存在大量多部门监管职责交叉的现象，特别是应急管理部门综合监管职责和其他部门的行业、领域监管职责的边界存在模糊地带，同时，生产经营单位涉及安全生产的事项也非常多。一方面，“谁都监管”会产生重复执法、多头执法等问题，不仅造成执法效率的低下和执法资源的浪费，还会使生产经营单位疲于应付，影响正常的生产经营活动，损害营商环境。另一方面，对于一些涉及多部门职能交叉或权责模糊的执法地带，很难做到“宁可越位，绝不缺位”，往往会出现部门之间相互推诿扯皮的现象，“谁都不管”的结果往往造成执法监管“空白”，导致事故隐患不能及时排查治理。此外，安全生产工作的各个方面往往是互相联系的，分头检查容易造成各部门之间各自为战，割裂了安全生产工作的整体性，不利于提高检查效果。①

---

① 参见国务院法制办公室工交商事法制司、国家安全生产监督管理总局政策法规司主编：《中华人民共和国安全生产法读本》，中国市场出版社 2014 年版，第 160 页。

有鉴于此，建立安全生产联合检查机制的重要意义在于：第一，有利于充分发挥综合监管职能。安全生产领域实行联合检查能够促使应急管理部门主动承担起各部门信息交流渠道的作用，牵头调动各职能部门的力量，及时协调多部门工作中出现的问题。第二，有利于提高安全生产执法效率。多部门联合检查能够有效遏制实践中存在的重复检查、多头检查等问题，做到一次检查就能发现和处理多个安全问题，也能减轻生产经营单位的负担。对于存在部门职责交叉的情况，联合检查既省去了信息沟通成本，也能弥补可能出现的监管“漏洞”，有利于实现全面监管。第三，有利于提高安全生产执法水平。开展联合检查能够对检查中发现的具体问题进行共同研究从而采取相应的综合治理措施，有利于提升安全生产领域整体的执法水平和执法实效。第四，有利于防范和化解重大安全风险。开展多部门联合检查行动能够对生产经营单位形成震慑力量，促使其消除侥幸心理，积极排查和治理隐患，改正违法行为，达到举一反三的执法效果。

从实践效果来看，安全生产联合执法对于解决安全生产中的重大问题，防范重特大生产安全事故的发生，保护人民群众生命财产安全和维护社会稳定发挥了重要作用。但是也应当注意到，一些地方的安全生产联合检查工作还存在机制不完善、联合检查覆盖面不广、协调配合力度不够等问题，影响了安全生产执法效果。对此，一是要根据“三管三必须”原则进一步理顺安全生产监管体制，厘清不同部门的监管职责边界和不同层级的执法管辖权限，特别是要明确安全生产综合监管和行业监管之间的关系，为统一执法活动的开展扫清体制障碍；二是完善执法检查方式，以安全生产年度监督检查计划为抓手，通过有计划、有重点地运用重点检查、一般检查、“双随机、一公开”执法抽查等方式，逐步扩大联合检查的覆盖面；三是各部门在联合检查过程中要树立整体观、全局观，做到积极沟通，主动协调，相互配合，一切要以依法加强安全生产监管工作为目的。此外还可以构建联合执法信息平台，便于各部门在日常独立检查中进行情况互通，及时移送需要其他有关部门处理的安全问题，并及时反馈查处结果，通过建立完善企业安全基础电子台账、大力推进“互联网＋执法”系统应用等方式提高联合执法的智慧化和精细化水平，真正实现安全生产共建共治共享。

四、安全生产行政强制执行

《安全生产法》第 70 条是关于在紧急情况下赋予负有安全生产监管职责的部门相应行政强制执行权的规定。实践中，个别存在重大事故隐患的生产经营单位拒不执行行政机关依法作出的行政决定，继续违法生产使用，最终酿成重大生产安全事故，性质十分恶劣。在有发生生产安全事故现实危险的情况下，申请人民法院强制执行难以应对情况紧急的严峻形势，因此，赋予有权机关相应的安全生产行政强制执行权具有现实必要性。

根据该条的规定，安全生产行政强制执行的适用条件包括：一是适用对象必须是存在重大事故隐患的生产经营单位；二是生产经营单位存在拒不执行监管部门依法作出的行政决定的情况，即行政相对人在行政机关决定的期限内不履行义务；三是有发生生产安全事故的现实危险，这种现实危险必须是现实存在的、紧迫的危险；四是要以保证安全为前提，特别是保证生产经营单位从业人员的人身安全，如果行政强制执行的实施会造成更大的现实危险，即使符合其他条件也不能实施强制执行。在程序方面，安全生产行政强制执行在实施前必须经本部门主要负责人批准，通知要采用书面形式；此外，如果采取的是停止供电措施，除有危及生产安全的紧急情形外，应当提前 24 小时通知生产经营单位。

在具体措施上，本条文规定的强制执行措施包括停止供电和停止供应民用爆炸物品，采取这两项措施的目的是使生产经营活动失去能源动力以及操作必备的物质材料，从而不得不停产停业、停止施工、停止使用相关设施或者设备。① 值得注意的是，《行政强制法》第 43 条第 2 款明确规定，“行政机关不得对居民生活采取停止供水、供电、供热、供燃气等方式迫使当事人履行相关行政决定。”而《安全生产法》第 70 条却规定了停止供电的强制执行方式，这是否违反了《行政强制法》的规定呢？仔细分析可以发现，《行政强制法》第 43 条第 2 款规定的不得停止供电的强制执行方式针对的对象是居民，而《安全生产法》第 70 条采取的通知有关单位停止供电的措

① 参见国务院法制办公室工交商事法制司、国家安全生产监督管理总局政策法规司主编：《中华人民共和国安全生产法读本》，中国市场出版社 2014 年版，第 162—163 页。

施针对的是生产经营单位，因此其并未违反《行政强制法》的规定。那么，《安全生产法》第70条为何不把停止供水、供热、供燃气等方式一并予以规定呢？

我们知道，《行政强制法》第43条第2款之所以要对居民生活排除以上强制执行方式，是因为供水、供电、供热、供燃气等生命线工程关系现代社会人类生活的基本需要，保障这些基本物质利益不受剥夺是维护公民生存权和人格尊严的基本要求。而在安全生产中，除停电之外，停水、停热、停燃气事实上也会影响正常的生产经营活动，但《安全生产法》第70条并未纳入上述强制执行措施，是因为实践中，某些生产经营单位的空间布局往往会与职工生活区重叠在一起，此时，水、暖气、燃气等资源既需要为生产经营服务，也需要为居民生活服务并提供基本保障。因此，《安全生产法》第70条只规定了可以采取停止供电的强制执行措施，这充分体现了行政法上的比例原则在安全生产领域的运用，即虽然这些手段都有助于达成强制执行目的，但行政机关在对多种有助于达成行政目的的手段进行选择时，应当选择其中对行政相对人权益损害最小的手段，最终要使行政活动对行政相对人权益造成的损害与所追求的行政目的之间保持均衡。①

【延伸思考】

《安全生产法》第68条规定："安全生产监督检查人员应当将检查的时间、地点、内容、发现的问题及其处理情况，作出书面记录，并由检查人员和被检查单位的负责人签字；被检查单位的负责人拒绝签字的，检查人员应当将情况记录在案，并向负有安全生产监督管理职责的部门报告。"《安全生产法》为什么要对作出书面记录、报告签字情况等安全生产检查程序作出专门规定？这种规定和《行政处罚法》《行政强执法》上规定的现场笔录制作程序有何异同？

---

① 参见章志远：《行政法学总论》，北京大学出版社2014年版，第98—99页。

第二节　安全生产行政许可

【本节导读】

本节主要介绍三个问题：一是安全生产行政许可制度，作为一种事前监管方式，行政许可在安全生产领域的实施具有控制风险的重要功能。二是安全生产领域“放管服”改革，“放管服”是深化行政审批制度改革的重点和关键，包含简政放权、放管结合、优化服务三个方面，但安全生产领域的“放管服”改革具有一定的特殊性，在推行改革措施时需要有所甄别。三是安全生产第三方中介机构的监管，中介机构在安全生产领域中扮演着市场“看门人”的角色，承担着一定的风险筛选功能，实践中广泛存在的资质租借、挂靠等现象要求必须对其进行有效监管。上述三个问题都涉及安全生产领域准入环节的风险控制，是安全生产监督管理的重要内容。

【主干法条】

第六十三条　负有安全生产监督管理职责的部门依照有关法律、法规的规定，对涉及安全生产的事项需要审查批准（包括批准、核准、许可、注册、认证、颁发证照等，下同）或者验收的，必须严格依照有关法律、法规和国家标准或者行业标准规定的安全生产条件和程序进行审查；不符合有关法律、法规和国家标准或者行业标准规定的安全生产条件的，不得批准或者验收通过。对未依法取得批准或者验收合格的单位擅自从事有关活动的，负责行政审批的部门发现或者接到举报后应当立即予以取缔，并依法予以处理。对已经依法取得批准的单位，负责行政审批的部门发现其不再具备安全生产条件的，应当撤销原批准。

第六十四条　负有安全生产监督管理职责的部门对涉及安全生产的事项

进行审查、验收，不得收取费用；不得要求接受审查、验收的单位购买其指定品牌或者指定生产、销售单位的安全设备、器材或者其他产品。

第七十二条 承担安全评价、认证、检测、检验职责的机构应当具备国家规定的资质条件，并对其作出的安全评价、认证、检测、检验结果的合法性、真实性负责。资质条件由国务院应急管理部门会同国务院有关部门制定。

承担安全评价、认证、检测、检验职责的机构应当建立并实施服务公开和报告公开制度，不得租借资质、挂靠、出具虚假报告。

【案例导入】

天津港“8·12”瑞海公司危险品仓库特别重大火灾爆炸事故[①]

2015年8月12日22时51分46秒，位于天津市滨海新区天津港的瑞海公司危险品仓库发生火灾爆炸事故，造成165人遇难、8人失踪、798人受伤，304幢建筑物、12428辆商品汽车、7533个集装箱受损，直接经济损失达68.66亿元。事故发生后，党中央、国务院高度重视，习近平总书记两次作出重要批示，并主持召开中央政治局常委会，专题听取事故抢险救援和应急处置情况汇报。李克强总理多次作出重要批示，率有关负责同志亲临事故现场指导救援处置工作，主持召开国务院常务会进行研究部署。8月18日，经国务院批准，成立了由公安部、安全监管总局、监察部、交通运输部、环境保护部、全国总工会和天津市等有关方面组成的国务院调查组，邀请最高人民检察院派员参加，并聘请爆炸、消防、刑侦、化工、环保等方面专家参与调查工作。2016年2月5日，事故调查报告公布。

国务院事故调查组查明，本次事故的直接原因是瑞海公司危险品仓库运抵区南侧集装箱内硝化棉由于湿润剂散失出现局部干燥，在高温（天气）等因素的作用下加速分解放热，积热自燃；引起相邻集装箱内的硝化棉和其他危险化学品长时间大面积燃烧，导致堆放于运抵区的硝酸铵等危险化学品发

---

① 案例来源：天津港“8·12”瑞海公司危险品仓库特别重大火灾爆炸事故调查报告，载中国政府网，http://www.gov.cn/foot/2016-02/05/content_5039788.htm，2021年6月21日访问。

生爆炸。

调查组认定，瑞海公司严重违法违规经营，安全管理极其混乱，是造成事故发生的主体责任单位。该公司存在的主要问题之一是无证违法经营。按照有关法律法规，在港区内从事危险货物仓储业务经营的企业，必须同时取得《港口经营许可证》和《港口危险货物作业附证》，但瑞海公司在2015年6月23日取得上述两证前实际从事危险货物仓储业务经营的两年多时间里，除2013年4月8日至2014年1月11日、2014年4月16日至10月16日依天津市交通运输和港口管理局的相关批复经营外，2014年1月12日至4月15日、2014年10月17日至2015年6月22日共11个月的时间里既没有批复，也没有许可证，违法从事港口危险货物仓储经营业务。

调查组同时认定，事故暴露出有关地方政府和部门存在有法不依、执法不严、监管不力等问题。主要包括：天津市交通运输委员会（原天津市交通运输和港口管理局）滥用职权，违法违规实施行政许可和项目审批；天津港（集团）有限公司个别部门和单位弄虚作假、违规审批；天津海关系统违法违规审批许可；天津市安全监管部门玩忽职守，未对安全评价机构进行日常监管；天津市规划和国土资源管理部门在行政许可中存在多处违法违规行为；天津市滨海新区环境保护局未按规定审核项目；天津市滨海新区行政审批局未严格执行项目竣工验收固定；等等。

调查组还认定，有关中介和技术服务机构存在弄虚作假，违法违规进行安全审查、评价和验收等问题。包括：天津中滨海盛卫生安全评价监测有限公司与天津中滨海盛卫生安全评价监测有限公司作为同一法人单位，同时承接瑞海公司的安全预评价和安全验收评价，且安全预评价报告和安全验收评价报告弄虚作假，故意隐瞒不符合安全条件的关键问题，出具了“基本符合国家有关法律法规和标准规范要求”的结论；天津水运安全评审中心在对瑞海公司危险货物堆场改造项目安全条件、安全设施设计专篇、安全设施验收审查活动中，审核把关不严，致使不具备安全生产条件的瑞海公司堆场改造项目通过审查；天津市化工设计院在瑞海公司危险货物堆场改造项目设计中，在瑞海公司没有提供项目批准文件和规划许可文件的情况下，违规提供施工设计图文件；天津市交通建筑设计院管理制度不完善，审核审查程序不严，违规向天津港建设公司出借规划编制资质；等等。

天津港“8·12”瑞海公司危险品仓库特别重大火灾爆炸事故是一起特别重大生产安全责任事故，反映出生产经营单位主体责任缺失，地方政府和部门执法不严、监管不力，工作人员贪赃枉法、滥用职权等多方面问题。其中，有关地方政府和部门违法违规进行行政许可和项目审查，有关中介和技术服务机构弄虚作假，违法违规进行安全审查、评价和验收等也是此次事故暴露出来的突出问题，促使我们进一步反思和完善安全生产行政许可制度，严格安全生产第三方中介机构的监管。

【制度解析】

一、安全生产行政许可制度

此处所称的安全生产行政许可制度，又称安全生产行政审批制度，包括《安全生产法》第63条规定的批准、核准、许可、注册、认证、颁发证照等审查批准行为，其都属于《行政许可法》第2条规定的行政许可范畴。行政许可是指行政机关根据公民、法人或者其他组织的申请，经过依法审查，准予其从事特定活动的行为。[①] 行政许可是一种重要的事前监管手段，实际上是政府规制社会经济活动的事前调控机制，是为了从源头上控制某种危险性的发生。法律要求相对人不得未经许可即径行从事某种行为，并非根本禁止该行为，而是为了通过相对人的申请，使行政机关有机会事先审查其所从事行为的无害性。[②]

作为一种无害性审查机制，行政许可天然地具有预防和控制风险的功能，特别是对于安全生产这种高风险的领域，行政许可的风险控制功能显得尤为重要。因此，在安全生产领域，国家设置了大量的行政许可事项并规定了严格的安全生产条件和程序，还制定了专门针对安全生产行政许可的法规、规章，如《安全生产许可证条例》《工业产品生产许可证管理条例》等。安全生产行政许可制度还是一项带有市场准入性质的制度，通过设置安全生产条

---

① 参见《行政许可法》第2条。

② 参见刘东亮：《无害性审查：行政许可性质新说》，载《行政法学研究》2005年第2期。

件和安全生产许可证，实质上提高了企业从事生产活动的“门槛”，过滤掉不具备相应安全生产条件的企业，从源头上防范和化解生产安全风险。2016年《中共中央国务院关于推进安全生产领域改革发展的意见》就指出要“严格高危行业领域安全准入条件”，“按照强化监管与便民服务相结合原则，科学设置安全生产行政许可事项和办理程序，优化工作流程，简化办事环节，实施网上公开办理，接受社会监督”。

但是，安全生产领域过度依赖行政许可制度进行事前风险控制也不可避免地会产生一些弊端：首先，过多的行政许可事项、严苛的安全生产条件和繁琐的审查审批程序增加了审批难度，需要耗费大量时间和金钱成本，无形中打击了社会公众创新创业的积极性，不利于良好营商环境的建设。其次，行政许可事项的过多过繁、相关领域审批难等助长了权力寻租和腐败现象的滋生，这既包括公职人员的腐败，也包括中介行业的垄断和权力寻租。再次，过度依赖行政许可这种事前监管方式容易使行政机关忽视事中和事后监管，甚至造成“以批代管”等现象，严重削弱了行政监管效果，也会使一些生产经营单位在获得许可审批后疏于防范安全生产风险。最后，对行政许可这种事前监管模式的过度依赖会使监管部门忽视对那些没有获得甚至没有申请行政许可就直接违法从事相应活动的个人和企业的监管，形成巨大的监管盲区。①

二、安全生产领域“放管服”改革

党的十八大以来在应急管理领域推行“放管服”改革，其目的就是解决行政许可领域长期存在的诸多问题。应急管理领域的“放管服”改革本质上是国家应急管理改革的一部分，也是转变政府职能的重要抓手。“放管服”改革主要有三个方面的内容：一是简政放权，这里的“放”包括放弃、下放、放松三种方式，分别是指取消一些不必要的行政许可，将由上级机关实施的许可事项下放给下级机关实施，以及简化申请许可的程序和获得许可的条件。② 二是放管结合，即通过失信联合惩戒、“黑名单”制度、“双随机、一

① 参见林鸿潮：《应急法概论》，应急管理出版社2020年版，第111—112页。
② 参见林鸿潮：《行政法与行政诉讼法》，北京大学出版社2015年版，第112页。

公开”执法抽查等措施加强事中事后监管。三是优化服务，是指通过优化政务服务、创新监管工具等方式优化公共服务。

在安全生产领域，自2014年《安全生产法》修改以来，经过不断深化的改革实践，安全生产领域的“放管服”改革已经取得显著成效，主要表现为：在简政放权方面，取消了一大批缺乏法律、法规和规章，不符合实际情况以及无设立必要的安全生产行政许可事项，包括对注册安全工程师的执业资格认定和对建设项目安全设施竣工验收及安全条件论证的行政许可等；按照高效监管的原则将安全生产行政许可事项具体下放至不同层级的应急管理部门；通过合并审批事项、转为后置审批、简化许可条件等方式调整安全生产行政许可事项等。伴随着《安全生产法》的修改进程以及落实国务院深化“放管服”改革的布署要求，下放了安全生产评价和检测检验机构资质认可、取消行政审批中不必要的证明材料、优化审批服务等一系列改革措施，这些改革措施对于解决安全生产领域行政审批难、执法随意、中介行业垄断和权力寻租等痼疾很有针对性。在事中事后监管方面，由倚重事前监管逐步向强化事中事后监管转变，推行以失信联合惩戒、“黑名单”、“互联网+监管”为核心的新型监管机制。新修正的《安全生产法》在第78条第1款正式写入了失信联合惩戒机制，赋予了这种新型规制工具更高的法律效力。在优化公共服务方面，安全生产领域的一个突出成果就是安全生产责任保险的推行，2019年应急管理部出台了《安全生产责任保险事故预防技术服务规范》，既增强了安全生产责任保险的事故预防服务功能，也有助于发挥第三方规制工具的作用，而新修正的《安全生产法》第51条第2款则将高危行业、领域的生产经营单位强制投保安全生产责任保险予以了法定化。

“放管服”改革是深化行政审批制度改革的重点和关键，但是应当看到，由于行政许可的实施对于突发事件风险的控制非常重要，安全生产领域的“放管服”改革因此也具有一定的特殊性。我们以告知承诺制的推行为例，告知承诺制是深化“放管服”改革的一项创新措施，是指公民、法人和其他组织在向行政机关申请办理行政事项时，行政机关以书面形式将证明义务、证明内容以及不实承诺的法律责任一次性告知申请人，申请人书面承诺已经符合告知的相关要求并愿意承担不实承诺的法律责任，行政机关不再索要有关证明并依据书面承诺办理相关行政事项的工作机制。[①] 2020 年 10 月，国务院办公厅发布《关于全面推行证明事项和涉企经营许可事项告知承诺制的指导意见》，标志着告知承诺制在行政许可领域的全面推开。实践中，安全生产领域告知承诺制的推行已经取得了一些成果。比如，天津市对建筑业企业资质申报实行告知承诺制，符合具体申报要件的企业可以选择承诺方式申请建筑业企业资质证书；[②] 山东省青岛市对已经取得《危险化学品经营许可证》且外部环境及内部设施未发生重大变化的加油站在办理延期换证工作中实行告知承诺制等。[③]

在安全生产领域引入告知承诺制固然具有降低交易成本、提高行政审批效率等优点，但不加区分地广泛运用这一制度却会产生一些问题。首先，在安全生产领域推行告知承诺制是以申请人的承诺代替行政机关对安全生产许可条件的实质性审核，实际上就是放松对安全生产许可事项的事前控制，转而依靠事中事后监管措施的效力倒逼申请人慎重承诺、保持信用。然而，安全生产领域长期依靠的是以事前审批为主的监管方式，事中事后监管制度还远不够完善。而诸如“双随机、一公开”等事中事后监管机制在社会公众风险容忍度较低的安全生产领域也难以有效发挥风险规制效能，结果是导致告知承诺制的实施“换汤不换药”，仅仅是推迟了实质性审查的时间，不但没有实际意义，在发现问题要求整改时还会增加撤销许可证等行政成本。加之此时有的被许可人可能已经投入了大量前期筹备成本，会产生抵触情绪甚至出现抗法行为，引发不必要的行政纠纷。其次，告知承诺制要求行政机关在事后检查中发现相对人的承诺不真实时，需要督促其整改以达到合规，否则应撤销已经做出的许可决定。然而实践中有不少申请人急于获得许可而轻诺寡信，获得许可后根本没有采取措施达到其承诺能够满足的条件。一方面，相对人为了达到安全生产行政许可所要求的合规标准通常需要付出较大的成本，

---

① 参见《国务院办公厅关于全面推行证明事项和涉企经营许可事项告知承诺制的指导意见》（国办发〔2020〕42 号）。

② 参见天津市建委《关于精简建筑业企业资质申报要件实行告知承诺审批的通知》（津建筑〔2018〕377 号）。

③ 参见滕晓阳等：《当场办理 压缩时限 青岛市应急管理局在全国安全生产领域首个推行“秒批 + 承诺制”改革》，载大众网，http：//qingdao. dzwww. com/zfpd/qingdaoyingji/201909/t20190911_17089622. htm，2019 年 9 月 11 日访问。

受经济利益的驱动他们往往不愿认真整改；另一方面，执法部门在事后实地核查时判定的不合格率会很高，督促相对人反复整改也会耗费大量时间和精力，造成巨大的执法负担。①

告知承诺制引入安全生产领域可能遭遇的实施困境启示我们，对于其他领域推行的“放管服”改革措施，安全生产领域有其特殊性，应结合安全生产的行业特质和风险特点等，有所甄别地加以实施，避免“一刀切”的常态化机制。对新技术、新产业、新业态、新模式的发展，要区分不同情况，积极探索和创新适合其特点的监管方式，既要有利于营造公平竞争环境，激发创新创造活力，大力支持新经济快速成长，又要进行审慎有效监管，防范可能引发的风险。对此，可以通过引入成本收益分析框架、风险沟通等工具，尽可能地消解因改革措施的不适配带来的负面影响，以实现“放管服”改革效益的最大化。此外，要想在安全生产领域继续深入贯彻“放管服”改革理念，更重要的还是要求负有安全生产监管职责的行政机关积极转变监管理念，培育新的监管能力，与旧监管模式下的各种利益链条相切割，还要加快建立健全与信用监管相关的各项配套措施，通过提高执法的规范化和精细化水平将这些措施落到实处，使安全生产领域真正释放“放管服”改革红利，特别是要进一步加强事中事后监管。《国务院办公厅关于服务“六稳”“六保”进一步做好“放管服”改革有关工作的意见》要求：“提升事中事后监管效能。各地区各部门要完善‘双随机、一公开’监管、信用监管、‘互联网＋监管’等方式，实施更加精准更加有效的监管。梳理职责范围内的重点监管事项，聚焦管好‘一件事’实施综合监管。加强对日常监管事项的风险评估，实施分级分类监管，强化高风险环节监管。对涉及人民群众生命健康和公共安全的要严格监管，坚决守住安全底线。对新产业新业态实行包容审慎监管，引导和规范其健康发展。完善全国一体化在线监管平台，推动监管信息共享，加快形成统一的监管大数据，强化监管信息综合运用，提升监管质量和效率。”

---

① 参见林鸿潮、张涛、李昱音：《公共安全领域告知承诺制的实施困境及其调适》，载《中国行政管理》2021 年第 3 期。

三、安全生产第三方中介机构的监管

安全生产第三方中介机构，是指《安全生产法》第 72 条所规定的承担安全评价、认证、检测、检验等职责的机构，其主要职责是作为第三方机构接受有关生产经营单位或者负有安全生产监督管理职责的部门的委托，进行相应的安全评价、认证、检测、检验等技术服务工作。随着政府职能的转变，第三方中介机构安全评价、认证、检测、检验的结果已经成为评价生产经营单位安全生产情况以及安全生产监管部门进行监督检查的重要参考，甚至是其对有关安全生产问题进行审批、决策的重要依据。例如《危险化学品安全管理条例》第 12 条第 2 款的规定："建设单位应当对建设项目进行安全条件论证，委托具备国家规定的资质条件的机构对建设项目进行安全评价，并将安全条件论证和安全评价的情况报告报建设项目所在地设区的市级以上人民政府安全生产监督管理部门；安全生产监督管理部门应当自收到报告之日起 45 日内作出审查决定，并书面通知建设单位。……"因此，安全评价、认证、检测、检验对安全生产工作既是一种技术上的监督，也是安全生产监督管理工作的重要组成部分。

从职能定位来分析，安全生产第三方中介机构基于其掌握的安全生产技术或管理优势，能够为一些缺少具有有关专门知识和经验的安全工程技术人员的生产经营单位提供服务，从而帮助这些单位规范安全生产行为，有效防范事故风险。因此，第三方中介机构在安全生产领域中扮演着市场"看门人"的角色，实际上也具有一定风险筛查和风险控制功能。但是在实践中，安全生产第三方中介机构却广泛存在弄虚作假、资质挂靠、人员挂靠等乱象，突出表现为安全评价机构弄虚作假、生产经营单位以虚假报告获取相关许可的"两虚假"问题和安全评价机构出租出借资质、评价人员出租出借资格证书的"两出借"问题，致使中介机构的从业门槛降低、形成灰色产业链。并且由于缺乏有效的监督和责任追究机制，中介机构与生产经营单位串通造假的现象也频繁发生，不仅扰乱了安全生产中介服务的市场秩序，也削弱了风险控制功能，导致安全风险的不当"敞开"。前文提到的天津港"8·12"瑞海公司危险品仓库特别重大火灾爆炸事故以及 2019 年的江苏响水天嘉宜化工有限公司"3·21"特别重大爆炸事故等就集中反映出上述问题。

对此，2016 年《中共中央国务院关于推进安全生产领域改革发展的意见》要求“改革完善安全生产和职业健康技术服务机构资质管理办法”，“科学设置安全生产行政许可事项和办理程序”。2019 年公布施行的《安全评价检测检验机构管理办法》对新时期规范对安全生产第三方中介机构的监督管理工作提供了制度遵循，是贯彻落实“放管服”改革精神、改革安全评价制度、重塑专业机构监管体系的重要举措。为了进一步严厉整治安全评价机构弄虚作假问题，全面净化安全评价市场，2021 年 5 月，应急管理部办公厅印发了《安全评价机构执业行为专项整治方案》，以“两虚假”和“两出借”等问题为整治重点，围绕安全评价机构、生产经营单位、监管部门等三个层面，按照动员部署、自查自改、集中检查、督导互查、验收评估、总结提升六个阶段全面开展专项整治。在检查过程中，发现安全评价机构、生产经营单位、专业技术人员存在违法违规行为的，要依据其违法行为的事实、性质、情节和严重程度，依法依规实施处罚；发现安全评价机构出具虚假报告的，依法吊销其资质证书并向社会公开；发现相关生产经营单位利用虚假报告取得安全生产相关许可、验收、备案的，实施审批、验收、备案的部门要对涉事生产经营单位依法依规实施处罚。

在强化安全生产第三方中介机构监管的基础上，此次修正后的《安全生产法》充实了第 72 条的条文内容，一是要求安全生产第三方中介机构必须对安全评价结果的合法性和真实性负责；二是国务院应急管理部门会同有关部门应当制定中介机构的资质条件；三是建立第三方中介机构服务公开和报告公开制度；四是将租借资质、挂靠、出具虚假报告列为法定禁止行为。与此相对应，《安全生产法》还在第 92 条对安全生产第三方中介机构的责任进行了加重规定，较之修改前加大了出具虚假报告的法律责任，不仅要没收违法所得，更要责令停业整顿，并处三万元以上十万元以下的罚款。此外，对有法定违法行为的机构及其直接责任人员还新增了吊销相应资质和资格、实行五年乃至终身行业和职业禁入的责任规定。

【延伸思考】

1. 你认为安全生产领域的哪些行政审批事项适合全面推行告知承诺制?

为什么？

2. 安全生产领域由事前监管向事中、事后监管模式的转变和其他行政监管领域比起来有什么特殊性？需要特别注意哪些问题？

第三节　举报和信用规制

【本节导读】

除了前述两节内容中介绍的行政执法检查和行政许可这两类传统的监管方式以外，修正后的《安全生产法》在第四章还规定了一些比较新兴的监管手段。这些手段在其他领域的实施取得了一定治理效果后也逐渐在安全生产领域得到推广，并逐步被《安全生产法》所吸收，获得更高的法律效力。本节将对这些新兴的监管机制进行重点介绍，一是安全生产举报和奖励制度；二是安全生产行政公益诉讼制度；三是安全生产失信联合惩戒机制；四是安全生产行政处罚信息公示制度。

【主干法条】

第七十三条　负有安全生产监督管理职责的部门应当建立举报制度，公开举报电话、信箱或者电子邮件地址等网络举报平台，受理有关安全生产的举报；受理的举报事项经调查核实后，应当形成书面材料；需要落实整改措施的，报经有关负责人签字并督促落实。对不属于本部门职责，需要由其他有关部门进行调查处理的，转交其他有关部门处理。

涉及人员死亡的举报事项，应当由县级以上人民政府组织核查处理。

第七十四条　任何单位或者个人对事故隐患或者安全生产违法行为，均有权向负有安全生产监督管理职责的部门报告或者举报。

因安全生产违法行为造成重大事故隐患或者导致重大事故，致使国家利益或者社会公共利益受到侵害的，人民检察院可以根据民事诉讼法、行政诉讼法的相关规定提起公益诉讼。

第七十六条 县级以上各级人民政府及其有关部门对报告重大事故隐患或者举报安全生产违法行为的有功人员，给予奖励。具体奖励办法由国务院应急管理部门会同国务院财政部门制定。

第七十八条 负有安全生产监督管理职责的部门应当建立安全生产违法行为信息库，如实记录生产经营单位及其有关从业人员的安全生产违法行为信息；对违法行为情节严重的生产经营单位及其有关从业人员，应当及时向社会公告，并通报行业主管部门、投资主管部门、自然资源主管部门、生态环境主管部门、证券监督管理机构以及有关金融机构。有关部门和机构应当对存在失信行为的生产经营单位及其有关从业人员采取加大执法检查频次、暂停项目审批、上调有关保险费率、行业或者职业禁入等联合惩戒措施，并向社会公示。

负有安全生产监督管理职责的部门应当加强对生产经营单位行政处罚信息的及时归集、共享、应用和公开，对生产经营单位作出处罚决定后七个工作日内在监督管理部门公示系统予以公开曝光，强化对违法失信生产经营单位及其有关从业人员的社会监督，提高全社会安全生产诚信水平。

【案例导入】

贵州浙商矿业集团有限公司修文县六广镇龙窝煤矿“7·29”较大煤与瓦斯突出事故[①]

2019年7月29日，贵州浙商矿业集团有限公司修文县六广镇龙窝煤矿（以下简称龙窝煤矿）发生一起较大煤与瓦斯突出事故，造成4人死亡、2人轻伤，直接经济损失731.72万元。事故发生后，煤矿未上报事故信息，自行

---

① 案件来源：贵州浙商矿业集团有限公司修文县六广镇龙窝煤矿“7·29”较大煤与瓦斯突出事故调查报告，载中国煤炭网，http：//www.ccoalnews.com/news/202004/09/c124411.html，2021年6月21日访问。

召请浙商公司救护中队施救。7 月 29 日 6 时许，在井下发现遇难人员后，郑德松（龙窝煤矿实际控制人）从井下打电话到调度室和地面经理林朝基商定瞒报事故，并安排了瞒报的具体事宜。7 月 29 日 13 时 20 分，贵阳市长热线接到群众举报，反映龙窝煤矿发生瓦斯爆炸。修文县政府接到核查通知后，政府办主任罗林带领六广镇和县公安局、工信局、应急局有关人员赶到龙窝煤矿核实。郑德松、杨培刚、林朝基等人均称是 2703 切眼掘进工作面片帮，造成 2 人轻微伤，无人员死亡。经核查人员入井勘查，2703 切眼掘进工作面确有顶板垮落及片帮堆积矸石，未发现瓦斯爆炸迹象。在核查组离矿后，郑德松召集矿长杨培刚、林朝基、陈宏榆、林天波再次商量，决定继续隐瞒事故，安排陈宏榆关闭视频监控，安排林朝基转移遇难者遗体。30 日 2 时许，4 名遇难者遗体被运出井后，林朝基连夜组织将遇难者遗体转移至乌当区汇融酒店停车场，通知家属私了。11 时许，因气候原因，再将遇难者遗体转移至林东殡仪馆（临时治丧点）停放。之后因与家属发生争议，家属报警。

7 月 30 日 14 时，修文县接到贵阳市公安局转警，核查组继续到龙窝煤矿核实。郑德松向核查组供述：29 日 2 时许，2703 切眼掘进工作面片帮，造成 4 人遇难，2 人受伤，遇难者遗体已被转移到林东殡仪馆。核查组在林东殡仪馆见到了 4 名遇难者遗体。15 时许，修文县和贵阳市将核实的情况上报省有关部门。贵州煤矿安全监察局、省能源局、省应急厅接到事故报告后，立即派人赶赴龙窝煤矿指导事故核查。在听取先期核查情况汇报，了解伤亡人员状况后，认为存在谎报事故地点和事故类别的嫌疑，决定召请林东救护大队到现场全面勘查。林东救护大队到达龙窝煤矿后，入井对 2703 切眼掘进工作面进行勘查，除 2703 切眼掘进工作面有顶板垮落和片帮矸石堆积外，未有其他发现。经对煤矿有关人员进行询问，综合分析煤矿图纸、资料，事故核查组认为井下 17 号密闭内可能有隐蔽作业区域。31 日 4 时许，林东救护大队第二次入井，重点对可疑的 17 号密闭进行排查，未发现有可疑痕迹。事故核查组再次对煤矿有关人员询问，并由公安机关对实际控制人郑德松采取强制措施，煤矿有关人员才承认事故发生在 17 号密闭内的隐蔽作业区域。在编制启封密闭措施后，31 日 13 时，林东救护大队第三次入井，打开 17 号密闭进入侦察，发现了东下山采煤工作面，初步确认东下山采煤工作面为事故地点，事故类型为煤与瓦斯突出事故。

法院最终判处：一、被告人郑德松犯重大责任事故罪，判处有期徒刑三年六个月；犯不报、谎报安全事故罪，判处有期徒刑一年；犯非法采矿罪，判处有期徒刑三年六个月，并处罚金人民币二万元；总和刑期为有期徒刑八年，并处罚金人民币二万元；决定执行有期徒刑七年，并处罚金人民币二万元。二、被告人杨培刚犯重大责任事故罪，判处有期徒刑三年；犯不报、谎报安全事故罪，判处有期徒刑六个月；犯非法采矿罪，判处有期徒刑三年，并处罚金人民币二万元；总和刑期为有期徒刑六年六个月，并处罚金人民币二万元；决定执行有期徒刑五年，并处罚金人民币二万元。三、被告单位贵州浙商矿业集团有限公司修文县六广镇龙窝煤矿犯非法采矿罪，判处罚金人民币二百万元。

这是一起由于群众举报才得以发现的生产安全事故。在生产经营单位蓄意瞒报、谎报的情况下，群众、内部人员的举报是发现安全生产违法行为和事故隐患最便捷的方式。本案中，在接到举报的情况下，核查组在事故发生两天后才发现事故地点，这也从另一个侧面更加凸显出生产经营单位内部“吹哨人”的重要性。

【制度解析】

一、安全生产举报和奖励制度

“海因里希法则”表明，每一起严重事故的背后，必然有 29 次轻微事故和 300 起未遂先兆以及 1000 起事故隐患。从大量事故调查报告中可以看出，不少事故发生前已露端倪，但因无人举报而错失良机，最终酿成悲剧。而在事故已经发生、生产经营单位却故意瞒报谎报的情况下，举报制度对于全面了解事故情况、及时查处违法行为更具有重要作用，前述案例就是一个典型例证。举报是一种依靠人民群众的力量开展监督的手段，在安全生产领域建立举报制度可以使负有安全生产监管职责的部门充分利用群众监督手段，及时掌握生产经营单位安全生产的情况并及时发现违法行为，有望在生产安全事故发生之前进行有效遏制，从而最大限度减少和避免生产安全事故的发生。举报制度同时有助于提高安全生产监管工作的效率和针对性，是弥补安全生产执法任务较重情况下执法人员配备不足的一个重要举措。举报制度还能够对生产经营单位形成威慑和压力，促使生产经营单位自觉加强安全生产工作，落实安全生产主体责任，建立起自我约束机制。[①] 此外，对报告或举报安全生产违法行为的有功人员给予奖励，通过给予一定的物质或精神利益，有利于充分调动有关人员的举报积极性，是发挥举报作用的重要辅助手段。

2018 年 1 月，原国家安监总局与财政部联合印发了《安全生产领域举报奖励办法》，适用于重大事故隐患和安全生产违法行为的举报奖励。但是，该办法并未区分一般群众举报和生产经营单位从业人员举报，对二者实行的是统一的奖励标准，对生产经营单位从业人员也未规定区别于一般举报人的保护机制。生产单位从业人员的举报一般被称作内部"吹哨人"制度，与一般群众举报相比，生产经营单位从业人员身处生产经营第一线，更了解单位内部情况，轻微事故、未遂先兆和事故隐患往往逃不过生产经营单位内部人员的眼睛，内部人举报具有信息详实准确、可信程度高等特点，能够帮助监管部门及时发现违法行为，精准开展执法活动。但是，这类举报也存在举报人容易遭受打击报复、举报风险较高等问题，如果缺乏有力的激励和保护机制，内部"吹哨人"制度只能是个例存在，难以实现普遍性的监管和约束。只有对生产经营单位从业人员给予重奖，并严格维护其合法权益，才能保护其举报积极性，倒逼生产经营单位提高安全生产水平。

对此，2019 年《国务院关于加强和规范事中事后监管的指导意见》指出，"建立'吹哨人'、内部举报人等制度，对举报严重违法违规行为和重大风险隐患的有功人员予以重奖和严格保护"。在此意见指导下，为强化和落实生产经营单位安全生产主体责任，鼓励和支持生产经营单位从业人员进行举报和监督，应急管理部于 2020 年 9 月印发了《生产经营单位从业人员安全生产举报处理规定》，对生产经营单位从业人员举报事项范围、举报的途径、举报的处理和反馈、奖励的标准以及对举报人合法权益的保护等作出了详细规定。在此基础上，2021 年 5 月 12 日，国家矿山安全监察局印发《矿山安全生

① 参见滕炜主编：《中华人民共和国安全生产法解读》，中国法制出版社 2014 年版，第 205—206 页。

产举报奖励实施细则（试行）》。在地方层面，目前也有不少地方出台了省级规范性文件，具体规定本行政区域内的安全生产举报和奖励制度，如《安徽省安全生产举报奖励办法》《广东省安全生产领域举报处理办法》《山东省安全生产举报奖励办法》等。随着一大批关于安全生产举报和奖励制度的法规、规章和规范性文件的出台，安全生产领域的举报和奖励制度愈加制度化和规范化，有望调动人民群众参与安全生产监督工作的积极性，形成全社会关心安全生产工作的良好氛围。

二、安全生产行政公益诉讼制度

新修正的《安全生产法》在第 74 条新增第 2 款规定："因安全生产违法行为造成重大事故隐患或者导致重大事故，致使国家利益或者社会公共利益受到侵害的，人民检察院可以根据民事诉讼法、行政诉讼法的相关规定提起公益诉讼。"这一新增条款标志着安全生产行政公益诉讼制度的正式确立。回溯安全生产行政公益诉讼制度的发展脉络可以发现，2016 年《中共中央国务院关于推进安全生产领域改革发展的意见》就曾提出要"研究建立安全生产民事和行政公益诉讼制度"。2017 年修正的《行政诉讼法》在第 25 条新增第 4 款规定，在法律层面正式确立了行政公益诉讼制度。该条款明确列举了在生态环境和资源保护、食品药品安全、国有财产保护、国有土地使用权出让这四个领域推行行政公益诉讼，并不包括安全生产领域。但有不少观点认为，将行政公益诉讼拓宽到安全生产领域符合建立这一制度的立法目的。一方面，生产安全事故特别是重特大事故的爆发对于国家利益和社会公共利益威胁极大，社会关注度较高，且该领域行政机关监管职能的履行情况常常不如人意，亟须通过司法权力的介入来解决行政管理手段和现有行政救济程序在维护公共利益上的不足。另一方面，对《行政诉讼法》第 25 条第 4 款中的"等"字做"等外等"理解也可以为安全生产领域建立行政公益诉讼提供足够的制度空间。事实上，自 2017 年《行政诉讼法》修改以来，一些地方检察机关就利用这一条款提供的制度空间在安全生产领域开展了行政公益诉讼的探索并取得了一定效果。截至 2020 年年底，河南、湖北、云南等 24 个省（区、市）通过了关于加强公益诉讼的决定，其中 20 个省份明确检察机关可以积极稳妥办理安全生产领域公益诉讼案件。例如，2019 年 9 月《河北省人民代表大会常务委员会关于加强检察公益诉讼工作的决定》明确作出规定：检察机关依法办理安全生产、防灾减灾、应急救援领域公益诉讼案件。2020 年，最高人民检察院第八检察厅出台关于推进扩展公益诉讼范围的指导意见，明确将安全生产纳入其中。在此次《安全生产法》的修改过程中，安全生产行政公益诉讼是否明确写入法律经过了多次反复，但最终该制度得以正式入法。

在安全生产领域引入行政公益诉讼具有独特的制度功能。首先，安全生产行政公益诉讼有利于优化地方的安全生产治理格局，原因是实践中某些地方存在着安全生产监管需求和政府监管意愿不相匹配的问题，地方政府安全生产监管意愿不强导致监管措施普遍形式化，容易造成一些地方安全生产风险高发，进而酿成重特大安全事故。而由人民检察院提起行政公益诉讼可以充分发挥检察机关的法律监督职能，对行政机关违法或不当履职的行为形成一定威慑，拓宽对行政权力的监督强度。其次，在现有安全生产监管体制下，处在异地的上级政府部门难以对负有日常监督管理职责的基层部门形成有效监督。此时，基层检察机关一方面比较熟悉当地情况，对当地开展的安全生产工作有一定了解，另一方面与地方政府没有直接利益关系，能够积极履职。最后，行政公益诉讼的诉前程序有利于检察机关在发现因行政机关怠于履职而导致安全生产风险之后，及时进行事前或事中介入，从而以较低的成本督促行政机关及时履职防控风险。

尽管新修改的《安全生产法》已经正式确立了安全生产行政公益诉讼制度，但如何更好地运用这项制度使其发挥应有的效果，尚需进一步的实践探索和经验总结。因为，相比于传统四大领域已经较为成熟的行政公益诉讼实践，安全生产领域还存在一些特殊性，比如安全生产领域中政府“虚假治理”“履职不完全”的情况比较严重，需要检察机关对政府真实的履职状况作出实质性判断；又如生产安全事故风险向事故的转化往往比较突然且迅速，需要法院及时作出裁判并予以执行等。据此，我们认为，安全生产行政公益诉讼制度的具体建构至少应处理好以下四个问题：第一，在案件选择上，检察机关力量毕竟有限，不可能对所有涉及公共利益或者社会公共利益的行政违法和行政不作为都提起诉讼，必须紧紧抓住生产安全事故风险防控这一核心目标来遴选案件，而不是不分本末地选择一些看似容易入手、实则价值低微的案件。第二，在起诉标准上，鉴于安全生产领域普遍存在“虚假治理”的情况，检察机关应当采用是否“导致国家利益或者社会公共利益受到侵害”的实质性标准，对于符合这一标准的行政自由裁量行为仍可起诉。第三，在诉讼提起人的范围上，除法定的检察机关外，将来还可以考虑赋予工会以公益诉讼提起人资格。第四，在审理方式和执行上，需要具有更大的灵活性，特别是要注重检察建议的诉前程序、快速审理的简易程序以及先予执行制度等的运用。①

三、安全生产失信联合惩戒机制

近年来，以失信联合惩戒为核心的信用规制工具在各领域得到广泛应用，在安全生产领域也逐步展开推广。早在2014年，《国务院安全生产委员会关于加强企业安全生产诚信体系建设的指导意见》就提出要建立企业安全生产诚信激励和失信惩戒机制，激励企业安全生产诚实守信，严格惩戒安全生产失信企业。2015年《国务院办公厅关于加强安全生产监管执法的通知》指出，建立完善安全生产诚信约束机制，相关部门要加强联动，依法对失信企业进行惩戒约束。2016年《中共中央国务院关于推进安全生产领域改革发展的意见》要求“积极推进安全生产诚信体系建设，完善企业安全生产不良记录‘黑名单’制度，建立失信惩戒和守信激励机制”。同年，国家发改委、中国人民银行、原国家安监总局等18部门联合印发的《关于对安全生产领域失信生产经营单位及其有关人员开展联合惩戒的合作备忘录》中具体列举出了29项联合惩戒措施。2017年，原国家安监总局出台了《对安全生产领域失信行为开展联合惩戒的实施办法》，明确界定了安全生产领域纳入联合惩戒对象的失信行为和联合惩戒机制的实施流程。2021年《应急管理部关于加强安全生产执法工作的意见》再次强调了“严格执行安全生产失信行为联合惩戒制度，对于存在严重违法行为的失信主体要及时纳入安全生产失信惩戒名单，提高执法工作严肃性和震慑力”。鉴于失信联合惩戒机制在安全生产领域已经取得了良好的实施效果，2021年修正的《安全生产法》第78条第1款就在法律层面正式确立了安全生产失信联合惩戒机制，对存在失信行为的生产经营

① 参见林鸿潮、赵艺绚：《论安全生产行政公益诉讼》，载《西南民族大学学报（人文社会科学版）》2020年第1期。

单位及其从业人员明确规定了加大执法检查频次、暂停项目审批、上调有关保险费率、行业或者职业禁入等联合惩戒措施。

失信联合惩戒的基本原理是通过失信信息的共享，由不同的政府部门在各自的职能范围内采取相应的惩戒措施，达到“一处失信，处处受限”的效果，降低失信行为的负外部性，促使失信主体遵纪守法，履约守诺。[①] 失信联合惩戒是信用监管的重要内容，信用监管是指行政机关通过对相对人的信用信息进行归集、共享，依靠一定的技术对相对人的信用状况进行评价、评级，并以此为依据对相对人实施激励、惩戒、公示等规制措施。具体到安全生产领域，信用监管通过失信联合惩戒、黑名单等制度提高了企业的失信成本，通过守信联合激励、红名单等制度增加了企业的守信收益，从而影响和改变企业的守信和失信决策。目前，信用监管机制在安全生产领域的运用暴露出一些问题，特别是失信联合惩戒机制在实际运用中存在的将失信行为和违法行为相混淆、重“惩戒”而轻“联合”的现象，需要特别加以澄清。

第一，失信行为不等于违法行为。失信联合惩戒中的“失信”是一个难以明确界定的概念，实践中的一个严重误区就是将“失信”与“违法”相混同。比如国务院于2014年发布的《社会信用体系建设规划纲要（2014—2020年）》中规定的将工程建设的“违法分包”列入失信责任追究范围、“将各类交通运输违法行为列入失信记录”等多处内容就显示出将“失信”与“违法”等同或联结的理念；[②] 又如《江苏省自然人失信惩戒办法（试行）》第9条的规定不仅将失信行为与违法行为相勾连，甚至将其与违纪、违反职业道德和职业规范等绑在一起。[③] 这样做的后果是把大量违法但不失信的行为纳入失信联合惩戒之中，既丧失了信用监管的功能，也不当扩大了信用监管的适用范围，加重了生产经营单位的负担。应当明确，失信行为并不等同于违法行为。联合惩戒的前提是针对失信行为，对于某些违法但不属于失信的行为

① 参见王伟：《失信惩戒的类型化规制研究——兼论社会信用法的规则设计》，载《中州学刊》2019年第5期。

② 参见沈岿：《社会信用体系建设的法治之道》，载《中国法学》2019年第5期。

③ 《江苏省自然人失信惩戒办法（试行）》第9条规定：“重点职业人群是指社会法人或者其他经济组织的法定代表人或者主要负责人以及重要岗位工作人员、依法应当取得执业资格的人员、公务员以及行政事业性岗位工作人员，其失信行为主要包括：……（三）其他违法、违纪或者违反职业道德和职业规范，造成不良影响的失信行为。”

绝不能扩大适用联合惩戒，否则将有违法治原则。很多领域在法律责任之外推行失信联合惩戒机制，其重要原因就在于这些领域对违法行为的惩罚并未达到对失信的惩罚标准。同时，违法责任可以向失信责任转换，转换机制就是前文讨论过的“告知承诺制”，即把不符合审批条件就从事相应行为的违法情形转化为其违反自身事前承诺的失信情形，从而为行政机关对相对人适用失信联合惩戒措施提供依据，并通过严厉的事后追责倒逼申请人满足审批条件。

第二，失信联合惩戒重在“联合”而非“惩戒”。联合惩戒的目标是形成“一处违法，处处受限”格局，“使失信者寸步难行”。实务中有不少部门将“联合惩戒”作为“万金油”，认为通过联合惩戒机制可以管制其之前无法辐射到的领域，从而认为联合惩戒是为其新增设了惩戒事由，这种理解是错误的。对失信的生产经营单位及其有关从业人员进行惩戒仍然要依据原定法律法规赋予的职权，联合惩戒机制只是一个部门作出的失信惩戒对象认定，会触发其他多个部门基于该失信惩戒对象认定而分别在各自主管的领域内实施的惩戒措施之程序性工作制度，其功能在于借由信息共享打破部门间的信息隔阂，打通之前相互隔绝、分散的规制手段，使各部门能迅速知悉行为人在任何领域内的违法失信行为，并对其采取相应惩戒措施。①

四、安全生产行政处罚信息公示制度

新修正的《安全生产法》第 78 条新增的第 2 款规定了对安全生产违法行为实施行政处罚之后的信息公示制度。根据该款规定，负有安全生产监管职责的部门应当加强对生产经营单位行政处罚信息的及时归集、共享、应用和公开，处罚决定作出后要在 7 个工作日内在监督管理部门公示系统予以公开曝光。安全生产行政处罚信息公示是行政执法“三项制度”之一——行政执法公示制度的重要内容。2021 年《应急管理部关于加强安全生产执法工作的意见》指出，“严格落实行政执法公示制度，按照‘谁执法谁公示’的原则，

① 参见李硕：《论失信联合惩戒的合法性及其补强——以〈对失信被执行人实施联合惩戒的合作备忘录〉为样本的分析》，载《中国法律评论》2021 年第 1 期。

及时通过各级应急管理部门政府网站和政务新媒体、服务窗口等平台向社会公开行政执法基本信息和结果信息；建立健全执法决定信息公开发布、撤销和更新机制，严格按照相关规定对执法决定信息进行公开，公开期满要及时撤下”。将安全生产行政处罚信息予以公示，对于行政机关和社会公众而言，是提高行政执法工作透明度和保障社会公众知情权、参与权、表达权、监督权的重要举措，对于行政相对人而言则具有信用规制的功能。因为公示处罚信息等于曝光了生产经营单位的违法行为，对其企业形象和声誉将产生负面影响，以此可以倒逼生产经营单位合法合规从事生产经营，提高安全生产主体责任意识。

对此，有观点认为，行政处罚决定作出后再将处罚信息公开曝光出来是对行政相对人声誉权益的一种损害，实际上是给被处罚者又附加了一项独立的声誉罚。[①] 我们认为，这种认识并不准确。行政处罚是行政机关对违反行政管理秩序的公民、法人或者其他组织，以减损权益或者增加义务的方式予以惩戒的行为，核心特征是惩戒性。声誉罚是一种程度较轻的行政处罚，以剥夺、限制或贬损行政违法者声誉权益，降低被处罚人的社会评价为内容。声誉罚具有公开性，因为声誉的形成离不开信息传播，只有通过公开的方式才能使被处罚人的声誉得到贬损，也能给社会公众以警示，实现行政处罚的惩戒和教育功能。除了单独适用声誉罚之外，其他的行政处罚也都天然带有声誉评价功能，因为不同类型的处罚措施在使行政相对人减损权益或增加义务的同时，实际上也在无形中给相对人的声誉带来了负面影响。这种理解在一些与行政处罚相关的立法中也体现出来，表现为除单独适用声誉罚之外，其他行政处罚措施一般不与警告等声誉罚并用，因为其他类型的行政处罚已经天然地带有声誉评价功能。由此可见，行政处罚除了惩戒和教育功能，本来就具有通过对被处罚者进行声誉评价从而实施信用规制的功能，而行政处罚信息公示制度就将行政处罚的这种信用规制功能充分发挥了出来，也属于一种信用监督机制。

---

① 参见贺译葶：《公布行政违法信息作为声誉罚：逻辑证成与制度构设》，载《行政法学研究》2020 年第 6 期。

【延伸思考】

1. 你认为，《关于对安全生产领域失信生产经营单位及其有关人员开展联合惩戒的合作备忘录》的法律性质是什么？

2. 2021 年修订的《行政处罚法》第 2 条给出了行政处罚的定义，即“行政处罚是指行政机关依法对违反行政管理秩序的公民、法人或者其他组织，以减损权益或者增加义务的方式予以惩戒的行为”。又在第 9 条列出了行政处罚的法定种类，包括：“（一）警告、通报批评；（二）罚款、没收违法所得、没收非法财物；（三）暂扣许可证件、降低资质等级、吊销许可证件；（四）限制开展生产经营活动、责令停产停业、责令关闭、限制从业；（五）行政拘留；（六）法律、行政法规规定的其他行政处罚。”那么，失信联合惩戒是否属于行政处罚的一种呢？失信联合惩戒具有多主体、多行为的特征，相对人在提起行政诉讼时，如何确定适格的被告？

第五章　生产安全事故的应急救援与调查处理

第一节　事故应急救援

【本节导读】

应急救援是安全生产全过程管理的重要环节。为了减少和避免生产安全事故及其造成的人员伤亡和财产损失，政府必须采取有效的应急救援措施或行动，包括征调应急救援队伍、警戒、疏散群众等。为了保证应急救援的实际效果，《安全生产法》对事故应急能力建设、事故应急救援预案、事故应急救援指挥等进行了规定。其中，本次修法的重点是完善国家安全生产专业应急救援队伍的指挥机制、建立全国统一的生产安全事故应急救援信息系统、明确政府及有关部门和基层组织制定应急救援预案的义务和应急救援工作职责。本节将对以上内容展开分析。需要注意的是，在学习本章节时，要与2019年国务院颁布的《生产安全事故应急条例》一并学习。

【主干法条】

第七十九条　国家加强生产安全事故应急能力建设，在重点行业、领域建立应急救援基地和应急救援队伍，并由国家安全生产应急救援机构统一协调指挥；鼓励生产经营单位和其他社会力量建立应急救援队伍，配备相应的应急救援装备和物资，提高应急救援的专业化水平。

国务院应急管理部门牵头建立全国统一的生产安全事故应急救援信息系统，国务院交通运输、住房和城乡建设、水利、民航等有关部门和县级以上地方人民政府建立健全相关行业、领域、地区的生产安全事故应急救援信息系统，实现互联互通、信息共享，通过推行网上安全信息采集、安全监管和监测预警，提升监管的精准化、智能化水平。

第八十条 县级以上地方各级人民政府应当组织有关部门制定本行政区域内生产安全事故应急救援预案，建立应急救援体系。

乡镇人民政府和街道办事处，以及开发区、工业园区、港区、风景区等应当制定相应的生产安全事故应急救援预案，协助人民政府有关部门或者按照授权依法履行生产安全事故应急救援工作职责。

第八十一条 生产经营单位应当制定本单位生产安全事故应急救援预案，与所在地县级以上地方人民政府组织制定的生产安全事故应急救援预案相衔接，并定期组织演练。

第八十二条 危险物品的生产、经营、储存单位以及矿山、金属冶炼、城市轨道交通运营、建筑施工单位应当建立应急救援组织；生产经营规模较小的，可以不建立应急救援组织，但应当指定兼职的应急救援人员。

危险物品的生产、经营、储存、运输单位以及矿山、金属冶炼、城市轨道交通运营、建筑施工单位应当配备必要的应急救援器材、设备和物资，并进行经常性维护、保养，保证正常运转。

第八十五条 有关地方人民政府和负有安全生产监督管理职责的部门的负责人接到生产安全事故报告后，应当按照生产安全事故应急救援预案的要求立即赶到事故现场，组织事故抢救。

参与事故抢救的部门和单位应当服从统一指挥，加强协同联动，采取有效的应急救援措施，并根据事故救援的需要采取警戒、疏散等措施，防止事故扩大和次生灾害的发生，减少人员伤亡和财产损失。

事故抢救过程中应当采取必要措施，避免或者减少对环境造成的危害。

任何单位和个人都应当支持、配合事故抢救，并提供一切便利条件。

【案例导入】

福建省泉州市欣佳酒店“3·7”重大坍塌事故救援[①]

2020年3月7日19时14分，福建省泉州市鲤城区欣佳酒店所在建筑物发生坍塌，造成71人被困。事故发生后，应急管理部立即启动应急响应，会同住房和城乡建设部等部门派出工作组连夜赶赴现场指导协助应急处置工作。福建省、泉州市迅速组织力量开展救援。国家综合性消防救援队伍、国家安全生产专业救援队伍、中交集团、地方专业队伍、社会救援力量等共计118支队伍、5176人参与抢险救援。福建省消防救援总队迅速调派10个支队的重、轻型救援队1086名指战员，携带生命探测仪、搜救犬以及特种救援装备到场处置。救援人员采取多种方式反复侦查，确定被困人员方位，按照“由表及里、先易后难”的顺序，合理使用破拆、撑顶、剪切等方式破拆建筑构件，多点作业、逐步推进，全力搜寻营救被困人员。卫健部门调派56名专家赶赴泉州支援伤员救治，并在事故现场设立医疗救治点，调配125名医务人员、20部救护车驻守现场，及时开展现场医疗处置、救治和疫情防控工作。经过112小时的艰苦奋战，成功将71名被困人员全部救出，其中42人生还。事故救援的主要经验：迅速启动重大灾害事故响应机制，第一时间成建制、模块化调集消防救援专业力量到场实施救援。通过“以房找人、以人找人、以物找人”等方法迅速定位，采取“纵横结合、两侧并进”掘进方法，开展地毯式搜寻。针对被埋压人员不同区域位置，采取“搜救犬和生命探测仪交叉搜寻定位、工程机械逐层剥离表层构件”的战术措施，发挥专业装备优势。公安、住建、卫健、疾控、电力、通信和武警部队等部门协同配合，为现场救援行动提供有力保障。

通过分析该事故应急救援过程，我们可以总结以下经验：第一，紧急情

---

① 案例来源：《应急管理部公布2020年全国应急救援和生产安全事故十大典型案例》，载应急管理部网站，https：//www. mem. gov. cn/xw/bndt/202101/t20210104_376384. shtml，2021年6月4日访问。

况下，要想迅速作出反应、采取有效的应急处置与救援措施，必须提前做好应急准备、制定事故应急救援预案；第二，事故救援一般涉及多个部门和应急救援队伍，不同的部门和队伍之间应当建立协同机制，服从统一指挥；第三，提升应急救援队伍快速响应能力和专业化水平是应急能力建设的重要方面；第四，此次事故的成功救援与科学、专业、高效的现场决策有密切关系，未来应当考虑如何完善指挥机制、更好地发挥现场指挥的作用。

【制度解析】

一、事故应急能力建设

近年来，我国安全生产形势整体向好。但是，我们必须清醒地认识到，我国地区之间、行业之间发展不平衡不充分的一些突出问题尚未解决。中共中央办公厅、国务院办公厅《关于推进城市安全发展的意见》强调指出，“随着我国城市化进程明显加快，城市人口、功能和规模不断扩大，发展方式、产业结构和区域布局发生了深刻变化，新材料、新能源、新工艺广泛应用，新产业、新业态、新领域大量涌现，城市运行系统日益复杂，安全风险不断增大。一些城市安全基础薄弱，安全管理水平与现代化城市发展要求不适应、不协调的问题比较突出。近年来，一些城市甚至大型城市相继发生重特大生产安全事故，给人民群众生命财产安全造成重大损失……”如天津“8・12”特大火灾爆炸事故、江苏响水天嘉宜化工有限公司“3・21”特别重大爆炸事故、湖北十堰“6・13”燃气爆炸事故等。

2019 年 11 月 29 日，习近平总书记在主持中央政治局第十九次集体学习时强调：“要发挥我国应急管理体系的特色和优势，借鉴国外应急管理有益做法，积极推进我国应急管理体系和能力现代化。”① 2020 年 4 月，国务院安委会启动《全国安全生产专项整治三年行动计划》，把加强事故应急能力建设作

① 习近平：《充分发挥我国应急管理体系特色和优势 积极推进我国应急管理体系和能力现代化》，载《人民日报》2019 年 12 月 1 日，第 1 版。

为强化政府安全监管能力建设专项活动的主要内容之一，并明确提出要增加应急救援基地数量、增加应急救援装备配备。根据《安全生产法》第 79 条的规定，提升事故应急能力可从三个方面着手。

（一）统一协调指挥国家安全生产应急救援队伍

目前，我国安全生产专业应急救援队伍也已初具规模。据最新统计，我国采取“国家地方共建”“政府企业合作”等方式，建设了覆盖矿山、危险化学品、油气田开采、隧道施工、核应急等行业领域。安全生产应急救援队伍在近年来发生的福建腾龙芳烃“4・6”爆炸着火事故、山东平邑“12・25”玉荣石膏矿坍塌事故、天津港“8・12”特大火灾爆炸事故等事故救援中都作出了重要贡献。经过多年的建设发展，各类安全生产专业应急救援队伍由小到大、由弱到强、由单一到多元，逐步形成了专业化应急救援体系，成为处置重特大事故的骨干力量。但安全生产应急救援队伍的发展仍然面临一些亟待解决的问题，特别是处理急难险重任务的能力亟待提升。其中既存在“刚性投入”的问题，如应急救援基地分布不尽合理、类型单一、应急资源分散、大型及特种救援装备紧缺等问题，也存在制度和管理上的问题。2018 年政府机构改革前，国家安全生产应急救援中心仅负责指导安全生产专业应急救援队伍的业务建设，队伍的基础建设、日常管理、应急指挥等分别由依托单位或主管部门负责。在这种管理模式下，难以形成统一指挥、专常兼备、反应灵敏、上下联动的体制机制。因此，此次修正的《安全生产法》第 79 条第 1 款中增加规定，国家在重点行业、领域建立的应急救援基地和应急救援队伍，由国家安全生产应急救援机构统一协调指挥。这可从三个层面理解该规定：第一，国家在安全生产重点行业、领域建立的应急救援基地和安全生产应急救援队伍，由国家安全生产应急救援机构承担统一协调指挥职能。第二，事故发生后，安全生产应急救援队伍除了参与本地区、本行业、本领域、本单位的应急救援行动以外，还应当服从国家安全生产应急救援机构的统筹征调，参与邻近地区的应急救援行动。在应急救援行动中，应当服从国家应急指挥机构的统一指挥，并与国家综合性应急救援队伍、企业应急救援队伍等协同联动。第三，国家安全生产应急救援机构主要负责应急救援阶段的统一协调指挥，专业安全生产应急救援队伍的日常管理和资金保障仍由其依托单位或主管部门负责。具体而言，在重点行业、领域由国务院主管部门建设的专业安全生产应急救援队伍，其日常管理仍由主管部门负责、资金由原国家财政渠道保障。依托大型企业建设的专业安全生产应急救援队伍主要由依托单位负责日常管理和资金保障，主管部门对其运维、训练和装备给予支持和指导。

（二）鼓励社会应急救援队伍的发展

鼓励生产经营单位和其他社会力量建立应急救援队伍、配备相应的应急救援装备和物资，提升应急救援的专业化水平是社会化应急救援机制的核心内容。《安全生产法》第 82 条规定，危险物品的生产、经营、储存单位以及矿山、金属冶炼、城市轨道交通运营、建设施工单位应当建立应急救援组织；生产经营规模较小的，可以不建立应急救援组织，但应当指定兼职的应急救援人员。《消防法》第 39 条规定，生产、储存易燃易爆危险品的大型企业，储备可燃的重要物资的大型仓库、基地等单位要建立专职消防队，承担本单位的火灾扑救工作。《生产安全事故应急条例》第 10 条规定，易燃易爆物品、危险化学品等危险物品的生产、经营、储存、运输单位，矿山、金属冶炼、城市轨道交通运营、建筑施工单位，以及宾馆、商场、娱乐场所、旅游景区等人员密集场所，应当建立应急救援队伍。《建设工程安全生产管理条例》第 48 条规定，施工单位应当建立应急救援组织或配备应急救援人员。可见，建立应急救援队伍是高危行业企业的法定义务，也是高危企业落实安全生产主体责任的重要内容。除了生产经营单位应急救援队之外，近年来，社会组织应急救援队伍、志愿者应急救援队伍等发展迅速，积极性很高，成为应急救援的辅助力量，并在事故应急救援中发挥着日益重要的作用。社会应急救援队伍具有贴近一线、组织灵活、反应迅速等优势，但也存在装备和物资不足、专业化水平不高等客观不足。未来应当探索建立队伍评估分级、联合演练等机制，积极支持鼓励社会救援队伍健康发展，规范有序参与救援行动。

（三）建立全国统一的事故应急救援信息系统

建立事故应急救援信息系统是安全生产应急管理的基础性工作，也是安全生产信息化建设的重要举措，对于协调应急救援组织、提高应急救援效率具有重要意义。《安全生产法》第 79 条第 2 款规定，国务院应急管理部门应当牵头建立全国统一的生产安全事故应急救援信息系统，国务院交通运输、住房和城乡建设、水利、民航等有关部门和县级以上地方人民政府建立健全相关行业、领域、地区的生产安全事故应急救援信息系统，各个信息系统之间应当实现互联互通、信息共享。实践中，事故应急救援信息系统在生产安全事故的救援中发挥了重要作用，从现有实践经验来看，其基本功能主要有五个。第一，用于生产安全事故的综合分析研判。事故应急救援信息系统可以收集并处理各类应急救援信息，开展对生产安全事故的早期或自动识别，还可以通过对事故动态、舆情动态、应急响应情况、资源调度、救援进展等关键性信息的可视化展示，帮助应急指挥机构掌握生产安全事故的实时态势。第二，用于多应急救援组织的协同会商。事故救援需要政府及其职能部门、军队、社会等多方应急救援组织共同协作，而事故应急救援信息系统具有强大的融合通信功能，可以为不同的应急救援组织提供信息沟通和交流的平台。第三，用于辅助应急指挥机构的预决策。事故应急救援信息系统可以通过“大数据”“云计算”等先进技术预先模拟生产安全事故情景并导出包括处置措施、资源调度路线等重要信息的决策模型，还可以通过计算生产安全事故的风险等级给出日常风险控制的相关建议。在生产安全事故发生后，应急指挥机构就可以根据事故的态势、救援节点等信息，结合决策模型的自动化结论作出更加科学的决策。第四，用于多方应急力量指挥调度。事故应急救援信息系统可以利用卫星定位、卫星通话等技术手段实现应急救援多端口的交互及可移动化，实现应急救援队伍跟踪定位、任务完成情况实时反馈、指挥调度命令一键分发等功能，为事故救援的统一指挥提供技术支撑。第五，用于应急预案的数字化管理和人员的内部联动。事故应急救援信息系统的功能之一是将应急预案进行数字化管理并自动关联预案相关的应急指挥和处置人员，生产安全事故一旦发生即可一键触发通信群组功能，还可以单独记录相关人员实时状态，保证扁平化指挥调度，为事故调查阶段的应急处置评估工作提供重要参考。

1. 事故应急救援信息系统的建设方式

此次修正的《安全生产法》第 79 条第 2 款将“国务院安全生产监督管理部门建立全国统一的生产安全事故应急救援信息系统”改为“国务院应急管理部门牵头建立全国统一的生产安全事故应急救援信息系统”，并规定国务院交通运输、住房和城乡建设、水利、民航等有关部门和县级以上地方人民政府建立健全相关行业、领域、地区的信息系统，主要原因在于：一方面，我国安全生产领域实行“综合监管 + 行业监管”相结合的管理体制——应急管理部门负责综合监管，交通运输、住房和城乡建设、水利、民航等有关部门负责有关行业、领域的专业监管。相对于应急管理部门而言，有关行业、领域的主管部门更了解本行业、领域事故风险分布特点及事故演变规律，也更容易获得与事故相关的第一手信息。为了突出主管部门专业优势，此次修法专门强调有关行业、领域主管部门负有建立事故应急救援信息系统的职责。同理，相对于国务院应急管理部门而言，县级以上地方人民政府对本行政区域的安全生产工作情况更为了解，为了突出其地缘优势，此次修法同时强调了县级以上地方人民政府负有建立应急救援信息系统的职责。另一方面，应急管理部门负有“综合监管”职责，即统筹协调安全生产领域中“合胜于分”的工作，而事故应急救援信息系统的集成和整合就是典型的宜“合”不宜“分”。所以 79 条第 2 款才规定由国务院应急管理部门牵头将各行业、领域、地区的信息系统进行整合，将各个独立的信息系统的功能和信息等集成到相互关联的、统一和协调的整体系统之中，不仅可以使信息资源在各个子系统之间实现充分共享，也便于生产安全事故应急救援信息的集中、高效管理。

2. 事故应急救援信息系统的建设目标

目前，事故应急救援信息系统在实际应用中存在两大问题：一是不同性质、层级的系统不对接。由于数据壁垒的存在，导致生产经营单位和基层工作人员需要在不同系统上传相同信息，无形中增加了有关单位和人员的工作负担。二是不同性质、层级的系统信息不共享。目前各行业、领域主管部门及各个地方开发的系统都相对独立，其他部门无法共享到基础信息，只能拷贝后再自行录入各自系统，降低了系统的实用性。针对以上问题，本次修法提出了事故应急救援信息系统的两大建设目标，具体包括：

第一，全国统一系统和相关行业、领域、地区的系统之间实现“互联互通”。从事故应急救援信息系统的功能可知，信息系统并不是单纯的技术输出，而是多端口的协作型应用。面对各种精细化的应用场景，信息系统之间必须实现互联互通才能发挥其最大功能。为了实现这一目标，全国统一的信息系统和相关行业、领域、地区的信息系统之间应当建立统一的数据转换标准，规范数据格式，保证不同层级、性质的信息系统不因开发语言和程序架构的差异而存在协议适配困难。

第二，全国统一系统和相关行业、领域、地区的信息系统之间实现“信息共享”。信息共享的程度反映了事故应急救援信息系统的发展水平，共享程度越高，系统功能越先进。实现信息共享，可以使负有建立事故应急救援信息系统职责的相关主体充分利用已有信息资源，减少资料收集、信息采集等重复劳动和相应费用。目前，由于不同系统所采集的信息来自不同途径，信息载体、信息质量差异明显，给系统间信息共享带来实际困难。此外，信息共享过程中因数据传输而导致的信息减损问题也十分突出，阻碍了信息在各事故应急救援信息系统之间的流动与共享。

3. 事故应急救援信息系统的信息来源

第一，来自网上安全信息采集和监测预警。这是《安全生产法》第 79 条第 2 款新增的内容之一。此处的“网”是指采用标准开放架构所构建的纵向涵盖省、市、县人民政府及其应急管理部门，横向涵盖相关行业、领域的主管部门，前端到本行政区域内重点、高危生产经营单位的“可视信息网”。该网以生产经营单位的重要生产设施、重大危险源、重点活动为主要监测对象，可实时监控监测对象的安全状态，一旦发现管控异常点则自动通过“人工智能 + 传感采集”手段将生产经营单位相关信息和过程记录等传送负有安全生产监督管理职责的部门。利用信息网强大的日常监控和监测预警功能，在平时可为政府及其部门的监督执法提供远程自动化管理工具；事故发生后可为应急救援指挥机关和事故调查主体提供事故原因、性质、过程的第一手资料。

目前，我国已在多个省、市推行远程网上监控模式，并取得了良好的事故风险预防效果和社会评价。但是，也有一些学者认为采用网上监控模式可能会模糊生产经营单位的主体责任和政府的监管责任，不利于后续事故调查处理程序的开展。对此，《安全生产法》修正草案送审稿第76条曾规定："推行网上安全信息采集、安全监管和监测预警，不替代生产经营单位承担安全生产主体责任，不作为追究安全生产执法责任的依据。"但正式通过《安全生产法》删除了该规定。其原因在于：首先，网上安全信息采集只是一种履行政府监管责任、督促生产经营单位落实主体责任的自动化行政手段，其目的是实现精准化、智能化的安全管理，与事故责任的认定和免除没有必然联系。其次，可视化监控记录可作为一项客观证据，但相关法律责任的认定仍应当按照《安全生产法》第六章的相关规定。

第二，来自政府及其部门的日常执法和行政处罚。《安全生产法》第78条规定，负有安全生产监督管理职责的部门应当建立安全生产违法行为信息库，如实记录生产经营单位及其有关从业人员的安全生产违法行为信息，应当加强对生产经营单位行政处罚信息的及时归集、共享、应用和公开。政府及其部门日常执法和行政处罚的信息除了如实反映生产经营单位主体责任落实情况以外，也可以作为事故应急预防、事故救援信息系统综合分析研判及自动化决策的重要参考。

第三，来自第三方专业机构的数据。随着我国安全生产市场机制的逐渐完善，从事安全评估、安全服务的第三方专业机构蓬勃发展，并在提供安全中介服务的过程中积累了大量关于生产经营单位重要生产设施和重大危险源位置分布、主要业务及生产环节、隐患分布和排治情况等应急救援的基础性信息，是事故应急救援信息系统的重要信息来源之一。

4. 事故应急救援信息系统的完善

作为一项新兴事物，事故应急救援信息系统尚待完善。首先，从信息来源来看，未建立生产经营单位内部人员信息接入渠道。生产经营单位的内部人员往往掌握事故第一手信息，能帮助指挥机关快速找到救援关键点，并收集必要证据。例如，江苏响水天嘉宜化工有限公司"3·21"特别重大爆炸事故救援过程有一个细节，天嘉宜公司员工最早提出爆炸起火点为固废仓库而不是一开始认为的苯罐，① 此说法在事故调查报告中得到证实。其次，搭建信息系统的过程中缺乏风险沟通的意识。应急救援过程中各种信息还有较大的不确定性，出于信息准确性的考量，这一阶段的各种信息一般只在公共部门内部流通。但从风险沟通的角度来看，生产安全事故发生后社会公众常常对事故原因、事故影响范围、事故责任单位的基本情况、应急救援的实时进展、已采取的应急救援措施等信息有强烈的关切，政府若不及时公布相关信息可能会引发公众的恐慌，甚至造成舆情事件，不利于对社会心理的正向引导。因此，政府应适当回应公众信息公开的要求，及时公开公众强烈关注的信息并对信息进行准确度追踪和实时更新，同时向可能受到事故影响的公众发布风险提示信息。从技术的角度来看，只需要在事故应急救援信息系统中植入一个可以公开发布信息并具备自动或手动动态更新功能的模块即可实现风险沟通的目标。

二、事故应急救援预案

《安全生产法》第 80 条第 1 款规定，县级以上地方各级人民政府负有组织有关部门制定本行政区域内生产安全事故应急救援预案、建立应急救援体系的职责。新增第 2 款规定，乡镇人民政府和街道办事处，以及开发区、工业园区、港区、风景区等也应当制定相应的生产安全事故应急救援预案，并协助人民政府有关部门或者按照授权依法履行生产安全事故应急救援职责。第 81 条规定，生产经营单位应当制定本单位生产安全事故应急救援预案，与所在地县级以上地方人民政府组织制定的生产安全事故应急救援预案相衔接，并定期组织演练。可从四个方面理解第 80 条、第 81 条的规定。

（一）对预案性质认识的深化

在“一案三制”应急管理体系建设初期，预案与法律规范的关系比较模糊。一方面，从预案的制定程序来看，国务院及一些地方人民政府遵循政府

① 向凯、陈浩：《响水化工厂爆炸续：天嘉宜员工称，起火点或为固废仓库》，载《新京报》2019 年 3 月 22 日。

规章制定和备案程序制定、报备预案。例如，国务院发布的《国家突发公共事件总体应急预案》就是经国务院常务会议审议通过。天津市政府在制定天津市总体应急预案时，虽然以决定的形式（津政发〔2006〕36 号）公开，但又将其作为地方政府规章上报国务院。另一方面，从预案的实际作用来看，由于“一案三制”应急管理体系建设初期存在较多立法空白，一些高位阶的应急预案在客观上发挥了应急法律规范的作用。但随着“一案三制”应急管理体系的逐渐完善以及国务院《突发事件应急预案管理办法》的出台，应急预案不是法律规范而是工作方案的观点逐渐获得共识。原因主要有三个：第一，该办法第 2 条明确规定：“本办法所称应急预案，是指各级人民政府及其部门、基层组织、企事业单位、社会团体等为依法、迅速、科学、有序应对突发事件，最大程度减轻突发事件其造成的损害而预先制定的工作方案。”第二，应急预案不创设新的权利义务关系，《突发事件应急预案管理办法》规定应急预案中的应急处置措施必须有法律依据。第三，应急预案不具有强制性，编制应急预案的目的并非创设具有国家强制力作为保障的制度，而是预设某种情景并构想最佳方案、实现预决策功能。如果突发事件来临或发展过程中有更佳的应急处置方案，则预案随时有可能被更佳方案所取代。

（二）对法条中“应急救援预案”的理解

《突发事件应对法》第 18 条规定：“应急预案应当根据本法和其他有关法律、法规的规定，针对突发事件的性质、特点和可能造成的社会危害，具体规定突发事件应急管理工作的组织指挥体系与职责和突发事件的预防与预警机制、处置程序、应急保障措施以及事后恢复与重建措施等内容。”而此次修正的《安全生产法》第 81 条、第 82 条将《突发事件应对法》第 18 条规定的“应急预案”换成“应急救援预案”，之所以做出这种改变，主要原因在于人们对预案内容的理解更加深入。实际上，关于“应急预案的内容是立足于事中、以应急救援为主，还是涵盖突发事件应急管理的全过程”，“预案的目标是提高应急处置效果还是规范应急流程”的争议始终存在。在“一案三制”的应急管理体系推行之初，多数人认为应急预案的内容既包括平常状态下的应急预防与准备，也包括紧急情况下的应急救援和应急处置，还包括危机结束后的恢复重建。但是这一观点在人们对预案性质形成共识后开始受到质疑：其一，预案没有强制性，而实践中大部分事前、事后的应急管理制度却必须由国家强制力保证实施。例如，企业安全生产资金投入、安全生产责任保险制度等。其二，作为实施性方案，预案应当明确、具体、具有较强的可操作性。如果将应急预案的内容界定为包括应急管理活动的全过程，往往导致预案的内容比较笼统、可操作性降低。2019 年颁布并实施的《生产安全事故应急条例》对此问题的认识更加透彻，该条例第 6 条第 1 款规定："生产安全事故应急救援预案应当符合有关法律、法规、规章和标准的规定，具有科学性、针对性和可操作性，明确规定应急组织体系、职责分工以及应急救援程序和措施。"该规定体现了立法者对预案内容的界定已经从安全生产应急管理的全过程转向以事故应急救援和应急处置环节为主，因为应急组织体系、职责分工以及应急救援的程序和措施都是以事故救援和应急处置为目的和核心的。《安全生产法》沿袭了《生产安全事故应急条例》的表述，坚持了"立足于事中环节界定应急预案内容"的基本观点。

（三）第 80 条第 1 款中"有关部门"的范围

这里的"有关部门"除了应急管理部门和交通运输、住房和城乡建设、水利、民航等常见的专业部门以外，还应当包括教育、卫生健康等部门。近年来，高校实验室、医院安全事故时有发生，暴露出安全管理的薄弱环节。由于高校、医院等属于人员密集场所，一旦发生事故则牵连甚广，且会造成较大的社会影响。例如，北京交通大学某实验室发生爆炸燃烧事故。事故发生后，北京市政府随即成立事故调查组，北京市纪委市监委派员参加调查处理。事故调查组认定本起事故是一起责任事故，北京交通大学有关人员违规开展试验、冒险作业；违规购买、违法储存危险化学品；对实验室和科研项目安全管理不到位，最终导致事故发生。对此，《生产安全事故应急条例》第 34 条规定："储存、使用易燃易爆物品、危险化学品等危险物品的科研机构、学校、医院等单位的安全事故应急工作，参照本条例有关规定执行。"将类似事故纳入了监管范围。2019 年 5 月 22 日，教育部公布《关于加强高校实验室安全工作的意见》，明确提出要建立实验室安全应急制度，各高校应当制定应急预案并逐级报备，还要定期组织预案演练。对实验室专职管理人员应当定期开展应急处置知识学习和应急处置能力培训，配齐配足应急人员、物资、装备和经费，确保应急功能完备、人员到位、装备齐全、响应及时。为了贯彻落实《生产安全事故应急条例》《教育部关于加强高校实验室安全工作的意见》的相关规定，按照“三管三必须”的原则，教育、卫生健康等部门也应针对本行业、领域安全事故的特点制定部门应急救援预案。

（四）生产经营单位事故应急救援预案的编制和管理

事故救援是生产经营单位的法定义务，《安全生产法》第 83 条规定，生产经营单位发生生产安全事故后，事故现场的有关人员应当立即报告本单位负责人。单位负责人接到事故报告后，应当迅速采取有效措施，组织抢救，防止事故扩大，减少人员伤亡和财产损失。第 110 条规定，生产经营单位的主要负责人在本单位发生生产安全事故时不立即组织抢救，应由应急管理部门处以上一年年收入 60% 至 100% 的罚款。制定单位事故应急救援预案是生产经营单位落实主体责任的重要方面。实践中，生产经营单位应急救援预案的编制和管理存在以下问题：第一，预案形式化严重。由于事故应急救援预案的编制和管理本身比较复杂，一些生产经营单位不愿意投入大量人力、物力、财力来编制本单位的事故应急救援预案，于是直接抄袭其他生产经营单位或政府部门的事故应急救援预案，导致预案制度流于形式。第二，单位预案与政府及其部门预案不衔接。生产经营单位的事故应急救援预案是预案体系的一部分，因此应当与政府及其部门的事故应急救援预案协调一致，发挥整体作用。实践中，由于生产经营单位所从属的主管部门不同，事故特点和应急救援的方法也存在差异，导致事故应急救援预案之间不协调、不配套。第三，预案演练实效不佳。事故应急救援预案要想转化成实际的应急救援能力，必须定期组织预案演练，积累实战经验，确保发生事故后预案能够迅速启动并高效、协调地运行。实践中，个别生产经营单位制定事故应急救援预案后就将其束之高阁，导致有关人员对预案的内容并不熟悉；还有一些生产经营单位为了应付政府及其部门的行政执法检查，只预设较为简单的事故情景进行预案演练，一旦发生较大以上的事故往往“手忙脚乱”，无法取得理想的预案演练效果。

针对以上问题，应从三个方面予以完善：

首先，提升生产经营单位事故应急救援预案的针对性、科学性、可操作性。生产经营单位处于事故救援最直接的位置，为了保证生产经营单位落实法定的事故抢救职责、提高先期救援的效果，生产经营单位应当根据本单位所从事生产经营活动的内容、性质以及高风险生产安全事故的特点制定本单位的事故救援应急救援预案，提升预案的针对性、科学性和可操作性。具体方法是：（1）进行事前事故风险辨识、评估和应急资源调查。事故风险辨识、评估，是指生产经营单位应当针对本单位高发事故的种类和特点，识别潜在的危险危害因素，分析事故可能产生的直接后果以及次生、衍生后果，评估各种后果的危害程度和影响范围，提出防范和控制事故风险措施的制度。应急资源调查，是指生产经营单位应全面调查本单位第一时间可以调用的应急资源状况和合作区域内可以请求援助的应急资源状况，并结合事故风险辨识评估结论制定应急措施。（2）进行预案可行性验证。可行性验证是2020年9月国家市场监督管理总局和国家标准化管理委员会联合发布的《生产经营单位生产安全事故应急预案编制导则》（GB/T 29639—2020）中的新增内容，主要方式是桌面推演，即按照生产经营单位事故应急救援预案所规定的职责分工、应急响应程序等，由单位自主组织相关人员采用“情景设定—桌面演练”的方式，用最小的成本模拟生产安全事故先期救援过程，并对这一过程进行逐步分析讨论和全程记录的制度。需要说明的是，目前桌面推演并非生产经营单位应急救援预案编制的法定程序，但在实践中已经作为一项先进经验被推广，特别是大型企业的综合应急救援预案，理论上应当进行多次桌面推演以提升预案的科学性。（3）建立专家评审制度。《生产安全事故应急预案管理办法》第21条第1款规定：“矿山、金属冶炼企业和易燃易爆物品、危险化学品的生产、经营（带储存设施的，下同）、储存、运输企业，以及使用危险化学品达到国家规定数量的化工企业、烟花爆竹生产、批发经营企业和中型规模以上的其他生产经营单位，应当对本单位编制的应急预案进行评审，并形成书面评审纪要。”为了提升单位自我评审的科学性、中立性，有必要建立第三方专家评审制度。《生产经营单位生产安全事故应急预案编制导则》对专家参与生产经营单位应急救援预案评审的程序进行了优化：一方面，参与评审的专家应具备一定的资质，具有生产安全事故处置的经验，与生产经营单位存在利害关系的专家应当回避；另一方面，专家评审的重点内容包括风险评估和应急资源调查的全面性、应急救援预案的针对性、应急救援组织的合理性、应急响应和应急处置措施的合理性，应急保障措施的可行性和与其他应急救援预案的衔接性等几个方面。（4）根据生产经营单位的实际情况确定其预案的具体形式。生产经营单位应急预案分为三类，分别是综合应急预案、专项应急预案和现场处置方案。其中，综合应急预案，是指生产经营单位为应对各种生产安全事故而制定的综合性工作方案，是本单位应对生产安全事故的总体工作程序、措施和应急预案体系的总纲。专项应急预案，是指生产经营单位为应对某一种或者多种类型生产安全事故，或者针对重要生产设施、重大危险源、重大活动防止生产安全事故而制定的专项性工作方案。现场处置方案，是指生产经营单位根据不同生产安全事故类型，针对具体场所、装置或者设施所制定的应急处置措施。一般来说，生产经营单位应当同时编制上述三种预案，但如此一来可能会导致一些中小型的生产经营单位预案编制负担过重，疲于应付政府及其部门的执法检查，使预案流于形式。因此，《生产安全事故应急预案管理办法》规定，事故风险单一、危险性小的生产经营单位没必要将三类预案全都编制，可以根据本单位的实际情况只编制现场处置方案。

其次，保证生产经营单位制定的预案与政府及其部门制定的预案相衔接。根据《生产安全事故应急预案管理办法》第6条、第18条的规定，生产经营单位的综合应急预案、专项预案应当分别与县级以上地方人民政府组织制定的本行政区域的生产安全事故综合预案、有关行业、领域主管部门制定的部门预案相衔接。为了保证事故应急救援体系的衔接性、整体性、一致性，《生产安全事故应急预案管理办法》规定了不同性质、层级的生产经营单位事故应急救援预案的公开和备案制度：（1）原则上，易燃易爆物品、危险化学品等危险物品的生产、经营、储存、运输单位，矿山、金属冶炼、城市轨道交通运营、建筑施工单位，以及宾馆、商场、娱乐场所、旅游景区等人员密集场所经营单位，应当在应急预案公布之日起20个工作日内，按照分级属地原则，向县级以上人民政府应急管理部门和所属的其他负有安全生产监督管理职责的部门进行备案。（2）若生产经营单位为央企，则其总部（上市公司）的应急救援预案应当报国务院主管的负有安全生产监督管理职责的部门备案，并抄送应急管理部；分部的应急救援预案报所在地对应层级的省、自治区、直辖市或者设区的市级人民政府主管的负有安全生产监督管理职责的部门备案，并抄送同级人民政府应急管理部门。（3）若生产经营单位不是央企，但是从事非煤矿山、金属冶炼和危险化学品生产、经营、储存、运输企业等高危行业或者使用危险化学品达到国家规定数量的化工企业、烟花爆竹生产、批发经营企业，则按照隶属关系报所在地县级以上地方人民政府应急管理部门备案。（4）若生产经营单位从事的是其他特殊行业则实行特殊备案规则。例如，油气输送管道运营单位的应急救援预案除了向所在地的政府及其部门备案以外，还应当抄送应当所经行政区域的县级人民政府应急管理部门。海洋石油开采企业的应急救援预案除了向所在地的政府及其部门备案以外，还应当抄送所经行政区域的县级人民政府应急管理部门以及海洋石油安全监管机构。煤矿企业的应急救援预案除了向所在地的政府及其部门备案，还应当抄送所在地的煤矿安全监察机构。此外，政府及其部门的应急救援预案应当向社会公开，确需保密的按照相关规定执行；生产经营单位的应急救援预案应当向本单位从业人员公开，并及时发放到本单位有关部门、岗位和相关应急救援队伍。如果生产经营单位面临的主要事故风险可能影响周边其他单位、人员，生产经营单位应当同时将有关事故风险的性质、影响范围和应急防范措施告知周边的其他单位和人员。

最后，建立定期演练制度。针对此前生产经营单位所编制的生产安全事故应急救援预案模式化严重、内容冗杂、实用性较差等问题，生产经营单位有义务对本单位事故应急救援预案组织修订和定期演练。生产经营单位可结合本单位的实际情况制定预案演练计划，根据本单位的事故预防重点和风险分布情况定期组织预案演练。演练过后，生产经营单位应当对演练的效果进行评估、撰写预案演练的报告、分析存在的问题并对本单位的预案进行改进。为了保证生产经营单位特别是从事高危行业的生产经营单位落实定期组织预案演练的法律义务，《生产安全事故应急条例》第 8 条规定，易燃易爆物品、危险化学品等危险物品的生产、经营、储存、运输单位，矿山、金属冶炼、城市轨道交通运营、建筑施工单位，以及宾馆、商场、娱乐场所、旅游景区等人员密集场所经营单位，应当至少每半年组织 1 次生产安全事故应急救援预案演练，并将演练情况报送所在地县级以上地方人民政府负有安全生产监督管理职责的部门。县级以上地方人民政府负有安全生产监督管理职责的部门应当对本行政区域内的重点生产经营单位的生产安全事故应急救援预案演练进行抽查；发现演练不符合要求的，应当责令限期改正。《安全生产法》第 97 条规定，未按照规定制定生产安全事故应急救援预案或未定期组织演练的，生产经营单位、直接负责的主管人员和其他直接人员均应承担相应的行政责任。可见，《安全生产法》对于生产经营单位未编制救援预案或未定期组织演练的违法行为采取双罚制，既处罚生产经营单位，又处罚相关责任人员。

三、事故应急救援指挥

《安全生产法》第 85 条是关于生产安全事故应急救援指挥的规定，分为四款。分别规定以下四个方面的内容。

（一）属地政府及有关部门负责人的义务

根据本条第 1 款规定，有关地方人民政府和负有安全生产监督管理职责部门的负责人在接到生产安全事故报告后，应当立即赶到事故现场并组织抢救。政府及有关部门负责人必须立即到场并组织抢救，否则可能按照渎职、失职给予处分；构成犯罪的，依照《刑法》中关于渎职犯罪的有关规定追究其刑事责任。《安全生产法》规定政府及有关部门负责人到场的目的有两个：一方面，事故救援必然涉及多部门职责，涉及人员、装备物资、资金等的综合调配等，政府及有关部门的负责人承担着综合指挥的职责，到场后可以迅速协调各方面关系、征调急需的救援装备物资，保证事故抢救的顺利进行；另一方面，较大以上的事故通常会引发社会关注和周围群众的普遍恐慌，政府及有关部门的负责人到场可以起到稳定军心、引导正向舆论的作用，体现了“坚持人民至上、生命至上、把保护人民生命安全摆在首位”的政治理念。在多位负责人同时在现场的情况下，为了避免事故救援现场出现“多头指挥”和决策指挥不切合实际等情况，《生产安全事故应急条例》第20条规定：“发生生产安全事故后，有关人民政府认为有必要的，可以设立由本级人民政府及其有关部门负责人、应急救援专家、应急救援队伍负责人、事故发生单位负责人等人员组成的应急救援现场指挥部，并指定现场指挥部总指挥。”现场指挥部实行总指挥负责制，总指挥应由具备事故应急处置专业知识的人员担任，一般是事故单位所属行业、领域的主管部门的负责人，也可以是分管相关行业、领域的政府副职领导，甚至可能是参加应急救援的应急救援队伍的负责人、专家等。现场指挥部并不承担决策指挥职能，其主要作用是按照本级政府的授权组织制定并实施现场应急救援方案，协调、指挥有关单位和个人参加现场应急救援。这种决策指挥和现场指挥相分离的制度架构很好地解决了现场救援中的突出问题，既保证政府及有关部门负责人到场后顺利地履行决策指挥职责，又保证了现场指挥的统一、高效和科学。

（二）对参与事故抢救的部门和单位的要求

根据本条第2款的规定，参与事故救援的部门和单位应当符合以下要求：第一，服从统一指挥，加强协同联动。针对实践中出现的社会应急救援队伍不听指挥强行进入救援区域、扰乱现场救援秩序等情况，《安全生产法》第85条第2款确立了参与事故抢救的部门和单位的基本守则。事故救援具有高度的紧急性和复杂性，现场的各个应急救援组织必须保持高度协同、服从统一指挥，不允许各行其是，这是保证事故抢救顺利进行的基本条件。第二，采取有效的应急救援措施。除了本条所规定的警戒、疏散等应急处置措施以外，政府及有关部门可以根据应急救援的实际需要及《生产安全事故应急条例》等有关法律、法规、规章的授权采取征收征用、交通管制等措施。第三，防止事故扩大和次生灾害的发生。根据《国务院安委会办公室关于近期因施救不当导致伤亡扩大事故情况的通报》可知，目前我国因盲目施救导致事故扩大的情况并不少见。例如，“8・12”天津滨海新区爆炸事故共造成165人遇难、8 人失踪。遇难人员中包括公安现役消防员 24 人、公安民警 11 人、天津港消防员 75 人；失踪人员中包括天津港消防人员 5 人。[①] 经事故调查组事后分析，救援人员伤亡惨重的原因之一是在着火点附近已经出现火势猛烈、辐射热过高，现场指挥人员又缺乏对现场仍存有大量易燃易爆危险化学品了解的情况下，未能及时中止救援，造成了伤亡扩大。事故救援中，保护人民群众的生命安全是第一位的，但也必须坚持“生命至上、科学救援”的理念，最大限度地减少伤亡。在设计现场救援方案时就要充分考虑如何防止事故扩大和次生、衍生灾害的发生，在出现危及救援人员生命安全的情况时应及时中止救援，保存救援力量才能挽救更多的生命。因此，《生产安全事故应急条例》第 22 条规定，在生产安全事故应急救援过程中，发现可能直接危及应急救援人员生命安全的紧急情况时，现场指挥部或者统一指挥应急救援的人民政府应当立即采取相应措施消除隐患，降低或者化解风险，必要时可以暂时撤离应急救援人员。

（三）避免或减少事故对环境造成的损害

本条第 3 款规定：“事故抢救过程中应当采取必要措施，避免或减少对环境造成的危害。”实践中，危险化学品、矿山、金属冶炼等行业、领域的生产安全事故经常伴有毒害、腐蚀、放射性物质的泄漏，对周围环境造成严重损害。因此，事故救援应急指挥机关应当根据事故的具体情况采取封闭、隔离、消杀等措施，对事故造成环境污染和生态破坏的状况进行监测、记录。

（四）单位和个人的配合、支持义务

本条第 4 款规定：“任何单位和个人都应当支持、配合事故抢救，并提供一切便利条件。”此处的“任何”不仅包括发生事故的生产经营单位，还包括与事故有关的单位、个人等，除了支持、配合事故抢救之外，还应当提供人力、物力、技术等事故抢救所需要的便利条件。

① 《天津港“8·12”瑞海公司危险品仓库特别重大火灾爆炸事故调查报告》，载中国政府网，http：//www. gov. cn/xinwen/2016 -02/05/content_ 5039785. htm，2021 年 6 月 18 日访问。

【延伸思考】

1.《安全生产法》第79条规定重点行业、领域应急救援队伍由国家安全生产应急救援机构统一协调指挥。除了重点行业、领域应急救援队伍之外，还有哪些应急救援队伍可能会参与生产安全事故的救援？这些队伍的指挥机制是什么？

2. 除了相关行业、领域应急救援信息系统的集成和整合之外，应急救援阶段还有哪些“合”胜于“分”的工作？

3. 应当如何看待应急指挥机构的法律地位？

第二节 事故报告和调查处理

【本节导读】

生产经营单位发生生产安全事故后，事故现场有关人员应当立即报告本单位负责人，本单位负责人应当立即如实报告当地负有安全生产监督管理职责的部门。有关部门应当立即按照有关规定上报事故情况。为了查清事故原因、查明事故的性质和责任、评估前一阶段应急处置工作的效果，达到总结经验教训、提出整改措施、防止同类事故发生的目的，我国建立了以“事实调查”和“责任认定”为主线的生产安全事故调查机制。根据事故调查的结论，事故处理阶段的重点工作包括：其一，对事故调查报告进行批复；其二，对事故整改防范措施的落实情况进行评估，并及时向社会公开评估结果。

【主干法条】

第八十三条 生产经营单位发生生产安全事故后，事故现场有关人员应当立即报告本单位负责人。

单位负责人接到事故报告后，应当迅速采取有效措施，组织抢救，防止事故扩大，减少人员伤亡和财产损失，并按照国家有关规定立即如实报告当地负有安全生产监督管理职责的部门，不得隐瞒不报、谎报或者迟报，不得故意破坏事故现场、毁灭有关证据。

第八十四条 负有安全生产监督管理职责的部门接到事故报告后，应当立即按照国家有关规定上报事故情况。负有安全生产监督管理职责的部门和有关地方人民政府对事故情况不得隐瞒不报、谎报或者迟报。

第八十六条 事故调查处理应当按照科学严谨、依法依规、实事求是、注重实效的原则，及时、准确地查清事故原因，查明事故性质和责任，评估应急处置工作，总结事故教训，提出整改措施，并对事故责任单位和人员提出处理建议。事故调查报告应当依法及时向社会公布。事故调查和处理的具体办法由国务院制定。

事故发生单位应当及时全面落实整改措施，负有安全生产监督管理职责的部门应当加强监督检查。

负责事故调查处理的国务院有关部门和地方人民政府应当在批复事故调查报告后一年内，组织有关部门对事故整改和防范措施落实情况进行评估，并及时向社会公开评估结果；对不履行职责导致事故整改和防范措施没有落实的有关单位和人员，应当按照有关规定追究责任。

第八十七条 生产经营单位发生生产安全事故，经调查确定为责任事故的，除了应当查明事故单位的责任并依法予以追究外，还应当查明对安全生产的有关事项负有审查批准和监督职责的行政部门的责任，对有失职、渎职行为的，依照本法第九十条的规定追究法律责任。

第八十八条 任何单位和个人不得阻挠和干涉对事故的依法调查处理。

第八十九条 县级以上地方各级人民政府应急管理部门应当定期统计分析本行政区域内发生生产安全事故的情况，并定期向社会公布。

【案例导入】

陈某诉F省政府《事故调查报告批复》案[①]

2015年4月6日，F省Z州发生“4·6”爆炸着火重大事故，事故直接原因系T（Z州）有限公司的二甲苯装置爆炸燃烧。该事故共造成6人受伤，直接经济损失9457万元。事故发生后，F省政府授权原F省安全生产监督局（以下简称省安监局）牵头组织成立了事故调查组，形成《T（Z州）有限公司“4·6”爆炸着火重大事故调查报告》（以下简称《事故调查报告》）。陈某后被F省Z县人民法院判处二年六个月有期徒刑、缓刑三年（重大责任事故罪）。陈某对《事故调查报告的批复》不服，遂以F省政府为被告提起行政诉讼。此案由最高人民法院再审结案。

F省F市中级人民法院一审认为，F省政府作出的《事故调查报告的批复》，系F省政府对省安监局的《事故调查报告》作出的答复意见，属于行政机关内部处理行政事务的文件，对行政相对人的合法权益不发生法律效力，即对陈某的权利义务不产生实际影响。根据《最高人民法院关于执行〈中华人民共和国行政诉讼法〉若干问题的解释》（以下简称《若干解释》。已失效）第1条第2款第6项的规定，陈某的起诉不属于人民法院行政诉讼受案范围。故陈某提起的诉讼不符合《行政诉讼法》第49条的规定。依照《行政诉讼法》第51条第2款的规定，一审法院于2017年8月3日作出（2017）闽01行初170号行政裁定：对陈某的起诉，不予立案。陈某不服，提起上诉。

F省高级人民法院二审认为，我国《行政诉讼法》明确规定公民、法人或者其他组织认为行政机关的行政行为侵犯其合法权益，可以向人民法院提起行政诉讼。《若干解释》将对公民、法人或者其他组织权利义务不产生实际影响的行为排除在行政诉讼受案范围之外。据此，行政诉讼审查的对象应是

① 案例来源：最高人民法院行政裁定书（2018）最高法行申2613号。

对公民、法人或者其他组织的权益产生确定效力的行政行为。行政行为对当事人的权利义务是否产生实际影响，是该行政行为是否可诉的核心标准。根据有关法律规定，事故调查及事故调查报告、负责事故调查的人民政府的批复，均系生产安全事故处理程序的组成部分，其对负有事故责任人员的实际影响，最终体现于对责任人员的处理决定，除非上述事故处理过程中的阶段性行政行为所产生的影响可能超过最终的处理决定，从而具有对该行政行为进行单独的实质审查之必要。本案中，F省政府作出的闽政文（2015）294号文件，系对省安监局的《关于请求批复〈T（Z州）有限公司“4·6”爆炸着火重大事故调查报告〉的请示》所作之内部批复，该批复在同意调查结论的同时，提出“请督促有关地方政府和相关部门依照有关规定严格执行对事故责任单位和责任人员的处理意见，并协调天津、江苏、湖南等地相关政府和部门对其辖区内事故责任单位依法进行查处”；该批复并非直接对陈某的事故责任所作的最终处理决定，其内容所产生的法律效果能够被最终的处理行为，即陈某所主张的刑事立案侦查、起诉乃至之后的审判等行为所吸收；法院因对作为最终处理结果的刑事案件享有司法审查权而获得对作出该最终结果的整个过程的审查权，而陈某亦可通过行使刑事诉讼权利，救济其可能受损的合法权益。综上，陈某的起诉不属于行政诉讼的受案范围。一审裁定不予立案并无不当，予以维持。陈某的上诉理由不能成立，对其上诉请求，不予支持。依照《行政诉讼法》第89条第1款第1项的规定，二审法院于2017年10月12日作出（2017）闽行终608号行政裁定：驳回上诉，维持原裁定。

最高人民法院再审认为，本案核心争议为被申请人F省政府作出的涉案《事故调查报告的批复》是否具有可诉性。针对再审申请人陈某在原审阶段提出的撤销涉案《事故调查报告的批复》的诉讼请求，两审法院分别以该批复属于行政机关内部处理行政事务的文件、对陈某的权利义务不产生实际影响，以及该批复并非直接对其的事故责任所作的最终处理决定（系过程性行政行为）、所产生的法律效果能够被最终的处理行为（刑事立案侦查、起诉、审判）所吸收等理由，认为其诉求不属于行政诉讼受案范围而未予支持。总体上看，原审法院的上述认定和处理并无明显不当，本案被诉批复是否可诉的判断标准，在于对陈某的权利义务是否产生了实际影响。

最高人民法院提出，一方面，从一般规则角度分析，上级行政机关基于下级行政机关的请示所作的批复，在性质上往往属于上下级行政机关之间的内部行为，通常不直接对外产生法律效果，不属于可诉的行政行为范畴。另一方面，从特定情形角度分析，不排除实践中一些人民政府针对事故调查报告等所作的批复，虽然从形式上看是上级行政机关对下级行政机关所作，但在批复中认定了明确具体的事故责任和处理意见，且这种认定具有公定力和约束力，对公民、法人或其他组织的合法权益可能产生直接的不利影响。因此，判断上级行政机关所作批复是否可诉，根本上取决于对“对公民、法人或者其他组织权利义务不产生实际影响的行为”之规定的科学理解和准确把握。人民法院在审理涉批复的案件时，要防止“一刀切”，不宜泛化认定相关实际影响而将批复一律纳入行政诉讼的受案范围，亦不可片面限缩援引司法解释上述规定而将批复一律拒之门外。要结合案件的具体情况，看是否对当事人的实体权益产生重要影响和侵害，是否存在明确设定或者改变其权利义务的情形，是否确有必要对在此环节所作的行政行为的实体、程序合法性单独进行审查判断，从而对不同表现情形的批复之可诉性作出科学合理的界定。此外，依照《生产安全事故报告和调查处理条例》第 32 条规定受到行政处罚、处分乃至被追究刑事责任者，有权通过相应的法定途径提出异议、主张权益。本案中，涉案《事故调查报告》本身针对陈某的表述为“对事故负有主要责任，建议司法机关进一步调查处理”。上述表述内容，是在认定事故相关事实和责任的基础上，将依法作出处理的裁量权交给了有关部门，可以视为对当事人权利义务不直接产生法律影响的不确定性意见。而 F 省政府依照法定程序作出的涉案《事故调查报告的批复》，表述为“原则同意 T（Z 州）有限公司‘4·6’爆炸着火事故调查组关于事故性质的认定、对相关责任单位和责任人员的处理建议以及相关整改措施的意见”，要求“督促有关地方政府和相关部门依照有关规定严格执行对有关责任单位和责任人员的处理意见”，并要求“向社会公开事故调查报告”。上述表述内容，只是一般性、概括性和程序性的表述，亦没有对当事人的权利义务作出实质性认定。可见，涉案事故调查报告及其批复符合实践中大多数事故调查报告及其批复的共有特点，没有直接设立或者改变陈某具体的权利义务，尚未对其产生实质性影响，不构成对其合法权益的侵害。因此，能够适用《若干解释》的上述规定精神，不作为行政诉讼的受案范围。陈某仍可以通过刑事诉讼审判监督等法定程序寻求救济，在其他纠纷处理环节中对作为定案证据的《事故调查报告的批复》的客观性、关联性、合法性等提出异议。上述具体情形，与最高人民法院此前认定有关事故调查报告批复可诉的一些案件，个案的具体情况并不相同。对于陈某的相关再审请求和理由，本院不予支持。

近年来，关于生产安全事故报告批复是否可诉的争议有很多。本案提出了这样几个问题：第一，生产安全事故报告批复是如何形成的，是否具有强制性。第二，生产安全事故报告批复的性质是什么，是否属于行政诉讼的受案范围，理论界和实务界对这一问题又持怎样的态度。第三，应当如何判断生产安全事故报告批复对当事人的权利义务产生的是直接影响还是间接影响？

【制度解析】

《安全生产法》第 83 条、第 84 条、第 86 条规定了生产安全事故报告和调查处理制度。国务院 1989 年公布施行的《特别重大事故调查程序暂行规定》（已失效）、1991 年公布施行的《企业职工伤亡事故报告和调查处理规定》（已失效）、2007 年公布施行的《生产安全事故报告和调查处理条例》对事故报告和调查处理相关制度进行了详细规定。但事故报告和调查处理制度在实际运行中并没有发挥最理想的作用。其背后的原因很复杂：一方面，我国正处于经济高速发展期，生产经营主体的不断细分、新行业和新领域的层出不穷、新型事故的不断发生都时刻考验着政府的管理能力。但《生产安全事故报告和调查处理条例》却多年未修订，滞后性十分明显。另一方面，2018 年我国成立了应急管理部，安全生产监管体制也发生了较大变化。根据《安全生产法》第 10 条的规定，县级以上地方人民政府的应急管理部门在安全生产工作中负有“综合监管”的职责；交通、住建、水利、民航等有关部门则对职责范围内的有关行业、领域的安全生产工作负有“行业监管”的职责。但实践中“综合监管”和“行业监管”的范围却有一定的模糊性，导致事故责任认定愈发困难。此外，本来《安全生产法》《生产安全事故报告和调查处理条例》等法律规范所设定的行政责任就比较严苛；《刑法修正案（十一）》修改了强令违章冒险作业罪、提供虚假证明文件罪的认定情节，新增了拒不整改重大事故隐患罪、危险作业罪等罪名，又进一步加重了对生产安全事故责任的追究力度。责任的加重意味着对公民、法人、其他组织权利义务产生的影响进一步增强，完善生产安全事故调查处理制度的紧迫性也愈加凸显。

一、事故报告

（一）生产经营单位负责人的报告义务

《安全生产法》第83规定：“生产经营单位发生生产安全事故后，事故现场有关人员应当立即报告本单位负责人。单位负责人接到事故报告后，应当迅速采取有效措施，组织抢救，防止事故扩大，减少人员伤亡和财产损失，并按照国家有关规定立即如实报告当地负有安全生产监督管理职责的部门，不得隐瞒不报、谎报或者迟报，不得故意破坏事故现场、毁灭有关证据。”从以上规定可知，单位负责人接到事故现场有关人员的报告后，负有两项法定义务：一是迅速采取有效措施，组织抢救，防止事故的扩大，减少人员伤亡和财产损失；二是将事故有关情况如实报告当地负有安全生产监督管理职责的部门。《生产安全事故报告和调查处理条例》第9条对本条的规定进行了细化：“……单位负责人接到报告后，应当于1小时内向事故发生地县级以上人民政府安全生产监督管理部门和负有安全生产监督管理职责的有关部门报告。情况紧急时，事故现场有关人员可以直接向事故发生地县级以上人民政府安全生产监督管理部门和负有安全生产监督管理职责的有关部门报告。”此次修正《安全生产法》虽未对本条进行实质性修改，但有几个问题需要澄清：

第一，本条第1款中“有关人员”的界定。一般认为，“有关人员”主要指生产经营单位在事故现场的工作人员，但在现场工作人员发生重伤和死亡无法报告或没有现场工作人员的情况下，任何首先发现事故的人，不论其身份，都负有立即报告事故的义务，都属于本款所规定的“有关人员”。

第二，对本条第 1 款、第 2 款中“单位负责人”的界定。一般认为，“单位负责人”主要指“单位主要负责人”，即“有限责任公司、股份有限公司的董事长或者总经理或者个人经营的投资人，其他生产经营单位的厂长、经理、局长、矿长（含实际控制人、投资人）等人员”，但此处的“单位负责人”应作扩大解释，不仅包括上述人员，还包括分管安全生产工作的副职领导、车间主任、业务骨干等其他负责人。有关责任人员接到事故报告后应立即通知单位主要负责人。在报告的形式上，由于情况紧急，即使知悉事故情况的人员没有向单位负责人本人报告，但只要报告到生产经营单位与安全生产工作相关的部门（如控制室、监控室、调度室、办公室等）也应当视为已经向单位负责人报告。需要明确的是，对生产安全事故隐瞒不报、迟报或者谎报的行政和刑事责任仍然由单位主要负责人承担。

（二）政府及其部门的报告义务

政府及其部门逐级上报层级和环节众多，任何一个环节的拖延都可能导致严重的后果，因此《安全生产法》第 84 条规定：“负有安全生产监督管理职责的部门接到事故报告后，应当立即按照国家有关规定上报事故情况。……”此处的“有关规定”，主要是指《生产安全事故报告和调查处理条例》第 10 条、第 11 条、第 12 条、第 13 条：负有安全生产监督管理职责的部门应当按照事故的等级逐级上报事故情况，每级上报的时间不得超过 2 小时。上报内容包括事故发生单位概况、事故发生的时间地点以及事故现场情况、事故的简要经过、事故已经造成或者可能造成的伤亡人数（包括下落不明的人数）、初步估计的直接经济损失、已经采取的措施以及其他应当报告的情况。事故报告后出现新情况、事故造成的伤亡人数发生变化的，负有安全生产监督管理职责的部门应当及时补报。补报的时限为自事故发生之日起 30 日内，道路交通事故、火灾事故的补报时限为事故发生之日起 7 日内。为了节约上报的时间，事故报告实行双线报告制，即负有安全生产监督管理职责的部门在接到事故报告后要按照事故的等级立即报告其上级主管部门和同级人民政府，直到层报至国务院有关部门，必要时，还可以越级上报。上报同时，还应通报同级应急管理部门、有关行业主管部门、公安机关、监察机关、劳动保障行政部门、工会和人民检察院等。

实践中，个别生产经营单位负责人、地方政府及有关部门负责人为了躲避被追责问责，隐瞒不报、谎报或者迟报事故情况的问题依然突出。例如，山东笏山金矿“1·10”重大爆炸事故中有45名相关人员被追责问责——栖霞市委原书记姚某、原市长朱某被刑事拘留；时任烟台市委书记的张某被建议给予诫勉谈话，烟台市长陈某被建议给予政务警告处分。事故调查报告显示，2021年1月10日13时13分许，山东烟台市栖霞笏山金矿回风井发生爆炸。13时30分左右，事故责任单位五彩龙公司等有关负责人先后到达事故现场组织救援。最初，烟台市官方发布的消息称由于对救援困难估计不足，事发近30个小时后，即1月11日20时5分，事故责任单位才向栖霞市应急管理局报告有关情况。但实际情况是，1月10日19时许，事发地基层党委负责同志从村民处获悉发生事故后随即向栖霞市政府有关人员报告。时任栖霞市委书记姚某、市长朱某到现场了解情况后，认为被困人员获救可能性较大，做出暂不上报、继续组织救援的决定。1月11日18时46分，烟台市应急管理局主要负责同志从其他渠道获悉金矿发生事故，随即要求栖霞市进行核实。姚某、朱某才决定以1月11日20时5分接报的时间上报。事故调查组认定，五彩龙公司和栖霞市均构成迟报瞒报。[①] 在此背景之下，2021公布施行的《山东省生产安全事故应急办法》第23条第2款规定：“设区的市和县（市、区）人民政府应当在接到生产安全事故报告后半小时内报告省人民政府安全生产委员会办公室；属于较大以上生产安全事故的，还应当在1小时内书面报告省人民政府安全生产委员会办公室，并按照有关规定逐级上报。”鉴于有关主体隐瞒不报、谎报或者迟报事故可能会造成恶劣的社会影响，严重损伤政府公信力，《安全生产法》第83条、第84条对“隐瞒不报、谎报或者迟报”作出了禁止性规定，并于第110条、第111条规定了有关主体隐瞒不报、谎报或者迟报事故应当承担的法律责任。

---

① 《首次曝光！山东栖霞爆炸瞒报细节》，载光明网，https：//m. gmw. cn/baijia/2021 - 02/24/1302130993. html，2021年6月28日访问。

二、事故调查

修正后的《安全生产法》第86条第1款规定："事故调查处理应当按照科学严谨、依法依规、实事求是、注重实效的原则，及时、准确地查清事故原因、查明事故性质和责任，评估应急处置工作，总结事故教训，提出整改措施，并对事故单位和人员提出处理建议。事故调查报告应当依法及时向社会公布。事故调查和处理的具体办法由国务院制定。"此次修正，本款有三处修改：第一，增加了事故调查的目的，除了查清事故原因、查明事故性质和责任、总结事故教训，提出整改措施之外，新增"评估应急处置工作"。第二，将"事故责任者"修改为"事故单位和人员"。第三，将"提出处理意见"改为"提出处理建议"。其中，将"事故责任者"修改为"事故单位和人员"主要是与《行政处罚法》所规定的双罚制相衔接，另外两处修改涉及事故调查的目的、事故调查组的组成、事故调查的性质等重要问题。

（一）评估应急处置工作

根据此次修正的《安全生产法》的规定，事故调查的直接目的是：第一，查清事故原因；第二，查明事故性质和责任；第三，评估应急处置工作。事故调查的最终目的是总结事故教训，提出整改措施。其中，"评估应急处置工作"是此次修法的新增内容。新增该调查目的的原因在于，事故发生后，应急处置得当与否直接影响事故最终损失。为了总结和吸取应急处置经验教训，不断提高生产安全事故应急处置能力，并持续改进应急准备工作，有必要对应急处置工作进行调查评估。例如，山东省青岛市"11·22"中石化东黄输油管道泄漏爆炸特别重大事故，就暴露出企业和政府应急处置不力造成事故损失扩大的问题。事故的起因是山东青岛中石化东黄输油管道泄漏原油进入市政排水暗渠，但原油泄漏后，企业现场处置人员采用液压破碎锤在暗渠盖板上打孔破碎的错误处置办法，产生撞击火花，引发暗渠内油气爆炸。属地人民政府青岛经济技术开发区管委会未能充分认识原油泄漏的严重程度，根据企业报告情况将事故级别定为一般突发事件，导致现场指挥协调和应急救援不力，对原油泄漏的发展趋势研判不足；未及时提升应急预案响应级别，未及时采取警戒和封路措施，未及时通知和疏散群众；也未能发现和制止企业现场应急处置人员违规违章操作等问题。此外，开发区应急办存在未严格执行生产安全事故报告制度，压制、拖延事故信息报告，谎称开发区分管领导参与事故现场救援指挥的情况。该事故使人们意识到评估应急处置工作的重要性。原国家安监总局制定的《生产安全事故应急处置评估暂行办法》规定，应急处置评估工作也由事故调查组承担，事故调查组应当单独设立应急处置评估专家组，专职负责对事故单位和事发地人民政府的应急处置工作进行评估，并将应急处置评估的内容纳入事故调查报告。

应急处置评估的内容包括事故单位的应急响应情况，先期处置情况，应急管理规章制度的建立和执行情况，风险评估和应急资源调查情况，应急预案的编制、培训、演练、执行情况，应急救援队伍、人员、装备、物资储备、资金保障情况；事发地政府的应急响应情况，指挥救援情况，应急处置措施执行情况，现场管理和信息发布情况。为了保证应急处置评估的客观性、科学性，事故单位和现场指挥部应当分别总结事故应急处置工作，分别向事故调查组和上一级主管部门提交应急处置总结报告。总结报告内容包括：事故基本情况，先期处置情况，事故信息接收、流转与报送情况，应急预案实施情况，组织指挥情况，现场救援方案制定及执行情况，现场应急救援队伍工作情况，现场管理和信息发布情况，应急资源保障情况，防控环境影响措施的执行情况，救援成效、经验和教训等。

此外，本条所规定“查清事故原因”和“查明事故性质和责任”两个调查目的之间总体是一致的，但有时可能存在一定矛盾。一方面，为了查清事故的原因，被调查者必须尽可能客观、全面地向事故调查组反映所掌握的真实情况；另一方面，在查明事故性质和责任时，被调查者很有可能就是事故责任者或与事故责任者存在关联，因此其在接受调查时往往为了逃避责任，倾向于向事故调查组提供对自己有利的信息，甚至有可能破坏事故现场、毁灭有关证据。这就使两个调查目的产生了一定矛盾。目前，我国事故调查制度虽已确立“事实调查”和“责任认定”的双重主线，但重“责任认定”、轻“事实调查”的倾向依然存在。对此，有学者提出要转变事故调查方向，建议将事故调查分为技术调查和司法调查两种程序，并将技术调查作为重点。其中技术调查只涉及调查事故的技术原因，而对有关单位和人员职责和责任的认定，一般由司法机关、监察机关或特定的行政机关来进行。此观点有一定的合理性，但在实际操作中可能存在一定的困难。事故调查的最终目的是总结事故经验教训、提出有针对性的整改措施。《中共中央国务院关于推进安全生产领域改革发展的意见》指出，“完善事故调查处理机制。坚持问责与整改并重，充分发挥事故查处对加强和改进安全生产工作的促进作用。完善生产安全事故调查组组长负责制。健全典型事故提级调查、跨地区协同调查和工作督导机制。建立事故调查分析技术支撑体系，所有事故调查报告要设立技术和管理问题专篇，详细分析原因并全文发布，做好解读，回应公众关切。对事故调查发现有漏洞、缺陷的有关法律法规和标准制度，及时启动制定修订工作。建立事故暴露问题整改督办制度，事故结案后一年内，负责事故调查的地方政府和国务院有关部门要组织开展评估，及时向社会公开，对履职不力、整改措施不落实的，依法依规严肃追究有关单位和人员责任”。

（二）提出处理建议

《安全生产法》第 86 条规定，事故调查应当对事故责任单位和人员“提出处理建议”。新修正的《安全生产法》之所以将“意见”改为“建议”，原因有三个方面，首先，从事故调查组成员构成的角度，事故调查的责任主体虽然是国务院授权的有关部门及事故发生地县级以上地方各级人民政府，但事故调查程序由事故调查组主导、事故调查报告由事故调查组作出。根据《生产安全事故报告和调查处理条例》第 22 条第 2 款，事故调查组成员除了有关人民政府、安全生产监督管理部门、负有安全生产监督管理职责的有关部门、公安机关等政府及其部门的人员外，还包括工会、监察机关、人民检察院的人员。从组员的身份来看，事故调查组由不同系统的成员组成，而行政或刑事责任的认定可能涉及其他系统的职能，以“建议”的方式更为恰当。其次，从事故调查性质的角度，《安全生产法》第 115 条规定：“本法规定的行政处罚，由应急管理部门和其他负有安全生产监督管理职责的部门按照职责分工决定……”可见，最终的责任认定结论并非由事故调查主体作出，事故调查属于过程性行为，对外并不具有强制力。将“意见”改为“建议”更符合事故调查程序的性质。最后，从保护相对人权利的角度，为了避免在事故调查程序中对相对人的权利义务造成实质性的影响，将“意见”改为“建议”可以为有关主体保留更多的自由裁量空间。

近年来，“提升事故调查组的独立性和中立性”这一话题持续受到学界和实务界的强烈关注，虽然《生产安全事故报告和调查处理条例》第23条规定：“事故调查组成员应当具有事故调查所需要的知识和专长，并与所调查的事故没有直接利害关系。”但现实中与事故责任单位存在一定利害关系的往往是有关政府和部门的工作人员，而代表该政府或部门参加事故调查的人员可能会出于地方或部门利益考虑，利用自己事故调查组成员的特殊身份对事故的调查定性和追责施加影响。① 对此，有学者建议委托独立的第三方机构进行事故调查；② 也有学者建议从正当程序的角度，通过建立可实际操作的回避机制来保证事故调查组的中立性。③ 我们认为，鉴于事故原因、性质、责任等情况的复杂性，事故调查所涉及的环节和利益相关方比较多，加之公众的舆论压力，应当从多个方向入手保证事故调查组的独立性和中立性。首先，优化事故调查组的人员构成。除了政府及其部门的工作人员以外，还要有地方党委、检察院、上级政府及党组织、监察委、工会、职工代表、鉴定专家以及第三方机构的技术专家等共同参与，且非政府及其部门的调查成员要占到一定比例。此外，从以往的事故经验来看，应重视发挥退休政府工作人员在事故调查中的作用，一方面他们长期从事相关行业、熟悉业务，具有足够的专业知识积累；另一方面他们较少受到部门利益和个人升迁等相关因素的影响，立场更加客观。其次，加强信息公开。一方面，应对调查程序进行细化，分为初步调查程序和深入调查程序，初步调查程序应侧重调查事故产生的直接技术与直接管理原因，尽早公布阶段性调查的结果等相关信息，供公众知悉，

---

① 方世荣、谢建义：《正当程序视域下我国生产安全事故调查程序的完善》，载《江汉论坛》2021年第3期。

② 薛澜、沈华、王郅强：《“7·23重大事故”的警示——中国安全事故调查机制的完善与改进》，载《国家行政学院学报》2012年第2期。

③ 吴青：《生产安全事故调查回避适用问题探讨》，载《中国应急管理报》2021年3月13日，第7版。

并促进相关部门及时整改。深入调查程序侧重对事故深层次原因和事故性质作出更加系统的分析。另一方面，注重舆论引导，对于调查进度等公众关切的信息应当及时公布，后续可再进行更新。最后，加强事故调查组成员责任机制的构建。要丰富《生产安全事故报告和调查处理条例》第 41 条关于追究事故调查组成员相关责任的规定，增加追责的情形，提高追责的力度，建立与检察机关、监察机关的案件移送机制。

三、事故处理

事故处理程序中主要包括两项工作，一是由负责事故调查处理的国务院有关部门和地方人民政府对事故调查报告进行批复；二是落实事故调查报告中提出的整改和防范措施，并由负责事故调查处理的国务院有关部门和地方人民政府对事故整改和防范措施落实情况进行评估。

（一）事故调查报告批复

《安全生产法》第 86 条第 1 款规定："……事故调查报告应当依法及时向社会公布。事故调查和处理的具体办法由国务院制定。"此处的"事故调查报告"，是指为了查清事故事实和责任、总结经验教训、提出整改措施，由事故调查责任主体组织调查事故调查组进行调查后所形成的报告。事故调查报告和批复一定要力求事实清楚、证据可靠、结论可信、疑惑可释。实践中，事故调查报告在获得批复前原则上不公开。虽然事故调查报告中会给出对事故责任单位和人员的处理建议，但事故调查报告并不直接作为事故责任追究的依据，而是先由负责事故调查的人民政府批复，才由相关行政机关或司法机关按照批复的内容，依据法律法规所规定的权限和程序对相关责任人员、责任单位追究法律责任。在与事故相关的行政处罚和诉讼程序中，事故调查报告及批复一般作为证据使用，行政机关和法院可以根据行政程序或诉讼程序中的证据规则对事故调查报告及批复进行审查，是否采纳或是否完全采纳事故报告的内容取决于行政机关或法院的最终决定。根据《安全生产法》第 83 条（现 86 条）中的授权性的规定，《生产安全事故报告和调查处理条例》第 32 条对事故调查报告批复进行了规定："重大事故、较大事故、一般事故，负责事故调查的人民政府应当自收到事故调查报告之日起 15 日内做出批复；特别重大事故，30 日内做出批复，特殊情况下，批复时间可以适当延长，但延长的时间最长不超过 30 日。有关机关应当按照人民政府的批复，依照法律、行政法规规定的权限和程序，对事故发生单位和有关人员进行处罚，对负有事故责任的国家工作人员进行处分。事故发生单位应当按照负责事故调查的人民政府的批复，对本单位负有事故责任的人员进行处理。负有事故责任的人员涉嫌犯罪的，依法追究刑事责任。”我们认为，可以从三个层次理解事故调查批复制度：其一，对事故调查报告的批复应当遵循《安全生产法》《生产安全事故应急条例》等法律、法规、规章中行政程序的设定，遵循注重实效的事故调查处理原则，在规定时间内批复事故调查报告，不得因为某些部门或者人员的阻扰拖延程序。从实践经验来看，事故调查报告批复的内容一般包括对事故调查工作合法性进行确认，同意调查报告对事故原因和事故性质的认定，同意调查报告对有关责任人员和责任单位的责任分析和处理建议，同意调查报告提出的整改措施和建议，要求有关机关按照人民政府的批复及法律、行政法规的规定对事故发生单位进行行政处罚等。其二，事故调查报告批复中的事实调查和责任认定部分是后续追究事故发生单位和有关人员行政责任、处分负有事故责任的国家人员以及追究事故责任人员刑事责任的重要依据之一。实践中，事故调查报告批复与后续追责程序的关系有三种：（1）司法机关或有关行政机关在初步掌握事故调查组移送的生产安全事故线索后单独立案，与事故调查程序同步进行，其间交叉开展侦查、鉴定、取证、听证、听取陈述和申辩等程序。（2）司法机关或有关行政机关在事故调查程序已得出最终结论后立案，根据事故调查报告批复的内容直接作出最终决定，通常适用于作出行政处罚的情形。（3）司法机关或有关行政机关在有关事故调查报告获得批复并公布后，将其作为重要案件线索，开展立案调查，履行立案、调查、告知、听证、听取陈述申辩、集体讨论等程序。对于事故调查组在调查过程中取得的部分证据直接使用，避免重复调查，提高工作效率。其三，实践中，有些生产安全事故调查报告书中会载明对相关事故责任主体的具体追责建议。例如，《福建省泉州市欣佳酒店“3·7”坍塌事故调查报告》中建议：按照《行政许可法》第69条、《建筑工程消防监督管理规定》第36条，吊销事故责任主体欣佳酒店工商营业执照、《特种行业许可证》、《公众聚集场所投入、使用前消防安全检查合格证》、《卫生许可证》等证照，撤销消防设计备案、消防竣工验收备案等。这种情况下，该报告获得事故调查责任主体的批复后，有关行政主体应当根据《事故调查报告的批复》的建议作出行政处罚决定。此外，还有一些生产安全事故调查报告书中仅在查明事实和责任认定的基础上提出追责的笼统建议。例如，《江苏省响水县天嘉宜化工有限公司3·21”特别重大爆炸事故调查报告》中建议：鉴于天嘉宜公司等企业及其相关人员涉嫌严重的刑事犯罪，造成的损失极其重大、后果极其严重、社会影响极其恶劣，建议由司法机关依据《刑法》对有关人员提起诉讼，依法从严从重予以惩处。这种情况下，该报告获得事故调查责任主体的批复后，司法机关可根据事故调查报告和事故调查报告批复的内容酌情处理。目前，大部分生产安全事故调查报告书中关于追究有关人员行政责任的建议比较具体；而追究有关人员刑事责任的建议比较笼统，但也会表达一定的态度倾向。

前文引入的“陈某诉F省政府《事故调查报告批复》案”所涉及的核心问题是事故调查批复是否可诉。通过对裁判文书网相关案例的梳理可以总结出，实务界特别是最高人民法院关于事故调查报告批复是否可诉的认识呈现为四个阶段。第一阶段，认为事故调查报告批复不可诉，对相对人就“事故调查报告批复”提起的行政诉讼，绝大多数法院不予受理，但亦偶有予以受理的案例存在。不予受理的主要观点为：批复系内部行政行为，不对外直接设置当事人权利义务，不属于人民法院行政诉讼受案范围。[①] 第二阶段，认为未经送达的事故调查报告批复不可诉，对相对人就事故调查报告批复提起的行政诉讼原则上不予受理，但事故调查报告批复送达相对人的予以受理。代表性观点为：如果“事故调查报告批复”既未向当事人送达，也未向社会公布，是不产生外部效力的行为，对公民、法人或其他组织的权利义务不产生实际影响，当事人对“事故调查报告批复”提起的行政诉讼不属于人民法院

① 最高人民法院行政裁定书（2016）最高法行申3883号。

行政诉讼受案范围。[①] 第三阶段，认为事故调查报告批复原则上可诉。代表性观点为："事故调查报告批复"虽形式上是上级行政机关对下级行政机关所作，但其认定了事故责任，且这种认定具有公定力和约束力，对公民、法人或其他组织的合法权益可能产生不利影响，故该批复具有可诉性。[②] 第四阶段，认为事故调查报告批复是否可诉应持具体问题具体分析的态度，结合事故调查报告的具体内容综合判断。代表性的观点为：人民法院在审理涉批复的案件时，要防止"一刀切"，不宜泛化认定相关实际影响而将批复一律纳入行政诉讼的受案范围，亦不可片面限缩援引司法解释上述规定而将批复一律拒之门外。要结合案件的具体情况，看是否对当事人的实体权益产生重要影响和侵害，是否存在明确设定或者改变其权利义务的情形，是否确有必要对在此环节所作的行政行为的实体、程序合法性单独进行审查判断，从而对不同表现情形的批复之可诉性作出科学合理的界定。[③] 理论界关于事故调查报告批复是否可诉同样未有定论：有学者认为，批复行为属于过程性行政行为，其本身并不对外产生法律效果，而是通过批复要求"有关机关应当按照人民政府的批复，依照法律、行政法规规定的权限和程序，对事故发生单位和有关人员进行行政处罚，对负有事故责任的国家工作人员进行处分"。由于事故调查报告批复并非直接对事故发生单位和有关人员所做的最终处理决定，批复所产生的法律效果能够被最终的处理行为（刑事立案侦查、诉讼、审判等）所吸收，批复对相对人的权利义务不产生实际影响，因此不可诉。也有学者提出不同的观点，认为事故调查报告批复虽然属于政府或政府及其部门之间的内部行政行为，但由于生产安全事故的特殊性质，客观上关于事实调查的部分不具有可重复性，因此行政主体或司法机关等在作出最终决定时需要依照事故调查报告批复的内容，特别是关于事故事实的部分。由于事故调查批复替代了事故调查中的事实裁量部分，并限缩了效果裁量的空间（报告中"对事故责任者提出处理意见"带有一定的效果意思），即使事故调查报告没

---

① 最高人民法院行政裁定书（2018）最高法行申772号。

② 最高人民法院行政裁定书（2018）最高法行再127号。

③ 最高人民法院行政裁定书（2018）最高法行申2613号。

有直接设定当事人应当具体承担的民事、行政、刑事责任，但其经过批复后却会置公民、法人、组织于明显不利的地位，可见事故调查报告批复会对相对人的权利义务产生实质性的影响，应当可诉。①

判断事故调查报告批复是否可诉的关键要素有二：其一，事故调查报告批复是否“外部化”；其二，外部化的事故调查报告批复是否实质性地影响相对人的权利义务。具体而言，首先，关于事故调查报告批复的性质，根据最高人民法院行政裁定书（2018）最高法行申 2613 号可知，最高人民法院对于批复属于行政机关内部行政行为、过程性行政行为的认识予以肯定。内部行政行为、过程性行政行为原则上不可诉。但是，内部行政行为和过程性行政行为不可诉并不绝对，在满足“外部化”的前提下，内部行政行为和过程性行政行为可视为已“补足”对外产生法律效果要素，在满足其他条件的情况下就可以纳入行政诉讼的受案范围。需要特别说明的是，对事故调查报告批复是否“外部化”的认识不能仅仅将其理解为是否“送达”相关当事人，还要看事故调查批复是否成为后续行政责任或刑事责任追究的依据，如果作为行政处罚证据或作为刑事证据被采纳，应当认为事故调查报告批复已实质“外部化”。其次，判断是否实质性地影响相对人的权利义务主要依据事故调查报告及其批复的内容，如果事故调查报告对当事人的责任追究仅作一般性、概括性、程序性的表述，亦没有对当事人的权利义务作出实质性认定，则不可诉；反之，如果事故调查报告对当事人的责任追究给出了具体的建议，例如，依据何法律作出何行政处罚等，留给有关机关裁量的空间较小，则认为已经对当事人的权利义务产生实质性影响，应当可诉。

（二）事故整改和防范措施落实机制

习近平总书记指出：“重特大突发事件，不论是自然灾害还是责任事故，其中都不同程度存在主体责任不落实、隐患排查治理不彻底、法规标准不健全、安全监管执法不严格、监管体制机制不完善、安全基础薄弱、应急救援

① 张榆：《对火灾事故调查报告的批复具有可诉性》，载《人民司法》2019 年第 23 期。

能力不强等问题。”① “安全稳定工作连着千家万户，宁可百日紧，不可一日松。面对公共安全事故，不能止于追责，还必须梳理背后的共性问题，做到一方出事故，多方受教育，一地有隐患，全国受警示。”② 《安全生产法》第86条第2款、第3款规定，事故发生单位应当及时全面落实整改措施，负有安全生产监督管理职责的部门应当加强监督检查。事故调查报告批复的一年内，负责事故调查处理的国务院有关部门和地方人民政府应当组织对事故整改和防范措施的落实情况进行评估，并及时向社会公开评估结果。此外，该条第3款还明确规定，对不履行职责导致事故整改措施和防范措施没有落实的有关单位和人员应当依法追究其行政法律责任。第3款是此次《安全生产法》修改新增的条款。这里主要考虑的是，事故调查报告的最后部分一般是整改措施建议，是吸取事故教训、消除隐患和问题的重要措施，必须兑现实施。但事故后整改措施的落实情况却往往不了了之，没有得到应有的重视。2020年8月，针对事故多发势头，按照国务院安委会安排部署，在全国范围内又组织开展了对近五年来12起特别重大事故、120起重大事故整改和防范措施落实情况“回头看”工作。从“回头看”成效来看，开展评估工作切实推动了有关地方党委政府和部门回头看找差距，重新检视事故防范措施落实情况，查遗补漏解决了一批工作落实不彻底不到位的具体问题。所以，有必要在《安全生产法》中新增一款，作为一项制度确定下来。对生产安全事故整改和防范措施落实情况进行评估，一方面体现了《安全生产法》第3条“安全第一、预防为主、综合治理”的方针；另一方面也体现了生产安全事故调查和处理的最终目的是总结事故经验教训，提出下一步整改和防范措施，从而避免此类事故再次发生。2021年3月，国务院安委办研究制定了《生产安全事故防范和整改措施落实情况评估办法》，具体规定了事故整改和防范措施落实情况的评估制度。

---

① 习近平：《坚定不移保障安全发展 坚决遏制重特大事故频发势头》，载《人民日报》2016年1月7日，第1版。

② 习近平：《落实创新协调绿色开放共享发展理念 确保如期实现全面建成小康社会目标》，载《人民日报》2016年1月7日，第1版。

1. 评估主体和时间

《安全生产法》第 86 条第 3 款规定负责事故调查处理的国务院有关部门和地方人民政府应当在“批复事故调查报告一年内”组织评估。《生产安全事故防范和整改措施落实情况评估办法》规定事故结案后 10 个月至 1 年内，负责事故调查的地方政府和国务院有关部门要组织开展评估，具体工作可以由相应安全生产委员会或安全生产委员会办公室组织实施。评估工作组原则上由参加事故调查的部门组成，可以邀请相应纪检监察机关按照职责同步开展工作。根据工作需要，可以聘请相关专业技术服务机构或专家参加。

2. 评估内容

评估的内容是据生产安全事故调查报告，逐项对照防范和整改措施建议，评估事故发生单位、相关企业和有关政府、部门落实事故防范和整改措施采取的具体举措以及工作成效；树牢安全发展理念，健全安全生产责任制，吸取事故教训，举一反三加强安全生产工作情况；对事故责任单位和责任人员行政处罚建议等落实情况。有纪检监察机关参加评估工作的，还要对有关部门处理意见和有关公职人员责任追究落实情况进行评估。

3. 评估方式

评估方式包括：（1）资料审查。对照事故调查报告和结案通知要求，对事故涉及的地方政府和有关部门提交的事故防范和整改措施落实情况报告进行核查。（2）座谈问询。了解事故涉及的有关地方政府、相关部门和单位整改工作开展情况。（3）查阅文件。对事故整改涉及的有关会议纪要、文件资料、相关文书、财务凭证、人事档案等进行核实。（4）走访核查。赴责任人员单位或羁押场所核查有关情况，赴相关地区和单位、涉事企业、同类企业实地检查整改落实情况。

4. 评估报告

评估报告主要内容应当包括评估工作过程、总体评估意见、事故防范和整改措施落实情况、评估发现的主要问题和相关工作建议等，并附问题清单、工作建议清单以及经验做法清单。评估报告起草过程中，应当充分听取参加评估工作组的有关部门意见。评估完成后，评估工作组应向组织开展事故防范和整改措施落实情况评估工作的地方政府或国务院有关部门提交评估报告，由地方政府或国务院有关部门向上一级安全生产委员会办公室或上一级安全生产委员会备案。特别重大事故的评估报告，由国务院安委会办公室报送国务院安全生产委员会，并向相关省级安全生产委员会反馈。评估报告应当公开。

5. 评估发现问题的处理

（1）发现事故防范和整改措施未落实、落实不到位或存在其他问题的，应当向相关地方政府和部门交办整改工作任务并持续跟踪、督促整改；（2）对重大问题悬而不决、重大风险隐患久拖不改，涉嫌失职渎职的，依法依规移交地方党委政府和纪检监察机关严肃追责问责；（3）发现对有关公职人员处理意见不落实以及追究刑事责任工作明显滞后的，向地方党委和相应纪检监察机关、人民法院和人民检察院通报情况，商请督促落实。

【延伸思考】

1. 事故调查组与事故调查责任主体之间是什么关系？

2. 是否应当允许公安机关、检察机关、监察机关提前介入事故调查处理程序？如果是，提前介入的目的是什么？

3. 《安全生产法》第 88 条规定：“任何单位和个人不得阻挠和干涉对事故的依法调查处理。”实践中阻挠、干涉事故调查处理的行为有哪些？应当承担哪些法律责任？

附　录

中华人民共和国安全生产法

（2002 年 6 月 29 日第九届全国人民代表大会常务委员会第二十八次会议通过　根据 2009 年 8 月 27 日第十一届全国人民代表大会常务委员会第十次会议《关于修改部分法律的决定》第一次修正　根据 2014 年 8 月 31 日第十二届全国人民代表大会常务委员会第十次会议《关于修改〈中华人民共和国安全生产法〉的决定》第二次修正　根据 2021 年 6 月 10 日第十三届全国人民代表大会常务委员会第二十九次会议《关于修改〈中华人民共和国安全生产法〉的决定》第三次修正）

目　　录

第一章　总　　则
第二章　生产经营单位的安全生产保障
第三章　从业人员的安全生产权利义务
第四章　安全生产的监督管理
第五章　生产安全事故的应急救援与调查处理
第六章　法律责任
第七章　附　　则

第一章　总　　则

第一条　为了加强安全生产工作，防止和减少生产安全事故，保障人民群众生命和财产安全，促进经济社会持续健康发展，制定本法。

第二条 在中华人民共和国领域内从事生产经营活动的单位（以下统称生产经营单位）的安全生产，适用本法；有关法律、行政法规对消防安全和道路交通安全、铁路交通安全、水上交通安全、民用航空安全以及核与辐射安全、特种设备安全另有规定的，适用其规定。

第三条 安全生产工作坚持中国共产党的领导。

安全生产工作应当以人为本，坚持人民至上、生命至上，把保护人民生命安全摆在首位，树牢安全发展理念，坚持安全第一、预防为主、综合治理的方针，从源头上防范化解重大安全风险。

安全生产工作实行管行业必须管安全、管业务必须管安全、管生产经营必须管安全，强化和落实生产经营单位主体责任与政府监管责任，建立生产经营单位负责、职工参与、政府监管、行业自律和社会监督的机制。

第四条 生产经营单位必须遵守本法和其他有关安全生产的法律、法规，加强安全生产管理，建立健全全员安全生产责任制和安全生产规章制度，加大对安全生产资金、物资、技术、人员的投入保障力度，改善安全生产条件，加强安全生产标准化、信息化建设，构建安全风险分级管控和隐患排查治理双重预防机制，健全风险防范化解机制，提高安全生产水平，确保安全生产。

平台经济等新兴行业、领域的生产经营单位应当根据本行业、领域的特点，建立健全并落实全员安全生产责任制，加强从业人员安全生产教育和培训，履行本法和其他法律、法规规定的有关安全生产义务。

第五条 生产经营单位的主要负责人是本单位安全生产第一责任人，对本单位的安全生产工作全面负责。其他负责人对职责范围内的安全生产工作负责。

第六条 生产经营单位的从业人员有依法获得安全生产保障的权利，并应当依法履行安全生产方面的义务。

第七条 工会依法对安全生产工作进行监督。

生产经营单位的工会依法组织职工参加本单位安全生产工作的民主管理和民主监督，维护职工在安全生产方面的合法权益。生产经营单位制定或者修改有关安全生产的规章制度，应当听取工会的意见。

第八条 国务院和县级以上地方各级人民政府应当根据国民经济和社会发展规划制定安全生产规划，并组织实施。安全生产规划应当与国土空间规划等相关规划相衔接。

各级人民政府应当加强安全生产基础设施建设和安全生产监管能力建设，所需经费列入本级预算。

县级以上地方各级人民政府应当组织有关部门建立完善安全风险评估与论证机制，按照安全风险管控要求，进行产业规划和空间布局，并对位置相邻、行业相近、业态相似的生产经营单位实施重大安全风险联防联控。

第九条 国务院和县级以上地方各级人民政府应当加强对安全生产工作的领导，建立健全安全生产工作协调机制，支持、督促各有关部门依法履行安全生产监督管理职责，及时协调、解决安全生产监督管理中存在的重大问题。

乡镇人民政府和街道办事处，以及开发区、工业园区、港区、风景区等应当明确负责安全生产监督管理的有关工作机构及其职责，加强安全生产监管力量建设，按照职责对本行政区域或者管理区域内生产经营单位安全生产状况进行监督检查，协助人民政府有关部门或者按照授权依法履行安全生产监督管理职责。

第十条 国务院应急管理部门依照本法，对全国安全生产工作实施综合监督管理；县级以上地方各级人民政府应急管理部门依照本法，对本行政区域内安全生产工作实施综合监督管理。

国务院交通运输、住房和城乡建设、水利、民航等有关部门依照本法和其他有关法律、行政法规的规定，在各自的职责范围内对有关行业、领域的安全生产工作实施监督管理；县级以上地方各级人民政府有关部门依照本法和其他有关法律、法规的规定，在各自的职责范围内对有关行业、领域的安全生产工作实施监督管理。对新兴行业、领域的安全生产监督管理职责不明确的，由县级以上地方各级人民政府按照业务相近的原则确定监督管理部门。

应急管理部门和对有关行业、领域的安全生产工作实施监督管理的部门，统称负有安全生产监督管理职责的部门。负有安全生产监督管理职责的部门应当相互配合、齐抓共管、信息共享、资源共用，依法加强安全生产监督管理工作。

第十一条 国务院有关部门应当按照保障安全生产的要求，依法及时制定有关的国家标准或者行业标准，并根据科技进步和经济发展适时修订。

生产经营单位必须执行依法制定的保障安全生产的国家标准或者行业标准。

第十二条 国务院有关部门按照职责分工负责安全生产强制性国家标准的项目提出、组织起草、征求意见、技术审查。国务院应急管理部门统筹提出安全生产强制性国家标准的立项计划。国务院标准化行政主管部门负责安全生产强制性国家标准的立项、编号、对外通报和授权批准发布工作。国务院标准化行政主管部门、有关部门依据法定职责对安全生产强制性国家标准的实施进行监督检查。

第十三条 各级人民政府及其有关部门应当采取多种形式，加强对有关安全生产的法律、法规和安全生产知识的宣传，增强全社会的安全生产意识。

第十四条 有关协会组织依照法律、行政法规和章程，为生产经营单位提供安全生产方面的信息、培训等服务，发挥自律作用，促进生产经营单位加强安全生产管理。

第十五条 依法设立的为安全生产提供技术、管理服务的机构，依照法律、行政法规和执业准则，接受生产经营单位的委托为其安全生产工作提供技术、管理服务。

生产经营单位委托前款规定的机构提供安全生产技术、管理服务的，保证安全生产的责任仍由本单位负责。

第十六条 国家实行生产安全事故责任追究制度，依照本法和有关法律、法规的规定，追究生产安全事故责任单位和责任人员的法律责任。

第十七条 县级以上各级人民政府应当组织负有安全生产监督管理职责

的部门依法编制安全生产权力和责任清单，公开并接受社会监督。

第十八条 国家鼓励和支持安全生产科学技术研究和安全生产先进技术的推广应用，提高安全生产水平。

第十九条 国家对在改善安全生产条件、防止生产安全事故、参加抢险救护等方面取得显著成绩的单位和个人，给予奖励。

第二章 生产经营单位的安全生产保障

第二十条 生产经营单位应当具备本法和有关法律、行政法规和国家标准或者行业标准规定的安全生产条件；不具备安全生产条件的，不得从事生产经营活动。

第二十一条 生产经营单位的主要负责人对本单位安全生产工作负有下列职责：

（一）建立健全并落实本单位全员安全生产责任制，加强安全生产标准化建设；

（二）组织制定并实施本单位安全生产规章制度和操作规程；

（三）组织制定并实施本单位安全生产教育和培训计划；

（四）保证本单位安全生产投入的有效实施；

（五）组织建立并落实安全风险分级管控和隐患排查治理双重预防工作机制，督促、检查本单位的安全生产工作，及时消除生产安全事故隐患；

（六）组织制定并实施本单位的生产安全事故应急救援预案；

（七）及时、如实报告生产安全事故。

第二十二条 生产经营单位的全员安全生产责任制应当明确各岗位的责任人员、责任范围和考核标准等内容。

生产经营单位应当建立相应的机制，加强对全员安全生产责任制落实情况的监督考核，保证全员安全生产责任制的落实。

第二十三条 生产经营单位应当具备的安全生产条件所必需的资金投入，由生产经营单位的决策机构、主要负责人或者个人经营的投资人予以保证，并对由于安全生产所必需的资金投入不足导致的后果承担责任。

有关生产经营单位应当按照规定提取和使用安全生产费用，专门用于改善安全生产条件。安全生产费用在成本中据实列支。安全生产费用提取、使用和监督管理的具体办法由国务院财政部门会同国务院应急管理部门征求国务院有关部门意见后制定。

第二十四条　矿山、金属冶炼、建筑施工、运输单位和危险物品的生产、经营、储存、装卸单位，应当设置安全生产管理机构或者配备专职安全生产管理人员。

前款规定以外的其他生产经营单位，从业人员超过一百人的，应当设置安全生产管理机构或者配备专职安全生产管理人员；从业人员在一百人以下的，应当配备专职或者兼职的安全生产管理人员。

第二十五条　生产经营单位的安全生产管理机构以及安全生产管理人员履行下列职责：

（一）组织或者参与拟订本单位安全生产规章制度、操作规程和生产安全事故应急救援预案；

（二）组织或者参与本单位安全生产教育和培训，如实记录安全生产教育和培训情况；

（三）组织开展危险源辨识和评估，督促落实本单位重大危险源的安全管理措施；

（四）组织或者参与本单位应急救援演练；

（五）检查本单位的安全生产状况，及时排查生产安全事故隐患，提出改进安全生产管理的建议；

（六）制止和纠正违章指挥、强令冒险作业、违反操作规程的行为；

（七）督促落实本单位安全生产整改措施。

生产经营单位可以设置专职安全生产分管负责人，协助本单位主要负责人履行安全生产管理职责。

第二十六条　生产经营单位的安全生产管理机构以及安全生产管理人员

应当恪尽职守，依法履行职责。

生产经营单位作出涉及安全生产的经营决策，应当听取安全生产管理机构以及安全生产管理人员的意见。

生产经营单位不得因安全生产管理人员依法履行职责而降低其工资、福利等待遇或者解除与其订立的劳动合同。

危险物品的生产、储存单位以及矿山、金属冶炼单位的安全生产管理人员的任免，应当告知主管的负有安全生产监督管理职责的部门。

第二十七条 生产经营单位的主要负责人和安全生产管理人员必须具备与本单位所从事的生产经营活动相应的安全生产知识和管理能力。

危险物品的生产、经营、储存、装卸单位以及矿山、金属冶炼、建筑施工、运输单位的主要负责人和安全生产管理人员，应当由主管的负有安全生产监督管理职责的部门对其安全生产知识和管理能力考核合格。考核不得收费。

危险物品的生产、储存、装卸单位以及矿山、金属冶炼单位应当有注册安全工程师从事安全生产管理工作。鼓励其他生产经营单位聘用注册安全工程师从事安全生产管理工作。注册安全工程师按专业分类管理，具体办法由国务院人力资源和社会保障部门、国务院应急管理部门会同国务院有关部门制定。

第二十八条 生产经营单位应当对从业人员进行安全生产教育和培训，保证从业人员具备必要的安全生产知识，熟悉有关的安全生产规章制度和安全操作规程，掌握本岗位的安全操作技能，了解事故应急处理措施，知悉自身在安全生产方面的权利和义务。未经安全生产教育和培训合格的从业人员，不得上岗作业。

生产经营单位使用被派遣劳动者的，应当将被派遣劳动者纳入本单位从业人员统一管理，对被派遣劳动者进行岗位安全操作规程和安全操作技能的教育和培训。劳务派遣单位应当对被派遣劳动者进行必要的安全生产教育和培训。

生产经营单位接收中等职业学校、高等学校学生实习的，应当对实习学生进行相应的安全生产教育和培训，提供必要的劳动防护用品。学校应当协助生产经营单位对实习学生进行安全生产教育和培训。

生产经营单位应当建立安全生产教育和培训档案，如实记录安全生产教育和培训的时间、内容、参加人员以及考核结果等情况。

第二十九条 生产经营单位采用新工艺、新技术、新材料或者使用新设备，必须了解、掌握其安全技术特性，采取有效的安全防护措施，并对从业人员进行专门的安全生产教育和培训。

第三十条 生产经营单位的特种作业人员必须按照国家有关规定经专门的安全作业培训，取得相应资格，方可上岗作业。

特种作业人员的范围由国务院应急管理部门会同国务院有关部门确定。

第三十一条 生产经营单位新建、改建、扩建工程项目（以下统称建设项目）的安全设施，必须与主体工程同时设计、同时施工、同时投入生产和使用。安全设施投资应当纳入建设项目概算。

第三十二条 矿山、金属冶炼建设项目和用于生产、储存、装卸危险物品的建设项目，应当按照国家有关规定进行安全评价。

第三十三条 建设项目安全设施的设计人、设计单位应当对安全设施设计负责。

矿山、金属冶炼建设项目和用于生产、储存、装卸危险物品的建设项目的安全设施设计应当按照国家有关规定报经有关部门审查，审查部门及其负责审查的人员对审查结果负责。

第三十四条 矿山、金属冶炼建设项目和用于生产、储存、装卸危险物品的建设项目的施工单位必须按照批准的安全设施设计施工，并对安全设施的工程质量负责。

矿山、金属冶炼建设项目和用于生产、储存、装卸危险物品的建设项目竣工投入生产或者使用前，应当由建设单位负责组织对安全设施进行验收；验收合格后，方可投入生产和使用。负有安全生产监督管理职责的部门应当加强对建设单位验收活动和验收结果的监督核查。

第三十五条 生产经营单位应当在有较大危险因素的生产经营场所和有关设施、设备上，设置明显的安全警示标志。

第三十六条 安全设备的设计、制造、安装、使用、检测、维修、改造和报废，应当符合国家标准或者行业标准。

生产经营单位必须对安全设备进行经常性维护、保养，并定期检测，保证正常运转。维护、保养、检测应当作好记录，并由有关人员签字。

生产经营单位不得关闭、破坏直接关系生产安全的监控、报警、防护、救生设备、设施，或者篡改、隐瞒、销毁其相关数据、信息。

餐饮等行业的生产经营单位使用燃气的，应当安装可燃气体报警装置，并保障其正常使用。

第三十七条 生产经营单位使用的危险物品的容器、运输工具，以及涉及人身安全、危险性较大的海洋石油开采特种设备和矿山井下特种设备，必须按照国家有关规定，由专业生产单位生产，并经具有专业资质的检测、检验机构检测、检验合格，取得安全使用证或者安全标志，方可投入使用。检测、检验机构对检测、检验结果负责。

第三十八条 国家对严重危及生产安全的工艺、设备实行淘汰制度，具体目录由国务院应急管理部门会同国务院有关部门制定并公布。法律、行政法规对目录的制定另有规定的，适用其规定。

省、自治区、直辖市人民政府可以根据本地区实际情况制定并公布具体目录，对前款规定以外的危及生产安全的工艺、设备予以淘汰。

生产经营单位不得使用应当淘汰的危及生产安全的工艺、设备。

第三十九条 生产、经营、运输、储存、使用危险物品或者处置废弃危险物品的，由有关主管部门依照有关法律、法规的规定和国家标准或者行业标准审批并实施监督管理。

生产经营单位生产、经营、运输、储存、使用危险物品或者处置废弃危险物品，必须执行有关法律、法规和国家标准或者行业标准，建立专门的安全管理制度，采取可靠的安全措施，接受有关主管部门依法实施的监督管理。

第四十条 生产经营单位对重大危险源应当登记建档，进行定期检测、评估、监控，并制定应急预案，告知从业人员和相关人员在紧急情况下应当采取的应急措施。

生产经营单位应当按照国家有关规定将本单位重大危险源及有关安全措施、应急措施报有关地方人民政府应急管理部门和有关部门备案。有关地方人民政府应急管理部门和有关部门应当通过相关信息系统实现信息共享。

第四十一条 生产经营单位应当建立安全风险分级管控制度，按照安全风险分级采取相应的管控措施。

生产经营单位应当建立健全并落实生产安全事故隐患排查治理制度，采取技术、管理措施，及时发现并消除事故隐患。事故隐患排查治理情况应当如实记录，并通过职工大会或者职工代表大会、信息公示栏等方式向从业人员通报。其中，重大事故隐患排查治理情况应当及时向负有安全生产监督管理职责的部门和职工大会或者职工代表大会报告。

县级以上地方各级人民政府负有安全生产监督管理职责的部门应当将重大事故隐患纳入相关信息系统，建立健全重大事故隐患治理督办制度，督促生产经营单位消除重大事故隐患。

第四十二条 生产、经营、储存、使用危险物品的车间、商店、仓库不得与员工宿舍在同一座建筑物内，并应当与员工宿舍保持安全距离。

生产经营场所和员工宿舍应当设有符合紧急疏散要求、标志明显、保持畅通的出口、疏散通道。禁止占用、锁闭、封堵生产经营场所或者员工宿舍的出口、疏散通道。

第四十三条 生产经营单位进行爆破、吊装、动火、临时用电以及国务院应急管理部门会同国务院有关部门规定的其他危险作业，应当安排专门人员进行现场安全管理，确保操作规程的遵守和安全措施的落实。

第四十四条 生产经营单位应当教育和督促从业人员严格执行本单位的安全生产规章制度和安全操作规程；并向从业人员如实告知作业场所和工作

岗位存在的危险因素、防范措施以及事故应急措施。

生产经营单位应当关注从业人员的身体、心理状况和行为习惯，加强对从业人员的心理疏导、精神慰藉，严格落实岗位安全生产责任，防范从业人员行为异常导致事故发生。

第四十五条 生产经营单位必须为从业人员提供符合国家标准或者行业标准的劳动防护用品，并监督、教育从业人员按照使用规则佩戴、使用。

第四十六条 生产经营单位的安全生产管理人员应当根据本单位的生产经营特点，对安全生产状况进行经常性检查；对检查中发现的安全问题，应当立即处理；不能处理的，应当及时报告本单位有关负责人，有关负责人应当及时处理。检查及处理情况应当如实记录在案。

生产经营单位的安全生产管理人员在检查中发现重大事故隐患，依照前款规定向本单位有关负责人报告，有关负责人不及时处理的，安全生产管理人员可以向主管的负有安全生产监督管理职责的部门报告，接到报告的部门应当依法及时处理。

第四十七条 生产经营单位应当安排用于配备劳动防护用品、进行安全生产培训的经费。

第四十八条 两个以上生产经营单位在同一作业区域内进行生产经营活动，可能危及对方生产安全的，应当签订安全生产管理协议，明确各自的安全生产管理职责和应当采取的安全措施，并指定专职安全生产管理人员进行安全检查与协调。

第四十九条 生产经营单位不得将生产经营项目、场所、设备发包或者出租给不具备安全生产条件或者相应资质的单位或者个人。

生产经营项目、场所发包或者出租给其他单位的，生产经营单位应当与承包单位、承租单位签订专门的安全生产管理协议，或者在承包合同、租赁合同中约定各自的安全生产管理职责；生产经营单位对承包单位、承租单位的安全生产工作统一协调、管理，定期进行安全检查，发现安全问题的，应当及时督促整改。

矿山、金属冶炼建设项目和用于生产、储存、装卸危险物品的建设项目的施工单位应当加强对施工项目的安全管理，不得倒卖、出租、出借、挂靠或者以其他形式非法转让施工资质，不得将其承包的全部建设工程转包给第三人或者将其承包的全部建设工程支解以后以分包的名义分别转包给第三人，不得将工程分包给不具备相应资质条件的单位。

第五十条 生产经营单位发生生产安全事故时，单位的主要负责人应当立即组织抢救，并不得在事故调查处理期间擅离职守。

第五十一条 生产经营单位必须依法参加工伤保险，为从业人员缴纳保险费。

国家鼓励生产经营单位投保安全生产责任保险；属于国家规定的高危行业、领域的生产经营单位，应当投保安全生产责任保险。具体范围和实施办法由国务院应急管理部门会同国务院财政部门、国务院保险监督管理机构和相关行业主管部门制定。

第三章 从业人员的安全生产权利义务

第五十二条 生产经营单位与从业人员订立的劳动合同，应当载明有关保障从业人员劳动安全、防止职业危害的事项，以及依法为从业人员办理工伤保险的事项。

生产经营单位不得以任何形式与从业人员订立协议，免除或者减轻其对从业人员因生产安全事故伤亡依法应承担的责任。

第五十三条 生产经营单位的从业人员有权了解其作业场所和工作岗位存在的危险因素、防范措施及事故应急措施，有权对本单位的安全生产工作提出建议。

第五十四条 从业人员有权对本单位安全生产工作中存在的问题提出批评、检举、控告；有权拒绝违章指挥和强令冒险作业。

生产经营单位不得因从业人员对本单位安全生产工作提出批评、检举、控告或者拒绝违章指挥、强令冒险作业而降低其工资、福利等待遇或者解除与其订立的劳动合同。

第五十五条 从业人员发现直接危及人身安全的紧急情况时，有权停止作业或者在采取可能的应急措施后撤离作业场所。

生产经营单位不得因从业人员在前款紧急情况下停止作业或者采取紧急撤离措施而降低其工资、福利等待遇或者解除与其订立的劳动合同。

第五十六条 生产经营单位发生生产安全事故后，应当及时采取措施救治有关人员。

因生产安全事故受到损害的从业人员，除依法享有工伤保险外，依照有关民事法律尚有获得赔偿的权利的，有权提出赔偿要求。

第五十七条 从业人员在作业过程中，应当严格落实岗位安全责任，遵守本单位的安全生产规章制度和操作规程，服从管理，正确佩戴和使用劳动防护用品。

第五十八条 从业人员应当接受安全生产教育和培训，掌握本职工作所需的安全生产知识，提高安全生产技能，增强事故预防和应急处理能力。

第五十九条 从业人员发现事故隐患或者其他不安全因素，应当立即向现场安全生产管理人员或者本单位负责人报告；接到报告的人员应当及时予以处理。

第六十条 工会有权对建设项目的安全设施与主体工程同时设计、同时施工、同时投入生产和使用进行监督，提出意见。

工会对生产经营单位违反安全生产法律、法规，侵犯从业人员合法权益的行为，有权要求纠正；发现生产经营单位违章指挥、强令冒险作业或者发现事故隐患时，有权提出解决的建议，生产经营单位应当及时研究答复；发现危及从业人员生命安全的情况时，有权向生产经营单位建议组织从业人员撤离危险场所，生产经营单位必须立即作出处理。

工会有权依法参加事故调查，向有关部门提出处理意见，并要求追究有关人员的责任。

第六十一条 生产经营单位使用被派遣劳动者的，被派遣劳动者享有本法规定的从业人员的权利，并应当履行本法规定的从业人员的义务。

第四章　安全生产的监督管理

第六十二条　县级以上地方各级人民政府应当根据本行政区域内的安全生产状况，组织有关部门按照职责分工，对本行政区域内容易发生重大生产安全事故的生产经营单位进行严格检查。

应急管理部门应当按照分类分级监督管理的要求，制定安全生产年度监督检查计划，并按照年度监督检查计划进行监督检查，发现事故隐患，应当及时处理。

第六十三条　负有安全生产监督管理职责的部门依照有关法律、法规的规定，对涉及安全生产的事项需要审查批准（包括批准、核准、许可、注册、认证、颁发证照等，下同）或者验收的，必须严格依照有关法律、法规和国家标准或者行业标准规定的安全生产条件和程序进行审查；不符合有关法律、法规和国家标准或者行业标准规定的安全生产条件的，不得批准或者验收通过。对未依法取得批准或者验收合格的单位擅自从事有关活动的，负责行政审批的部门发现或者接到举报后应当立即予以取缔，并依法予以处理。对已经依法取得批准的单位，负责行政审批的部门发现其不再具备安全生产条件的，应当撤销原批准。

第六十四条　负有安全生产监督管理职责的部门对涉及安全生产的事项进行审查、验收，不得收取费用；不得要求接受审查、验收的单位购买其指定品牌或者指定生产、销售单位的安全设备、器材或者其他产品。

第六十五条　应急管理部门和其他负有安全生产监督管理职责的部门依法开展安全生产行政执法工作，对生产经营单位执行有关安全生产的法律、法规和国家标准或者行业标准的情况进行监督检查，行使以下职权：

（一）进入生产经营单位进行检查，调阅有关资料，向有关单位和人员了解情况；

（二）对检查中发现的安全生产违法行为，当场予以纠正或者要求限期改正；对依法应当给予行政处罚的行为，依照本法和其他有关法律、行政法规的规定作出行政处罚决定；

（三）对检查中发现的事故隐患，应当责令立即排除；重大事故隐患排除前或者排除过程中无法保证安全的，应当责令从危险区域内撤出作业人员，责令暂时停产停业或者停止使用相关设施、设备；重大事故隐患排除后，经审查同意，方可恢复生产经营和使用；

（四）对有根据认为不符合保障安全生产的国家标准或者行业标准的设施、设备、器材以及违法生产、储存、使用、经营、运输的危险物品予以查封或者扣押，对违法生产、储存、使用、经营危险物品的作业场所予以查封，并依法作出处理决定。

监督检查不得影响被检查单位的正常生产经营活动。

第六十六条 生产经营单位对负有安全生产监督管理职责的部门的监督检查人员（以下统称安全生产监督检查人员）依法履行监督检查职责，应当予以配合，不得拒绝、阻挠。

第六十七条 安全生产监督检查人员应当忠于职守，坚持原则，秉公执法。

安全生产监督检查人员执行监督检查任务时，必须出示有效的行政执法证件；对涉及被检查单位的技术秘密和业务秘密，应当为其保密。

第六十八条 安全生产监督检查人员应当将检查的时间、地点、内容、发现的问题及其处理情况，作出书面记录，并由检查人员和被检查单位的负责人签字；被检查单位的负责人拒绝签字的，检查人员应当将情况记录在案，并向负有安全生产监督管理职责的部门报告。

第六十九条 负有安全生产监督管理职责的部门在监督检查中，应当互相配合，实行联合检查；确需分别进行检查的，应当互通情况，发现存在的安全问题应当由其他有关部门进行处理的，应当及时移送其他有关部门并形成记录备查，接受移送的部门应当及时进行处理。

第七十条 负有安全生产监督管理职责的部门依法对存在重大事故隐患

的生产经营单位作出停产停业、停止施工、停止使用相关设施或者设备的决定，生产经营单位应当依法执行，及时消除事故隐患。生产经营单位拒不执行，有发生生产安全事故的现实危险的，在保证安全的前提下，经本部门主要负责人批准，负有安全生产监督管理职责的部门可以采取通知有关单位停止供电、停止供应民用爆炸物品等措施，强制生产经营单位履行决定。通知应当采用书面形式，有关单位应当予以配合。

负有安全生产监督管理职责的部门依照前款规定采取停止供电措施，除有危及生产安全的紧急情形外，应当提前二十四小时通知生产经营单位。生产经营单位依法履行行政决定、采取相应措施消除事故隐患的，负有安全生产监督管理职责的部门应当及时解除前款规定的措施。

第七十一条 监察机关依照监察法的规定，对负有安全生产监督管理职责的部门及其工作人员履行安全生产监督管理职责实施监察。

第七十二条 承担安全评价、认证、检测、检验职责的机构应当具备国家规定的资质条件，并对其作出的安全评价、认证、检测、检验结果的合法性、真实性负责。资质条件由国务院应急管理部门会同国务院有关部门制定。

承担安全评价、认证、检测、检验职责的机构应当建立并实施服务公开和报告公开制度，不得租借资质、挂靠、出具虚假报告。

第七十三条 负有安全生产监督管理职责的部门应当建立举报制度，公开举报电话、信箱或者电子邮件地址等网络举报平台，受理有关安全生产的举报；受理的举报事项经调查核实后，应当形成书面材料；需要落实整改措施的，报经有关负责人签字并督促落实。对不属于本部门职责，需要由其他有关部门进行调查处理的，转交其他有关部门处理。

涉及人员死亡的举报事项，应当由县级以上人民政府组织核查处理。

第七十四条 任何单位或者个人对事故隐患或者安全生产违法行为，均有权向负有安全生产监督管理职责的部门报告或者举报。

因安全生产违法行为造成重大事故隐患或者导致重大事故，致使国家利益或者社会公共利益受到侵害的，人民检察院可以根据民事诉讼法、行政诉讼法的相关规定提起公益诉讼。

第七十五条 居民委员会、村民委员会发现其所在区域内的生产经营单位存在事故隐患或者安全生产违法行为时，应当向当地人民政府或者有关部门报告。

第七十六条 县级以上各级人民政府及其有关部门对报告重大事故隐患或者举报安全生产违法行为的有功人员，给予奖励。具体奖励办法由国务院应急管理部门会同国务院财政部门制定。

第七十七条 新闻、出版、广播、电影、电视等单位有进行安全生产公益宣传教育的义务，有对违反安全生产法律、法规的行为进行舆论监督的权利。

第七十八条 负有安全生产监督管理职责的部门应当建立安全生产违法行为信息库，如实记录生产经营单位及其有关从业人员的安全生产违法行为信息；对违法行为情节严重的生产经营单位及其有关从业人员，应当及时向社会公告，并通报行业主管部门、投资主管部门、自然资源主管部门、生态环境主管部门、证券监督管理机构以及有关金融机构。有关部门和机构应当对存在失信行为的生产经营单位及其有关从业人员采取加大执法检查频次、暂停项目审批、上调有关保险费率、行业或者职业禁入等联合惩戒措施，并向社会公示。

负有安全生产监督管理职责的部门应当加强对生产经营单位行政处罚信息的及时归集、共享、应用和公开，对生产经营单位作出处罚决定后七个工作日内在监督管理部门公示系统予以公开曝光，强化对违法失信生产经营单位及其有关从业人员的社会监督，提高全社会安全生产诚信水平。

第五章　生产安全事故的应急救援与调查处理

第七十九条 国家加强生产安全事故应急能力建设，在重点行业、领域建立应急救援基地和应急救援队伍，并由国家安全生产应急救援机构统一协调指挥；鼓励生产经营单位和其他社会力量建立应急救援队伍，配备相应的应急救援装备和物资，提高应急救援的专业化水平。

国务院应急管理部门牵头建立全国统一的生产安全事故应急救援信息系统，国务院交通运输、住房和城乡建设、水利、民航等有关部门和县级以上地方人民政府建立健全相关行业、领域、地区的生产安全事故应急救援信息系统，实现互联互通、信息共享，通过推行网上安全信息采集、安全监管和监测预警，提升监管的精准化、智能化水平。

第八十条 县级以上地方各级人民政府应当组织有关部门制定本行政区域内生产安全事故应急救援预案，建立应急救援体系。

乡镇人民政府和街道办事处，以及开发区、工业园区、港区、风景区等应当制定相应的生产安全事故应急救援预案，协助人民政府有关部门或者按照授权依法履行生产安全事故应急救援工作职责。

第八十一条 生产经营单位应当制定本单位生产安全事故应急救援预案，与所在地县级以上地方人民政府组织制定的生产安全事故应急救援预案相衔接，并定期组织演练。

第八十二条 危险物品的生产、经营、储存单位以及矿山、金属冶炼、城市轨道交通运营、建筑施工单位应当建立应急救援组织；生产经营规模较小的，可以不建立应急救援组织，但应当指定兼职的应急救援人员。

危险物品的生产、经营、储存、运输单位以及矿山、金属冶炼、城市轨道交通运营、建筑施工单位应当配备必要的应急救援器材、设备和物资，并进行经常性维护、保养，保证正常运转。

第八十三条 生产经营单位发生生产安全事故后，事故现场有关人员应当立即报告本单位负责人。

单位负责人接到事故报告后，应当迅速采取有效措施，组织抢救，防止事故扩大，减少人员伤亡和财产损失，并按照国家有关规定立即如实报告当地负有安全生产监督管理职责的部门，不得隐瞒不报、谎报或者迟报，不得故意破坏事故现场、毁灭有关证据。

第八十四条 负有安全生产监督管理职责的部门接到事故报告后，应当立即按照国家有关规定上报事故情况。负有安全生产监督管理职责的部门和有关地方人民政府对事故情况不得隐瞒不报、谎报或者迟报。

第八十五条 有关地方人民政府和负有安全生产监督管理职责的部门的负责人接到生产安全事故报告后，应当按照生产安全事故应急救援预案的要求立即赶到事故现场，组织事故抢救。

参与事故抢救的部门和单位应当服从统一指挥，加强协同联动，采取有效的应急救援措施，并根据事故救援的需要采取警戒、疏散等措施，防止事故扩大和次生灾害的发生，减少人员伤亡和财产损失。

事故抢救过程中应当采取必要措施，避免或者减少对环境造成的危害。

任何单位和个人都应当支持、配合事故抢救，并提供一切便利条件。

第八十六条 事故调查处理应当按照科学严谨、依法依规、实事求是、注重实效的原则，及时、准确地查清事故原因，查明事故性质和责任，评估应急处置工作，总结事故教训，提出整改措施，并对事故责任单位和人员提出处理建议。事故调查报告应当依法及时向社会公布。事故调查和处理的具体办法由国务院制定。

事故发生单位应当及时全面落实整改措施，负有安全生产监督管理职责的部门应当加强监督检查。

负责事故调查处理的国务院有关部门和地方人民政府应当在批复事故调查报告后一年内，组织有关部门对事故整改和防范措施落实情况进行评估，并及时向社会公开评估结果；对不履行职责导致事故整改和防范措施没有落实的有关单位和人员，应当按照有关规定追究责任。

第八十七条 生产经营单位发生生产安全事故，经调查确定为责任事故的，除了应当查明事故单位的责任并依法予以追究外，还应当查明对安全生产的有关事项负有审查批准和监督职责的行政部门的责任，对有失职、渎职行为的，依照本法第九十条的规定追究法律责任。

第八十八条 任何单位和个人不得阻挠和干涉对事故的依法调查处理。

第八十九条 县级以上地方各级人民政府应急管理部门应当定期统计分

析本行政区域内发生生产安全事故的情况，并定期向社会公布。

第六章 法律责任

第九十条 负有安全生产监督管理职责的部门的工作人员，有下列行为之一的，给予降级或者撤职的处分；构成犯罪的，依照刑法有关规定追究刑事责任：

（一）对不符合法定安全生产条件的涉及安全生产的事项予以批准或者验收通过的；

（二）发现未依法取得批准、验收的单位擅自从事有关活动或者接到举报后不予取缔或者不依法予以处理的；

（三）对已经依法取得批准的单位不履行监督管理职责，发现其不再具备安全生产条件而不撤销原批准或者发现安全生产违法行为不予查处的；

（四）在监督检查中发现重大事故隐患，不依法及时处理的。

负有安全生产监督管理职责的部门的工作人员有前款规定以外的滥用职权、玩忽职守、徇私舞弊行为的，依法给予处分；构成犯罪的，依照刑法有关规定追究刑事责任。

第九十一条 负有安全生产监督管理职责的部门，要求被审查、验收的单位购买其指定的安全设备、器材或者其他产品的，在对安全生产事项的审查、验收中收取费用的，由其上级机关或者监察机关责令改正，责令退还收取的费用；情节严重的，对直接负责的主管人员和其他直接责任人员依法给予处分。

第九十二条 承担安全评价、认证、检测、检验职责的机构出具失实报告的，责令停业整顿，并处三万元以上十万元以下的罚款；给他人造成损害的，依法承担赔偿责任。

承担安全评价、认证、检测、检验职责的机构租借资质、挂靠、出具虚假报告的，没收违法所得；违法所得在十万元以上的，并处违法所得二倍以上五倍以下的罚款，没有违法所得或者违法所得不足十万元的，单处或者并处十万元以上二十万元以下的罚款；对其直接负责的主管人员和其他直接责任人员处五万元以上十万元以下的罚款；给他人造成损害的，与生产经营单位承担连带赔偿责任；构成犯罪的，依照刑法有关规定追究刑事责任。

对有前款违法行为的机构及其直接责任人员，吊销其相应资质和资格，五年内不得从事安全评价、认证、检测、检验等工作；情节严重的，实行终身行业和职业禁入。

第九十三条 生产经营单位的决策机构、主要负责人或者个人经营的投资人不依照本法规定保证安全生产所必需的资金投入，致使生产经营单位不具备安全生产条件的，责令限期改正，提供必需的资金；逾期未改正的，责令生产经营单位停产停业整顿。

有前款违法行为，导致发生生产安全事故的，对生产经营单位的主要负责人给予撤职处分，对个人经营的投资人处二万元以上二十万元以下的罚款；构成犯罪的，依照刑法有关规定追究刑事责任。

第九十四条 生产经营单位的主要负责人未履行本法规定的安全生产管理职责的，责令限期改正，处二万元以上五万元以下的罚款；逾期未改正的，处五万元以上十万元以下的罚款，责令生产经营单位停产停业整顿。

生产经营单位的主要负责人有前款违法行为，导致发生生产安全事故的，给予撤职处分；构成犯罪的，依照刑法有关规定追究刑事责任。

生产经营单位的主要负责人依照前款规定受刑事处罚或者撤职处分的，自刑罚执行完毕或者受处分之日起，五年内不得担任任何生产经营单位的主要负责人；对重大、特别重大生产安全事故负有责任的，终身不得担任本行业生产经营单位的主要负责人。

第九十五条 生产经营单位的主要负责人未履行本法规定的安全生产管理职责，导致发生生产安全事故的，由应急管理部门依照下列规定处以罚款：

（一）发生一般事故的，处上一年年收入百分之四十的罚款；

（二）发生较大事故的，处上一年年收入百分之六十的罚款；

（三）发生重大事故的，处上一年年收入百分之八十的罚款；

（四）发生特别重大事故的，处上一年年收入百分之一百的罚款。

第九十六条 生产经营单位的其他负责人和安全生产管理人员未履行本法规定的安全生产管理职责的，责令限期改正，处一万元以上三万元以下的罚款；导致发生生产安全事故的，暂停或者吊销其与安全生产有关的资格，并处上一年年收入百分之二十以上百分之五十以下的罚款；构成犯罪的，依照刑法有关规定追究刑事责任。

第九十七条 生产经营单位有下列行为之一的，责令限期改正，处十万元以下的罚款；逾期未改正的，责令停产停业整顿，并处十万元以上二十万元以下的罚款，对其直接负责的主管人员和其他直接责任人员处二万元以上五万元以下的罚款：

（一）未按照规定设置安全生产管理机构或者配备安全生产管理人员、注册安全工程师的；

（二）危险物品的生产、经营、储存、装卸单位以及矿山、金属冶炼、建筑施工、运输单位的主要负责人和安全生产管理人员未按照规定经考核合格的；

（三）未按照规定对从业人员、被派遣劳动者、实习学生进行安全生产教育和培训，或者未按照规定如实告知有关的安全生产事项的；

（四）未如实记录安全生产教育和培训情况的；

（五）未将事故隐患排查治理情况如实记录或者未向从业人员通报的；

（六）未按照规定制定生产安全事故应急救援预案或者未定期组织演练的；

（七）特种作业人员未按照规定经专门的安全作业培训并取得相应资格，上岗作业的。

第九十八条 生产经营单位有下列行为之一的，责令停止建设或者停产停业整顿，限期改正，并处十万元以上五十万元以下的罚款，对其直接负责的主管人员和其他直接责任人员处二万元以上五万元以下的罚款；逾期未改正的，处五十万元以上一百万元以下的罚款，对其直接负责的主管人员和其他直接责任人员处五万元以上十万元以下的罚款；构成犯罪的，依照刑法有关规定追究刑事责任：

（一）未按照规定对矿山、金属冶炼建设项目或者用于生产、储存、装卸危险物品的建设项目进行安全评价的；

（二）矿山、金属冶炼建设项目或者用于生产、储存、装卸危险物品的建设项目没有安全设施设计或者安全设施设计未按照规定报经有关部门审查同意的；

（三）矿山、金属冶炼建设项目或者用于生产、储存、装卸危险物品的建设项目的施工单位未按照批准的安全设施设计施工的；

（四）矿山、金属冶炼建设项目或者用于生产、储存、装卸危险物品的建设项目竣工投入生产或者使用前，安全设施未经验收合格的。

第九十九条 生产经营单位有下列行为之一的，责令限期改正，处五万元以下的罚款；逾期未改正的，处五万元以上二十万元以下的罚款，对其直接负责的主管人员和其他直接责任人员处一万元以上二万元以下的罚款；情节严重的，责令停产停业整顿；构成犯罪的，依照刑法有关规定追究刑事责任：

（一）未在有较大危险因素的生产经营场所和有关设施、设备上设置明显的安全警示标志的；

（二）安全设备的安装、使用、检测、改造和报废不符合国家标准或者行业标准的；

（三）未对安全设备进行经常性维护、保养和定期检测的；

（四）关闭、破坏直接关系生产安全的监控、报警、防护、救生设备、设施，或者篡改、隐瞒、销毁其相关数据、信息的；

（五）未为从业人员提供符合国家标准或者行业标准的劳动防护用品的；

（六）危险物品的容器、运输工具，以及涉及人身安全、危险性较大的海洋石油开采特种设备和矿山井下特种设备未经具有专业资质的机构检测、检验合格，取得安全使用证或者安全标志，投入使用的；

（七）使用应当淘汰的危及生产安全的工艺、设备的；

（八）餐饮等行业的生产经营单位使用燃气未安装可燃气体报警装置的。

第一百条 未经依法批准，擅自生产、经营、运输、储存、使用危险物品或者处置废弃危险物品的，依照有关危险物品安全管理的法律、行政法规的规定予以处罚；构成犯罪的，依照刑法有关规定追究刑事责任。

第一百零一条 生产经营单位有下列行为之一的，责令限期改正，处十万元以下的罚款；逾期未改正的，责令停产停业整顿，并处十万元以上二十万元以下的罚款，对其直接负责的主管人员和其他直接责任人员处二万元以上五万元以下的罚款；构成犯罪的，依照刑法有关规定追究刑事责任：

（一）生产、经营、运输、储存、使用危险物品或者处置废弃危险物品，未建立专门安全管理制度、未采取可靠的安全措施的；

（二）对重大危险源未登记建档，未进行定期检测、评估、监控，未制定应急预案，或者未告知应急措施的；

（三）进行爆破、吊装、动火、临时用电以及国务院应急管理部门会同国务院有关部门规定的其他危险作业，未安排专门人员进行现场安全管理的；

（四）未建立安全风险分级管控制度或者未按照安全风险分级采取相应管控措施的；

（五）未建立事故隐患排查治理制度，或者重大事故隐患排查治理情况未按照规定报告的。

第一百零二条 生产经营单位未采取措施消除事故隐患的，责令立即消除或者限期消除，处五万元以下的罚款；生产经营单位拒不执行的，责令停产停业整顿，对其直接负责的主管人员和其他直接责任人员处五万元以上十万元以下的罚款；构成犯罪的，依照刑法有关规定追究刑事责任。

第一百零三条 生产经营单位将生产经营项目、场所、设备发包或者出租给不具备安全生产条件或者相应资质的单位或者个人的，责令限期改正，没收违法所得；违法所得十万元以上的，并处违法所得二倍以上五倍以下的罚款；没有违法所得或者违法所得不足十万元的，单处或者并处十万元以上二十万元以下的罚款；对其直接负责的主管人员和其他直接责任人员处一万元以上二万元以下的罚款；导致发生生产安全事故给他人造成损害的，与承包方、承租方承担连带赔偿责任。

生产经营单位未与承包单位、承租单位签订专门的安全生产管理协议或者未在承包合同、租赁合同中明确各自的安全生产管理职责，或者未对承包单位、承租单位的安全生产统一协调、管理的，责令限期改正，处五万元以下的罚款，对其直接负责的主管人员和其他直接责任人员处一万元以下的罚款；逾期未改正的，责令停产停业整顿。

矿山、金属冶炼建设项目和用于生产、储存、装卸危险物品的建设项目的施工单位未按照规定对施工项目进行安全管理的，责令限期改正，处十万元以下的罚款，对其直接负责的主管人员和其他直接责任人员处二万元以下的罚款；逾期未改正的，责令停产停业整顿。以上施工单位倒卖、出租、出借、挂靠或者以其他形式非法转让施工资质的，责令停产停业整顿，吊销资质证书，没收违法所得；违法所得十万元以上的，并处违法所得二倍以上五倍以下的罚款，没有违法所得或者违法所得不足十万元的，单处或者并处十万元以上二十万元以下的罚款；对其直接负责的主管人员和其他直接责任人员处五万元以上十万元以下的罚款；构成犯罪的，依照刑法有关规定追究刑事责任。

第一百零四条　两个以上生产经营单位在同一作业区域内进行可能危及对方安全生产的生产经营活动，未签订安全生产管理协议或者未指定专职安全生产管理人员进行安全检查与协调的，责令限期改正，处五万元以下的罚款，对其直接负责的主管人员和其他直接责任人员处一万元以下的罚款；逾期未改正的，责令停产停业。

第一百零五条　生产经营单位有下列行为之一的，责令限期改正，处五万元以下的罚款，对其直接负责的主管人员和其他直接责任人员处一万元以下的罚款；逾期未改正的，责令停产停业整顿；构成犯罪的，依照刑法有关规定追究刑事责任：

（一）生产、经营、储存、使用危险物品的车间、商店、仓库与员工宿舍在同一座建筑内，或者与员工宿舍的距离不符合安全要求的；

（二）生产经营场所和员工宿舍未设有符合紧急疏散需要、标志明显、保持畅通的出口、疏散通道，或者占用、锁闭、封堵生产经营场所或者员工宿舍出口、疏散通道的。

第一百零六条 生产经营单位与从业人员订立协议，免除或者减轻其对从业人员因生产安全事故伤亡依法应承担的责任的，该协议无效；对生产经营单位的主要负责人、个人经营的投资人处二万元以上十万元以下的罚款。

第一百零七条 生产经营单位的从业人员不落实岗位安全责任，不服从管理，违反安全生产规章制度或者操作规程的，由生产经营单位给予批评教育，依照有关规章制度给予处分；构成犯罪的，依照刑法有关规定追究刑事责任。

第一百零八条 违反本法规定，生产经营单位拒绝、阻碍负有安全生产监督管理职责的部门依法实施监督检查的，责令改正；拒不改正的，处二万元以上二十万元以下的罚款；对其直接负责的主管人员和其他直接责任人员处一万元以上二万元以下的罚款；构成犯罪的，依照刑法有关规定追究刑事责任。

第一百零九条 高危行业、领域的生产经营单位未按照国家规定投保安全生产责任保险的，责令限期改正，处五万元以上十万元以下的罚款；逾期未改正的，处十万元以上二十万元以下的罚款。

第一百一十条 生产经营单位的主要负责人在本单位发生生产安全事故时，不立即组织抢救或者在事故调查处理期间擅离职守或者逃匿的，给予降级、撤职的处分，并由应急管理部门处上一年年收入百分之六十至百分之一百的罚款；对逃匿的处十五日以下拘留；构成犯罪的，依照刑法有关规定追究刑事责任。

生产经营单位的主要负责人对生产安全事故隐瞒不报、谎报或者迟报的，依照前款规定处罚。

第一百一十一条 有关地方人民政府、负有安全生产监督管理职责的部门，对生产安全事故隐瞒不报、谎报或者迟报的，对直接负责的主管人员和其他直接责任人员依法给予处分；构成犯罪的，依照刑法有关规定追究刑事责任。

第一百一十二条 生产经营单位违反本法规定，被责令改正且受到罚款处罚，拒不改正的，负有安全生产监督管理职责的部门可以自作出责令改正之日的次日起，按照原处罚数额按日连续处罚。

第一百一十三条 生产经营单位存在下列情形之一的，负有安全生产监督管理职责的部门应当提请地方人民政府予以关闭，有关部门应当依法吊销其有关证照。生产经营单位主要负责人五年内不得担任任何生产经营单位的主要负责人；情节严重的，终身不得担任本行业生产经营单位的主要负责人：

（一）存在重大事故隐患，一百八十日内三次或者一年内四次受到本法规定的行政处罚的；

（二）经停产停业整顿，仍不具备法律、行政法规和国家标准或者行业标准规定的安全生产条件的；

（三）不具备法律、行政法规和国家标准或者行业标准规定的安全生产条件，导致发生重大、特别重大生产安全事故的；

（四）拒不执行负有安全生产监督管理职责的部门作出的停产停业整顿决定的。

第一百一十四条 发生生产安全事故，对负有责任的生产经营单位除要求其依法承担相应的赔偿等责任外，由应急管理部门依照下列规定处以罚款：

（一）发生一般事故的，处三十万元以上一百万元以下的罚款；

（二）发生较大事故的，处一百万元以上二百万元以下的罚款；

（三）发生重大事故的，处二百万元以上一千万元以下的罚款；

（四）发生特别重大事故的，处一千万元以上二千万元以下的罚款。

发生生产安全事故，情节特别严重、影响特别恶劣的，应急管理部门可以按照前款罚款数额的二倍以上五倍以下对负有责任的生产经营单位处以罚款。

第一百一十五条　本法规定的行政处罚，由应急管理部门和其他负有安全生产监督管理职责的部门按照职责分工决定；其中，根据本法第九十五条、第一百一十条、第一百一十四条的规定应当给予民航、铁路、电力行业的生产经营单位及其主要负责人行政处罚的，也可以由主管的负有安全生产监督管理职责的部门进行处罚。予以关闭的行政处罚，由负有安全生产监督管理职责的部门报请县级以上人民政府按照国务院规定的权限决定；给予拘留的行政处罚，由公安机关依照治安管理处罚的规定决定。

第一百一十六条　生产经营单位发生生产安全事故造成人员伤亡、他人财产损失的，应当依法承担赔偿责任；拒不承担或者其负责人逃匿的，由人民法院依法强制执行。

生产安全事故的责任人未依法承担赔偿责任，经人民法院依法采取执行措施后，仍不能对受害人给予足额赔偿的，应当继续履行赔偿义务；受害人发现责任人有其他财产的，可以随时请求人民法院执行。

第七章　附　　则

第一百一十七条　本法下列用语的含义：

危险物品，是指易燃易爆物品、危险化学品、放射性物品等能够危及人身安全和财产安全的物品。

重大危险源，是指长期地或者临时地生产、搬运、使用或者储存危险物品，且危险物品的数量等于或者超过临界量的单元（包括场所和设施）。

第一百一十八条　本法规定的生产安全一般事故、较大事故、重大事故、特别重大事故的划分标准由国务院规定。

国务院应急管理部门和其他负有安全生产监督管理职责的部门应当根据各自的职责分工，制定相关行业、领域重大危险源的辨识标准和重大事故隐患的判定标准。

第一百一十九条　本法自 2002 年 11 月 1 日起施行。

全国人民代表大会常务委员会关于修改《中华人民共和国安全生产法》的决定

（2021 年 6 月 10 日第十三届全国人民代表大会
常务委员会第二十九次会议通过）

第十三届全国人民代表大会常务委员会第二十九次会议决定对《中华人民共和国安全生产法》作如下修改：

一、将第三条修改为："安全生产工作坚持中国共产党的领导。

"安全生产工作应当以人为本，坚持人民至上、生命至上，把保护人民生命安全摆在首位，树牢安全发展理念，坚持安全第一、预防为主、综合治理的方针，从源头上防范化解重大安全风险。

"安全生产工作实行管行业必须管安全、管业务必须管安全、管生产经营必须管安全，强化和落实生产经营单位主体责任与政府监管责任，建立生产经营单位负责、职工参与、政府监管、行业自律和社会监督的机制。"

二、将第四条修改为："生产经营单位必须遵守本法和其他有关安全生产的法律、法规，加强安全生产管理，建立健全全员安全生产责任制和安全生产规章制度，加大对安全生产资金、物资、技术、人员的投入保障力度，改善安全生产条件，加强安全生产标准化、信息化建设，构建安全风险分级管控和隐患排查治理双重预防机制，健全风险防范化解机制，提高安全生产水平，确保安全生产。

"平台经济等新兴行业、领域的生产经营单位应当根据本行业、领域的特点，建立健全并落实全员安全生产责任制，加强从业人员安全生产教育和培训，履行本法和其他法律、法规规定的有关安全生产义务。"

三、将第五条修改为："生产经营单位的主要负责人是本单位安全生产第一责任人，对本单位的安全生产工作全面负责。其他负责人对职责范围内的安全生产工作负责。"

四、将第八条改为两条，作为第八条、第九条，修改为："第八条　国务院和县级以上地方各级人民政府应当根据国民经济和社会发展规划制定安全生产规划，并组织实施。安全生产规划应当与国土空间规划等相关规划相衔接。

"各级人民政府应当加强安全生产基础设施建设和安全生产监管能力建设，所需经费列入本级预算。

"县级以上地方各级人民政府应当组织有关部门建立完善安全风险评估与论证机制，按照安全风险管控要求，进行产业规划和空间布局，并对位置相邻、行业相近、业态相似的生产经营单位实施重大安全风险联防联控。"

"第九条　国务院和县级以上地方各级人民政府应当加强对安全生产工作的领导，建立健全安全生产工作协调机制，支持、督促各有关部门依法履行安全生产监督管理职责，及时协调、解决安全生产监督管理中存在的重大问题。

"乡镇人民政府和街道办事处，以及开发区、工业园区、港区、风景区等应当明确负责安全生产监督管理的有关工作机构及其职责，加强安全生产监管力量建设，按照职责对本行政区域或者管理区域内生产经营单位安全生产状况进行监督检查，协助人民政府有关部门或者按照授权依法履行安全生产监督管理职责。"

五、将第九条改为第十条，修改为："国务院应急管理部门依照本法，对全国安全生产工作实施综合监督管理；县级以上地方各级人民政府应急管理部门依照本法，对本行政区域内安全生产工作实施综合监督管理。

"国务院交通运输、住房和城乡建设、水利、民航等有关部门依照本法和其他有关法律、行政法规的规定，在各自的职责范围内对有关行业、领域的安全生产工作实施监督管理；县级以上地方各级人民政府有关部门依照本法和其他有关法律、法规的规定，在各自的职责范围内对有关行业、领域的安全生产工作实施监督管理。对新兴行业、领域的安全生产监督管理职责不明确的，由县级以上地方各级人民政府按照业务相近的原则确定监督管理部门。

“应急管理部门和对有关行业、领域的安全生产工作实施监督管理的部门，统称负有安全生产监督管理职责的部门。负有安全生产监督管理职责的部门应当相互配合、齐抓共管、信息共享、资源共用，依法加强安全生产监督管理工作。”

六、增加一条，作为第十二条：“国务院有关部门按照职责分工负责安全生产强制性国家标准的项目提出、组织起草、征求意见、技术审查。国务院应急管理部门统筹提出安全生产强制性国家标准的立项计划。国务院标准化行政主管部门负责安全生产强制性国家标准的立项、编号、对外通报和授权批准发布工作。国务院标准化行政主管部门、有关部门依据法定职责对安全生产强制性国家标准的实施进行监督检查。”

七、增加一条，作为第十七条：“县级以上各级人民政府应当组织负有安全生产监督管理职责的部门依法编制安全生产权力和责任清单，公开并接受社会监督。”

八、将第十八条改为第二十一条，修改为：“生产经营单位的主要负责人对本单位安全生产工作负有下列职责：

“（一）建立健全并落实本单位全员安全生产责任制，加强安全生产标准化建设；

“（二）组织制定并实施本单位安全生产规章制度和操作规程；

“（三）组织制定并实施本单位安全生产教育和培训计划；

“（四）保证本单位安全生产投入的有效实施；

“（五）组织建立并落实安全风险分级管控和隐患排查治理双重预防工作机制，督促、检查本单位的安全生产工作，及时消除生产安全事故隐患；

“（六）组织制定并实施本单位的生产安全事故应急救援预案；

“（七）及时、如实报告生产安全事故。”

九、将第二十二条改为第二十五条，修改为：“生产经营单位的安全生产管理机构以及安全生产管理人员履行下列职责：

“（一）组织或者参与拟订本单位安全生产规章制度、操作规程和生产安全事故应急救援预案；

“（二）组织或者参与本单位安全生产教育和培训，如实记录安全生产教育和培训情况；

“（三）组织开展危险源辨识和评估，督促落实本单位重大危险源的安全管理措施；

“（四）组织或者参与本单位应急救援演练；

“（五）检查本单位的安全生产状况，及时排查生产安全事故隐患，提出改进安全生产管理的建议；

“（六）制止和纠正违章指挥、强令冒险作业、违反操作规程的行为；

“（七）督促落实本单位安全生产整改措施。

“生产经营单位可以设置专职安全生产分管负责人，协助本单位主要负责人履行安全生产管理职责。”

十、将第三十三条改为第三十六条，增加两款，作为第三款、第四款：“生产经营单位不得关闭、破坏直接关系生产安全的监控、报警、防护、救生设备、设施，或者篡改、隐瞒、销毁其相关数据、信息。

“餐饮等行业的生产经营单位使用燃气的，应当安装可燃气体报警装置，并保障其正常使用。”

十一、将第三十七条改为第四十条，第二款修改为：“生产经营单位应当按照国家有关规定将本单位重大危险源及有关安全措施、应急措施报有关地方人民政府应急管理部门和有关部门备案。有关地方人民政府应急管理部门和有关部门应当通过相关信息系统实现信息共享。”

十二、将第三十八条改为第四十一条，修改为：“生产经营单位应当建立安全风险分级管控制度，按照安全风险分级采取相应的管控措施。

“生产经营单位应当建立健全并落实生产安全事故隐患排查治理制度，采取技术、管理措施，及时发现并消除事故隐患。事故隐患排查治理情况应当如实记录，并通过职工大会或者职工代表大会、信息公示栏等方式向从业人员通报。其中，重大事故隐患排查治理情况应当及时向负有安全生产监督管理职责的部门和职工大会或者职工代表大会报告。

“县级以上地方各级人民政府负有安全生产监督管理职责的部门应当将重大事故隐患纳入相关信息系统，建立健全重大事故隐患治理督办制度，督促生产经营单位消除重大事故隐患。”

十三、将第四十一条改为第四十四条，增加一款，作为第二款：“生产经营单位应当关注从业人员的身体、心理状况和行为习惯，加强对从业人员的心理疏导、精神慰藉，严格落实岗位安全生产责任，防范从业人员行为异常导致事故发生。”

十四、将第四十六条改为第四十九条，增加一款，作为第三款：“矿山、金属冶炼建设项目和用于生产、储存、装卸危险物品的建设项目的施工单位应当加强对施工项目的安全管理，不得倒卖、出租、出借、挂靠或者以其他形式非法转让施工资质，不得将其承包的全部建设工程转包给第三人或者将其承包的全部建设工程支解以后以分包的名义分别转包给第三人，不得将工程分包给不具备相应资质条件的单位。”

十五、将第四十八条改为第五十一条，第二款修改为：“国家鼓励生产经营单位投保安全生产责任保险；属于国家规定的高危行业、领域的生产经营单位，应当投保安全生产责任保险。具体范围和实施办法由国务院应急管理部门会同国务院财政部门、国务院保险监督管理机构和相关行业主管部门制定。”

十六、将第五十三条改为第五十六条，修改为：“生产经营单位发生生产安全事故后，应当及时采取措施救治有关人员。

“因生产安全事故受到损害的从业人员，除依法享有工伤保险外，依照有关民事法律尚有获得赔偿的权利的，有权提出赔偿要求。”

十七、将第五十四条改为第五十七条，修改为："从业人员在作业过程中，应当严格落实岗位安全责任，遵守本单位的安全生产规章制度和操作规程，服从管理，正确佩戴和使用劳动防护用品。"

十八、将第六十九条改为第七十二条，修改为："承担安全评价、认证、检测、检验职责的机构应当具备国家规定的资质条件，并对其作出的安全评价、认证、检测、检验结果的合法性、真实性负责。资质条件由国务院应急管理部门会同国务院有关部门制定。

"承担安全评价、认证、检测、检验职责的机构应当建立并实施服务公开和报告公开制度，不得租借资质、挂靠、出具虚假报告。"

十九、将第七十条改为第七十三条，修改为："负有安全生产监督管理职责的部门应当建立举报制度，公开举报电话、信箱或者电子邮件地址等网络举报平台，受理有关安全生产的举报；受理的举报事项经调查核实后，应当形成书面材料；需要落实整改措施的，报经有关负责人签字并督促落实。对不属于本部门职责，需要由其他有关部门进行调查处理的，转交其他有关部门处理。

"涉及人员死亡的举报事项，应当由县级以上人民政府组织核查处理。"

二十、将第七十一条改为第七十四条，增加一款，作为第二款："因安全生产违法行为造成重大事故隐患或者导致重大事故，致使国家利益或者社会公共利益受到侵害的，人民检察院可以根据民事诉讼法、行政诉讼法的相关规定提起公益诉讼。"

二十一、将第七十五条改为第七十八条，修改为："负有安全生产监督管理职责的部门应当建立安全生产违法行为信息库，如实记录生产经营单位及其有关从业人员的安全生产违法行为信息；对违法行为情节严重的生产经营单位及其有关从业人员，应当及时向社会公告，并通报行业主管部门、投资主管部门、自然资源主管部门、生态环境主管部门、证券监督管理机构以及有关金融机构。有关部门和机构应当对存在失信行为的生产经营单位及其有关从业人员采取加大执法检查频次、暂停项目审批、上调有关保险费率、行业或者职业禁入等联合惩戒措施，并向社会公示。

“负有安全生产监督管理职责的部门应当加强对生产经营单位行政处罚信息的及时归集、共享、应用和公开，对生产经营单位作出处罚决定后七个工作日内在监督管理部门公示系统予以公开曝光，强化对违法失信生产经营单位及其有关从业人员的社会监督，提高全社会安全生产诚信水平。”

二十二、将第七十六条改为第七十九条，修改为：“国家加强生产安全事故应急能力建设，在重点行业、领域建立应急救援基地和应急救援队伍，并由国家安全生产应急救援机构统一协调指挥；鼓励生产经营单位和其他社会力量建立应急救援队伍，配备相应的应急救援装备和物资，提高应急救援的专业化水平。

“国务院应急管理部门牵头建立全国统一的生产安全事故应急救援信息系统，国务院交通运输、住房和城乡建设、水利、民航等有关部门和县级以上地方人民政府建立健全相关行业、领域、地区的生产安全事故应急救援信息系统，实现互联互通、信息共享，通过推行网上安全信息采集、安全监管和监测预警，提升监管的精准化、智能化水平。”

二十三、将第七十七条改为第八十条，增加一款，作为第二款：“乡镇人民政府和街道办事处，以及开发区、工业园区、港区、风景区等应当制定相应的生产安全事故应急救援预案，协助人民政府有关部门或者按照授权依法履行生产安全事故应急救援工作职责。”

二十四、将第八十三条改为第八十六条，第一款修改为：“事故调查处理应当按照科学严谨、依法依规、实事求是、注重实效的原则，及时、准确地查清事故原因，查明事故性质和责任，评估应急处置工作，总结事故教训，提出整改措施，并对事故责任单位和人员提出处理建议。事故调查报告应当依法及时向社会公布。事故调查和处理的具体办法由国务院制定。”

增加一款，作为第三款：“负责事故调查处理的国务院有关部门和地方人民政府应当在批复事故调查报告后一年内，组织有关部门对事故整改和防范措施落实情况进行评估，并及时向社会公开评估结果；对不履行职责导致事故整改和防范措施没有落实的有关单位和人员，应当按照有关规定追究责任。”

二十五、将第八十九条改为第九十二条，修改为：“承担安全评价、认证、检测、检验职责的机构出具失实报告的，责令停业整顿，并处三万元以上十万元以下的罚款；给他人造成损害的，依法承担赔偿责任。

“承担安全评价、认证、检测、检验职责的机构租借资质、挂靠、出具虚假报告的，没收违法所得；违法所得在十万元以上的，并处违法所得二倍以上五倍以下的罚款，没有违法所得或者违法所得不足十万元的，单处或者并处十万元以上二十万元以下的罚款；对其直接负责的主管人员和其他直接责任人员处五万元以上十万元以下的罚款；给他人造成损害的，与生产经营单位承担连带赔偿责任；构成犯罪的，依照刑法有关规定追究刑事责任。

“对有前款违法行为的机构及其直接责任人员，吊销其相应资质和资格，五年内不得从事安全评价、认证、检测、检验等工作；情节严重的，实行终身行业和职业禁入。”

二十六、将第九十一条改为第九十四条，第一款修改为：“生产经营单位的主要负责人未履行本法规定的安全生产管理职责的，责令限期改正，处二万元以上五万元以下的罚款；逾期未改正的，处五万元以上十万元以下的罚款，责令生产经营单位停产停业整顿。”

二十七、将第九十二条改为第九十五条，修改为：“生产经营单位的主要负责人未履行本法规定的安全生产管理职责，导致发生生产安全事故的，由应急管理部门依照下列规定处以罚款：

“（一）发生一般事故的，处上一年年收入百分之四十的罚款；

“（二）发生较大事故的，处上一年年收入百分之六十的罚款；

“（三）发生重大事故的，处上一年年收入百分之八十的罚款；

“（四）发生特别重大事故的，处上一年年收入百分之一百的罚款。”

二十八、将第九十三条改为第九十六条，修改为：“生产经营单位的其他负责人和安全生产管理人员未履行本法规定的安全生产管理职责的，责令限期改正，处一万元以上三万元以下的罚款；导致发生生产安全事故的，暂停或者吊销其与安全生产有关的资格，并处上一年年收入百分之二十以上百分之五十以下的罚款；构成犯罪的，依照刑法有关规定追究刑事责任。”

二十九、将第九十四条改为第九十七条，修改为：“生产经营单位有下列行为之一的，责令限期改正，处十万元以下的罚款；逾期未改正的，责令停产停业整顿，并处十万元以上二十万元以下的罚款，对其直接负责的主管人员和其他直接责任人员处二万元以上五万元以下的罚款：

“（一）未按照规定设置安全生产管理机构或者配备安全生产管理人员、注册安全工程师的；

“（二）危险物品的生产、经营、储存、装卸单位以及矿山、金属冶炼、建筑施工、运输单位的主要负责人和安全生产管理人员未按照规定经考核合格的；

“（三）未按照规定对从业人员、被派遣劳动者、实习学生进行安全生产教育和培训，或者未按照规定如实告知有关的安全生产事项的；

“（四）未如实记录安全生产教育和培训情况的；

“（五）未将事故隐患排查治理情况如实记录或者未向从业人员通报的；

“（六）未按照规定制定生产安全事故应急救援预案或者未定期组织演练的；

“（七）特种作业人员未按照规定经专门的安全作业培训并取得相应资格，上岗作业的。”

三十、将第九十五条改为第九十八条，修改为：“生产经营单位有下列行为之一的，责令停止建设或者停产停业整顿，限期改正，并处十万元以上五十万元以下的罚款，对其直接负责的主管人员和其他直接责任人员处二万元以上五万元以下的罚款；逾期未改正的，处五十万元以上一百万元以下的罚款，对其直接负责的主管人员和其他直接责任人员处五万元以上十万元以下的罚款；构成犯罪的，依照刑法有关规定追究刑事责任：

“（一）未按照规定对矿山、金属冶炼建设项目或者用于生产、储存、装卸危险物品的建设项目进行安全评价的；

“（二）矿山、金属冶炼建设项目或者用于生产、储存、装卸危险物品的建设项目没有安全设施设计或者安全设施设计未按照规定报经有关部门审查同意的；

“（三）矿山、金属冶炼建设项目或者用于生产、储存、装卸危险物品的建设项目的施工单位未按照批准的安全设施设计施工的；

“（四）矿山、金属冶炼建设项目或者用于生产、储存、装卸危险物品的建设项目竣工投入生产或者使用前，安全设施未经验收合格的。”

三十一、将第九十六条改为第九十九条，增加两项，作为第四项、第八项：“（四）关闭、破坏直接关系生产安全的监控、报警、防护、救生设备、设施，或者篡改、隐瞒、销毁其相关数据、信息的；

“（八）餐饮等行业的生产经营单位使用燃气未安装可燃气体报警装置的。”

三十二、将第九十八条改为第一百零一条，修改为：“生产经营单位有下列行为之一的，责令限期改正，处十万元以下的罚款；逾期未改正的，责令停产停业整顿，并处十万元以上二十万元以下的罚款，对其直接负责的主管人员和其他直接责任人员处二万元以上五万元以下的罚款；构成犯罪的，依照刑法有关规定追究刑事责任：

“（一）生产、经营、运输、储存、使用危险物品或者处置废弃危险物品，未建立专门安全管理制度、未采取可靠的安全措施的；

“（二）对重大危险源未登记建档，未进行定期检测、评估、监控，未制定应急预案，或者未告知应急措施的；

“（三）进行爆破、吊装、动火、临时用电以及国务院应急管理部门会同国务院有关部门规定的其他危险作业，未安排专门人员进行现场安全管理的；

“（四）未建立安全风险分级管控制度或者未按照安全风险分级采取相应管控措施的；

“（五）未建立事故隐患排查治理制度，或者重大事故隐患排查治理情况未按照规定报告的。”

三十三、将第九十九条改为第一百零二条，修改为：“生产经营单位未采取措施消除事故隐患的，责令立即消除或者限期消除，处五万元以下的罚款；生产经营单位拒不执行的，责令停产停业整顿，对其直接负责的主管人员和其他直接责任人员处五万元以上十万元以下的罚款；构成犯罪的，依照刑法有关规定追究刑事责任。”

三十四、将第一百条改为第一百零三条，增加一款，作为第三款：“矿山、金属冶炼建设项目和用于生产、储存、装卸危险物品的建设项目的施工单位未按照规定对施工项目进行安全管理的，责令限期改正，处十万元以下的罚款，对其直接负责的主管人员和其他直接责任人员处二万元以下的罚款；逾期未改正的，责令停产停业整顿。以上施工单位倒卖、出租、出借、挂靠或者以其他形式非法转让施工资质的，责令停产停业整顿，吊销资质证书，没收违法所得；违法所得十万元以上的，并处违法所得二倍以上五倍以下的罚款，没有违法所得或者违法所得不足十万元的，单处或者并处十万元以上二十万元以下的罚款；对其直接负责的主管人员和其他直接责任人员处五万元以上十万元以下的罚款；构成犯罪的，依照刑法有关规定追究刑事责任。”

三十五、将第一百零四条改为第一百零七条，修改为：“生产经营单位的从业人员不落实岗位安全责任，不服从管理，违反安全生产规章制度或者操作规程的，由生产经营单位给予批评教育，依照有关规章制度给予处分；构成犯罪的，依照刑法有关规定追究刑事责任。”

三十六、增加一条，作为第一百零九条：“高危行业、领域的生产经营单位未按照国家规定投保安全生产责任保险的，责令限期改正，处五万元以上十万元以下的罚款；逾期未改正的，处十万元以上二十万元以下的罚款。”

三十七、增加一条，作为第一百一十二条：“生产经营单位违反本法规定，被责令改正且受到罚款处罚，拒不改正的，负有安全生产监督管理职责的部门可以自作出责令改正之日的次日起，按照原处罚数额按日连续处罚。”

三十八、将第一百零八条改为第一百一十三条，修改为：“生产经营单位存在下列情形之一的，负有安全生产监督管理职责的部门应当提请地方人民政府予以关闭，有关部门应当依法吊销其有关证照。生产经营单位主要负责人五年内不得担任任何生产经营单位的主要负责人；情节严重的，终身不得担任本行业生产经营单位的主要负责人：

“（一）存在重大事故隐患，一百八十日内三次或者一年内四次受到本法规定的行政处罚的；

“（二）经停产停业整顿，仍不具备法律、行政法规和国家标准或者行业标准规定的安全生产条件的；

“（三）不具备法律、行政法规和国家标准或者行业标准规定的安全生产条件，导致发生重大、特别重大生产安全事故的；

“（四）拒不执行负有安全生产监督管理职责的部门作出的停产停业整顿决定的。”

三十九、将第一百零九条改为第一百一十四条，修改为：“发生生产安全事故，对负有责任的生产经营单位除要求其依法承担相应的赔偿等责任外，由应急管理部门依照下列规定处以罚款：

“（一）发生一般事故的，处三十万元以上一百万元以下的罚款；

“（二）发生较大事故的，处一百万元以上二百万元以下的罚款；

“（三）发生重大事故的，处二百万元以上一千万元以下的罚款；

“（四）发生特别重大事故的，处一千万元以上二千万元以下的罚款。

“发生生产安全事故，情节特别严重、影响特别恶劣的，应急管理部门可以按照前款罚款数额的二倍以上五倍以下对负有责任的生产经营单位处以罚款。”

四十、将第一百一十条改为第一百一十五条，修改为：“本法规定的行政处罚，由应急管理部门和其他负有安全生产监督管理职责的部门按照职责分工决定；其中，根据本法第九十五条、第一百一十条、第一百一十四条的规定应当给予民航、铁路、电力行业的生产经营单位及其主要负责人行政处罚的，也可以由主管的负有安全生产监督管理职责的部门进行处罚。予以关闭的行政处罚，由负有安全生产监督管理职责的部门报请县级以上人民政府按照国务院规定的权限决定；给予拘留的行政处罚，由公安机关依照治安管理处罚的规定决定。”

四十一、将第一百一十三条改为第一百一十八条，第二款修改为：“国务院应急管理部门和其他负有安全生产监督管理职责的部门应当根据各自的职责分工，制定相关行业、领域重大危险源的辨识标准和重大事故隐患的判定标准。”

四十二、对部分条文作以下修改：

（一）将第二十条、第二十四条、第二十七条、第三十五条、第四十条、第五十九条、第六十二条、第七十三条、第八十六条、第一百零六条中的“安全生产监督管理部门”修改为“应急管理部门”，第三十一条中的“安全生产监督管理部门”修改为“负有安全生产监督管理职责的部门”，第四十条中的“吊装”修改为“吊装、动火、临时用电”。

（二）将第十四条中的“生产安全事故责任人员”修改为“生产安全事故责任单位和责任人员”。

（三）将第十九条中的“安全生产责任制”修改为“全员安全生产责任制”。

（四）将第二十一条、第二十四条中的“道路运输单位”修改为“运输单位”，“储存”修改为“储存、装卸”；将第三十一条第二款中的“储存”修改为“储存、装卸”。

（五）将第三十九条第二款、第一百零二条第二项中的“锁闭、封堵”修改为“占用、锁闭、封堵”，“出口”修改为“出口、疏散通道”。

（六）将第六十四条中的“监督执法”修改为“行政执法”。

（七）删去第六十八条中的“行政”。

（八）将第八十四条中的“第八十七条”修改为“第九十条”。

（九）删去第九十六条、第一百条、第一百零一条、第一百零二条中的“可以”。

本决定自 2021 年 9 月 1 日起施行。

《中华人民共和国安全生产法》根据本决定作相应修改并对条文顺序作相应调整，重新公布。

关于《中华人民共和国安全生产法（修正草案）》的说明

——2021 年 1 月 20 日在第十三届全国人民代表大会常务委员会第二十五次会议上

应急管理部党委书记、副部长　黄　明

全国人民代表大会常务委员会：

我受国务院委托，现对《中华人民共和国安全生产法（修正草案）》作说明。

一、修改的必要性

安全生产是关系人民群众生命财产安全的大事，是经济社会高质量发展的重要标志，是党和政府对人民利益高度负责的重要体现。党中央、国务院高度重视安全生产工作。习近平总书记多次作出重要指示，强调各级党委政府务必把安全生产摆到重要位置，统筹发展和安全，坚持人民至上、生命至上，树牢安全发展理念，严格落实安全生产责任制，强化风险防控，从根本上消除事故隐患，切实把确保人民生命安全放在第一位落到实处。李克强总理多次作出重要批示，要求压实各层级各环节责任，严格安全监管执法，强化安全风险防控和隐患排查治理，加强安全基础能力建设，坚决防范遏制重特大安全事故，保障人民群众生命财产安全。

《中华人民共和国安全生产法》（以下简称《安全生产法》）于 2002 年公布施行，2009 年和 2014 年进行了两次修正，对预防和减少生产安全事故，保障人民群众生命财产安全发挥了重要作用，但新发展阶段、新发展理念、新发展格局对安全生产提出了更高的要求，需要对《安全生产法》进行修改完善。一是习近平总书记对加强安全生产工作作出一系列重要指示批示，2016年12月，中共中央、国务院印发《关于推进安全生产领域改革发展的意见》，对安全生产工作的指导思想、基本原则、制度措施等作出新的重大部署，需要通过修法进一步贯彻落实。二是我国安全生产仍处于爬坡过坎期，过去长期积累的隐患集中暴露，新的风险不断涌现，需要通过修法进一步压实各方安全生产责任，有效防范化解重大安全风险。三是根据2018年深化党和国家机构改革方案，原国家安监总局的职责划入应急部，其他有关部门和职责也作了调整，需要通过修法对原来的法定职责进行修改。

2019年1月，应急部向国务院报送了《〈中华人民共和国安全生产法〉修正案（草案送审稿）》。2019年1月和2020年2月司法部先后两次征求有关部门、省级政府和部分研究机构、行业协会、企业的意见，并会同应急部进一步开展了实地调研、专家座谈、沟通协调，反复修改完善，形成了《中华人民共和国安全生产法（修正草案）》（以下简称草案）。草案已经2020年11月25日国务院第115次常务会议讨论通过。

二、修改的总体思路

草案在总体思路上主要把握以下三点：一是将习近平总书记关于安全生产工作一系列重要指示批示精神和党中央、国务院有关决策部署转化为法律规定，确保落地见效。二是强化企业安全生产主体责任，建立完善安全风险预防控制体系，加大违法处罚力度，提高违法成本，推进依法治理。三是完善政府安全监管体制机制和责任制度，强化基础保障能力，依靠法治力量推进安全生产治理体系和治理能力现代化。

三、修改的主要内容

（一）进一步完善安全生产工作的原则要求。为加强党对安全生产工作的领导，贯彻党的十九届五中全会精神，落实习近平总书记提出的“三个必须”原则，对有关内容作了修改完善，规定安全生产工作应当坚持中国共产党的领导，以人为本，坚持人民至上、生命至上，把保护人民生命安全摆在首位，树牢安全发展理念，坚持安全第一、预防为主、综合治理的方针，从源头上防范化解重大安全风险，实行管行业必须管安全、管业务必须管安全、管生产经营必须管安全。

（二）进一步强化和落实生产经营单位的主体责任。一是确保生产经营单位的安全生产责任制落实到位，规定生产经营单位应当建立健全全员安全生产责任制和安全生产规章制度，加大投入保障力度，改善安全生产条件，加强标准化建设，构建安全风险分级管控和隐患排查治理双重预防体系，健全风险防范化解机制。明确生产经营单位的主要负责人是本单位安全生产第一责任人，其他负责人对职责范围内的安全生产工作负责。二是强化预防措施，规定生产经营单位应当建立安全风险分级管控制度，按安全风险分级采取相应管控措施；重大事故隐患排查治理情况应当及时向有关部门报告。三是加大对从业人员心理疏导、精神慰藉等人文关怀和保护力度，防范行为异常导致事故发生。四是发挥市场机制的推动作用，要求属于国家规定的高危行业、领域的生产经营单位应当投保安全生产责任保险。

（三）进一步明确地方政府和有关部门的安全生产监督管理职责。一是强化领导责任，规定各级人民政府应当加强安全生产基础设施和能力建设，所需经费列入本级预算；乡、镇人民政府和街道办事处，以及开发区、港区、风景区等应当明确负责安全监管的机构及其职责，加强监管力量建设，建立完善安全风险评估与论证机制，实施重大安全风险联防联控。二是厘清有关部门在安全生产强制性国家标准方面的职责，规定国务院有关部门分工负责安全生产强制性国家标准的有关工作，依据法定职责对强制性国家标准的实施进行监督检查。三是提升安全生产监管的信息化、智能化水平，监管部门之间应当对重大危险源及有关安全和应急措施备案信息实现信息共享。有关部门应当将重大事故隐患纳入相关信息系统，建立健全治理督办制度，督促消除重大事故隐患。国务院应急管理部门牵头建立全国统一的生产安全事故应急救援信息系统，有关部门和县级以上地方人民政府建立健全相关行业、领域、地区的事故应急救援信息系统，实现互联互通、信息共享，提升监管的精准化、智能化水平。

（四）进一步加大对生产经营单位及其负责人安全生产违法行为的处罚力度。一是在现行《安全生产法》规定的基础上，普遍提高了对违法行为的罚款数额。二是增加生产经营单位被责令改正且受到罚款处罚，拒不改正的，监管部门可以按日连续处罚。三是针对安全生产领域“屡禁不止、屡罚不改”等问题，加大对违法行为恶劣的生产经营单位关闭力度，依法吊销有关证照，对主要负责人实施职业禁入。四是加大对违法失信行为的联合惩戒和公开力度，规定监管部门发现生产经营单位未按规定履行公示义务的，予以联合惩戒；有关部门和机构对存在失信行为的单位及人员采取联合惩戒措施，并向社会公示。

草案和以上说明是否妥当，请审议。

图书在版编目（CIP）数据

安全生产执法实务与案例 / 闪淳昌主编．—
北京：中国法制出版社，2021.7
ISBN 978-7-5216-1979-9

Ⅰ．①安…　Ⅱ．①闪…　Ⅲ．①安全生产-行
政执法-中国　Ⅳ．①D922.54

中国版本图书馆 CIP 数据核字（2021）第 116570 号

策划编辑：马　颖　　责任编辑：王雯汀　　封面设计：李　宁

安全生产执法实务与案例

ANQUAN SHENGCHAN ZHIFA SHIWU YU ANLI

主编/闪淳昌
经销/新华书店
印刷/三河市紫恒印装有限公司
开本/710 毫米×1000 毫米　16 开　　印张/19.5　字数/265 千
版次/2021 年 7 月第 1 版　　2021 年 7 月第 1 次印刷

中国法制出版社出版
书号 ISBN 978-7-5216-1979-9　　定价：65.00 元

北京西单横二条 2 号
邮政编码 100031　　传真：010-66031119
网址：http://www.zgfzs.com　　**编辑部电话：010-63141824**
市场营销部电话：010-66033393　　**邮购部电话：010-66033288**

（如有印装质量问题，请与本社印务部联系调换。电话：010-66032926）